W0463348

Ein umfassendes

Lexikon der Pop- & Rock-Musik

Basis-Informationen in über 2000 Schubladen

von Bruce Bruckmoser & Peter Wulff

© Peter Wulff
Altstadt 31 · 84028 Landshut
Oktober 1996
Gesamtherstellung: Grafik & Typographie, Landshut
ISBN 3-9804816-2-X Ebr
ISBN 3-9804816-1-1 Ln

Die ausufernden Begriffe "Populäre" Musik und "Rockmusik" machen es dem jungen Hörer schwer, einen Überblick über Geschichte und Bestand dieser Musik zu finden. Aber auch ein Experte kann nicht mehr jede aktuelle Strömung und jeden geschichtlichen Einfluß überblicken.

Hier hilft dieses Lexikon. Der Neuling kann nachvollziehen, was "in" ist oder warum es einmal so war. Fachmänner und -frauen sollen auch entlegene Bereiche grob beurteilen können.

Wir haben deshalb möglichst viele Einträge vorgenommen - auch Stichworte am Rande des Pop- und Rock-Geschehens. Enzyklopädische Details überlassen wir der weiterführenden Literatur und den Marketing-Strategen der Plattenindustrie. Der babylonischen Sprach- und Begriffsverwirrung dieser beiden Gruppen möchte auch dieses Musik-Lexikon strukturierend entgegentreten.

Wenn der Hörer sich gegenüber Werbeslogans und Subjektivismen in diesem Lexikon wiederfindet, darf es als gelungen gelten. Wir haben uns bemüht. Für Fehler entschuldigen wir uns und bitten um Abhilfe.

Viel Spaß

Abkürzungen

b	Baß
f	Flöte
g	Gitarre
d	Drums (Schlagzeug und meist auch weitere Rhythmusinstrumente)
h	Harmonica (Mundharmonika)
k	Keyboards (alle elektronischen oder akustischen Tasteninstrumente)
l	Lyrics (Texte)
perc	Percussion (Rhythmusinstrumente außer Schlagzeug)
s	Saxophon
t	Trompete
v	Vocals (Gesang)
vln	Violin (Geige)

Aaron, Lee (v) Kanadische →Hardrocklady, die in den 80ern in →Heavy-Metal-Nähe begann, erfolgreich war und in den 90ern bedeutungslos im →Mainstream dümpelt.

A capella Musik, die nur aus Gesangsstimmen besteht und auch Instrumente nachahmen kann (→Scat, →Louis Armstrong); z.B. bei den "Comedian Harmonists" aus Deutschland in den 30ern.

A Flock of Seagulls Melodiöser →New Wave/Pop der 80er ("I ran").

A Tribe called Quest Seit Ende der 80er durch lyrische, nachdenkliche Texte einflußreicher →Hip Hop, relativ →funky.

A-ha Norwegisches Trio Mitte der 80er mit anfangs anspruchsvollem leicht melancholischem und einfallsreichem Pop zu knödelnder Gesangsstimme ("Take on me" 1985 mit aufsehenerregendem Video).

AB/CD Parodie-Band auf →AC/DC in den 90ern.

ABBA Anfang der 70er gegründetes schwedisches Quartett. Megaerfolgreich mit treffsicher arrangiertem Pop und sehr einfach-eingängigen Melodien (zwei Komponisten) und Mitsing-Gesangsharmonien (zwei Sängerinnen): "Waterloo", "Dancing Queen", "Money, Money, Money", "The Winner takes it All" und etliche weitere. Nach Auflösung Anfang der 80er versuchten sich Einzelmusiker in Solokarrieren ("Frida") oder als Musicalkomponisten ("Chess"). 1996 soll eine neue LP aufgenommen werden.

ABC Englisches Pop-Trio in den 80ern, schwankte zwischen harten Gitarren und Synthesizern und wurde zum →Soul-orientierten Duo in den 90ern ("When Smokey sings").

Abercrombie, John Moderner amerikanischer →Jazz-Gitarrist, der die Einzelton-Spielweise mehr pflegt, als den →Akkord.

Abrahams, Mick Nach seinem Ausstieg bei →Jethro Tull blieb der Gitarrist und Sänger dem →jazzig/→bluesig verzwirbelten →Hardrock treu; 1969/'70 mit der Bläser-verstärkten Band "Blodwyn Pig".

Abstürzende Brieftauben Deutsches Fun→Punk-Duo in den 80ern, in den 90ern als Trio etwas ernsthafter.

Abwärts Deutsche aggressiv-depressive, teilweise sozialkritische →Punk-Band der 80er ("Beim ersten Mal tuts immer weh" etwas →Neue Deutsche Welle-orientiert), die →Heavy-Metal-angehaucht Mitte der 90er noch tourt.

AC/DC Australische Band, gegründet Anfang der 70er. Geprägt durch den charismatischen Gesang Bon Scotts und die exzessiven Bühnenshow des Gitarristen Angus Young, brachten AC/DC den →Hardrock schnörkellos und mit bis dato ungekannter Härte genau auf den Punkt; Ende der 70er/Anfang der 80er immens erfolgreich und Vorbild für unzählige Bands des Genres ("Highway to Hell" `79). Nach dem Tod Scotts 1980 mit Sänger Brian Johnson erfolgreiche Weiterführung ("Back in Black" `80) der Karriere leicht →Heavy-Metal angehaucht.

Accept Deutsche →Heavy-Metal-Band Ende der 70er, - vergleichbar mit →Judas Priest (Musik) und →AC/DC (Gesang).

Accuser Deutsche →Thrash-Metal Formation der 80er Jahre. Heute langsamer und mit Grunzgesang ähnlich →Pantera.

Ace of Base aus Schweden hatten mit leichtem Pop zu tanzbaren →Reggae-Rhythmen zuerst in Europa und später auch in Amerika 1992 großen Erfolg (zweite LP 1996).

Acid House →House mit verzerrten Baßläufen, eigenartigen Sythesizerklängen und mit elektronischen 4/4→Discobeats als Vorläufer des →Techno.

Acid Jazz Sehr schwammiger Begriff, der ab Ende der 80er in der →House-Bewegung aufkam und rein elektronische Tanzmusik ebenso meinen kann wie die Verwendung von altem Schmalz-Big-Band-Sound und manchmal auch, von →Jazz→Riffs, jedoch meist unkenntlich. Zusammenfassend: tanzbar, viele →Samples, wenig Originalinstrumente.

Acid Rock →Psychedelic Rock.

Adam and the Ants →New Wave-beeinflußter, hölzerner Pop um den Sänger Adam Ant mit schrillem →Image ab den 80ern ("Stand and deliver").

Adams, Bryan (v, g) In den 80ern und 90ern sehr gefragter Kanadier mit einfachem, griffigen Rock und Balladen ("Summer of `69" 1983, "Everything I do (I do for You)" 1993). Archetypischer Vertreter des Genres.

Adams, Oleta Langsamer Pop/→Soul, spielt Piano (Keyboards), Debüt 1990, Hitalbum: "Circle of One".

Adderley, Cannonball Phantasiereicher →Jazz-Saxophonist des Hard Bop (→Bebop), u.a. bei →Miles Davis.

Ade, King Sunny (& his African Beats) Anfang der 80er (nach dem Ende des →Reggae-Booms) versuchte sich eine Plattenfirma mit dem seit den 60er-Jahren musizierenden Nigerianer. Seine vertrackten Gitarrenlinien auf dichtem und abwechslungsreichem Percussionsteppich eigneten sich jedoch ebensowenig wie sein nicht englischer Gesang (Yoruba) für glatten Pop-Erfolg und so hört man seit Mitte der 80er weniger von ihm.

Admiral Bailey Interpret des →Ragga-Muffin in den 90ern.

Aerosmith Amerikanische Gruppe um den ausdrucksstarken Sänger Steven Tyler (mit der großen Fresse und kreischenden Stimme) und den Gitarristen Joe Perry; kompakt und einprägsam. Anfang der 70er gegründet, eine der erfolgreichsten →Hardrock Bands ihrer Zeit ("Walk this Way"). Abstieg durch Drogenprobleme. Erfolgreiches, langsames Comeback ab den 80er Jahren, immer noch erdig, eingängig, rhythmisch vielseitig und nicht zu hart ("Love in an Elevator").

Ärzte, Die Lustige deutsche →Punk-Schlager, die in den 80ern mit drastischen Texten ("Schlaflied", "Claudia") auffielen. Da es für Bela B. (Gruppe "Depp Jones") und Farin Urlaub ("King Köng") nicht so gut lief, reformierten sich die Ärzte 1993 erfolgreich.

African Bambaataa Illustre Figur aus der New Yorker →Funk- und →Hip Hop-Szene (durch →Rap und Verwendung von Plattenspielern einer ihrer Mitbegründer). Mit seiner Hausband "Soulsonics" veröffentlicht er seit Mitte der 80er LPs.

Afro-Reggae Verbindung von →Reggae mit seinen Wurzeln in der schwarzafrikanischen Musikkultur; →Alpha Blondy, Susi Bilibi.

Aggrovators, The Die →Dubband von →King Tubby bis Mitte der 70er.

Air Liquid Zweiköpfiges deutsches →Techno-Team, das →live seit 1996 versucht, das Genre durch neue Klänge zu erweitern.

Air Supply In den späten 70ern in Australien gegründet, hatten bis in die frühen 80er mit bombastisch produziertem Balladen-Rock (schmalzige Melodien und Texte über Liebe und ihre Krisen) weltweit Erfolg z.B. mit "Making Love (out of Nothin' at All)", bei dem deutlich →Jim Steinman seine Finger im Spiel hatte.

Airforce →Ginger Bakers (d) Band 1970.

Akkerman, Jan Holländischer Gitarrist bei →Focus; solo auch Einspielungen in gepflegtem bis langweiligem Pop und →Jazz.

Akkord Das gleichzeitige Erklingen mindestens zweier Töne als →harmonisches Gefüge.

Akustische Musik wird auf unverstärkten Instrumenten erzeugt und erst auf dem Weg der elektronischen Aufzeichnung (sacht?) bearbeitet (z.B. mit Hall). Akustische Passagen werden zu Kontrastzwecken gerne in ansonsten elektronisch erzeugter oder verfremdeter Musik eingesetzt; →Unplugged.

Alberto Y Los Trios Paranoias Aus England fielen ab den 70ern parodistisch, manchmal →Latin angehaucht oder mit Fun→Punk, nur wenig auf.

Album ist eine Schallplatte, auf der sich Musiker ausgiebiger darstellen können, als auf einer →Single.

Alcatrazz →Graham Bonnet.

Alex Oriental Experience Wenig orientalisches Rocktrio (d, b und Saz), seit den 70ern vor allem in Deutschland bekannt.

Alice in Chains Erfolgreiche Band aus Seattle zwischen →Grunge und →Heavy-Metal in den 90ern; z.T. sehr langsam und depressiv, 1993 auch →akustisch. Melodisch-zweistimmige Gesangspassagen (teils nasal, teils rauh) und einige Hits: "Them Bones", "Would".

Alien Sex Fiend Dem →Underground der 80er zuzurechnende Band zwischen schräg/düster und tanzbar/elektronisch um den Sänger Nick Fiend.

Allison, Luther Der Vertreter des modernen →Chicago-Blues hat sich mit dynamischem Gesang und Gitarrenspiel vom Mitläufer zum Star der 90er entwickelt.

Allman Brothers Band Ab den späten 60ern Rock- und →Blues-Band mit sattem, vielschichtigem Sound (besonders →live) um den später verunglückten Duane Allman (g, v); Revival in den 90ern.

Almond, Marc Englischer Pop-Sänger der 80er/90er mit melancholisch-weicher Stimme; erster Hit: "Tainted Love" mit →Soft Cell, größter Solohit: "Something`s gotten Hold of any Heart".

Alpert, Herb Ab den 60ern Unterhaltungsmusik-Trompeter. Bis `69 mit der "Tijuana Brass Band" unterwegs und immens erfolgreich, in den 80ern mit Tanznummern zu →Jazz-Trompete.

Alpha Blondy Sänger mit französischen Texten, dessen Werke - trotz starker →Reggae-Einflüsse die afrikanische Herkunft nicht verleugnen. Verteidigt seit Anfang der 80er Jahre kontinuierlich seinen Platz in der Afro-Reggae-Szene.

Alphaville In den 80er Jahren gegründetes, deutsches Elektronik-Pop-Trio mit griffigen, fast hymnenhaften Songs ("Big in Japan", "Forever Young"); in den 90ern plötzlich dunkel und überraschend hart.

Altamont Das Festival mit mehr als 300.000 Besuchern dämpfte 1969 vorerst die Euphorie für derartige Großveranstaltungen nach →Woodstock durch organisatorisches Chaos, unzählige Verletzte und drei Tote, von denen ein Schwarzer während des Auftrittes vor den Augen der →Rolling Stones erstochen wurde.

Altan Die irische →Folkband der 90er schlechtin, die trotz traditioneller Musizierweise sehr frisch klingt ("Island Angel" 1993). Die Sängerin singt vorwiegend gälisch.

Alternative Kleinere, "alternative" Plattenfirmen oder auch kleine Unterabteilungen großer →Labels unterstützten experimentelle Bands, die im Gegensatz zum →Mainstream fast immer etwas schräg klingen und oft verschiedenste Musikstile uminterpretieren. Von →Punk und →New Wave bis →Grunge und →EBM umspannt der Begriff jede eher ungewöhnliche Musik, solange ihre Verbreitung "alternativ" klein bleibt. Das soll natürlich nicht heißen, daß auch "alternative" Bands unter diesem Etikett nicht gerne mehr verkaufen würden. Obiger Begriff wird vor allem auf amerikanische Künstler angewandt und ist seit →Nirvana reiner →Hype; →Underground meint dasselbe und →independent eigentlich auch.

Amazing Blondel Anfang der 70er Musik auf der Basis altenglischer Lieder und ihrer Instrumente.

Ambient (House / Techno) Begriff der 90er für synthetische Tanzmusik der →DJs, die meist langsam, mit sphärischen Keyboardklängen und tiefen Frequenzen eine tranceartige Umgebung schaffen will.

Ambros, Wolfgang (v, g), stets von versierten Musikern begleiteter Österreicher mit melancholisch-satirischen Texten ("Es lebe der Zentralfriedhof" oder die parodistische Rock-Oper "Der Watzmann"). Nachdem er in den 70ern noch →Dylan-Songs auf deutsch interpretierte, tendiert er inzwischen eher zum →Schlager.

Ambrosia aus Kalifornien machten, produziert von →Alan Parsons, von 1975 bis Anfang der 80er aufgeblasenen Synthesizer-Pop-Rock.

Amen Corner Oberflächliche englische →Beat-Gruppe 1967-1970. Sänger Andy Fairweather Low ist ab 1971 solistisch unterwegs.

America Amerikanische sanfte →Folk/Pop Formation in den 70ern (Hit: "A Horse with no Name"); in den 80ern Filmmusik zu "The Last Unicorn".

Amon Düül Chaotische, →psychedelische Hippies aus München, die sich ab 1967 mit englischen und amerikanischen Vorbildern technisch in jeder Hinsicht schwer taten (→Krautrock). Erst Amon Düül II konnten als tapfere Vorreiter im Rock-Entwicklungsland BRD langsam (ab `69) ihre →Underground-Musik mit exotischen Klängen, mystischen Texten, →Hardrock und Elementen à la →Pink Floyd, →Jefferson Airplane überzeugend aufwerten, bis sie Mitte der 70er einem immer belangloserem Ende entgegentrieben. U.a. mit Chris Karrer (g, vln, v), Renate "Krötenschwanz" Knaup (v). 1995 Reunion.

Amorphis Skandinavische Band der 90er, vom →Black-Metal kommend, mit Keyboards und nordischer Folklore zunehmend langsamer und gemäßigter.

Amos, Tori Amerikanische Pop-Künstlerin, die in den 90er Jahren bekannt wurde. Oft Songs zu karger Begleitung (sie spielt Piano), stimmlich weich und modulationsfähig.

And One Elektronik, Deutschland 90er, düster, →EBM-nah.

Anders, Thomas Deutscher, englisch singender Schlagersänger u.a. bei →Modern Talking in den 80ern.

Anderson, Angry Aggressiver →Hardrocksänger der →Rose Tattoo mit Soloplatten seit den späten 80ern.

Anderson, Jon Sänger mit extrem hoher Stimme u.a. bei →Yes oder →Vangelis.

Anderson, Laurie Avantgardistische Lyrikerin, die sich nach Pop→Happenings und komplexen Klein-Kunstwerken (1980 "Big Sience") inzwischen auch in der kürzeren Form einzelner sanft-skurriler Songs wiederfindet.

Andrew Sisters →Schlager-Sing-Sang aus Amerika in den 30er/40ern.

Animals In der harten britischen →Blues-Rock-Band fand 1962-`68 der kraftvolle Sänger →Eric Burdon ein adäquates Zuhause ("House of the Rising Sun", "When I was Young").

Anka, Paul wandelte sich ab 1958 vom Teenie-Star zum →Crooner.

Annihilator Kanadischer →Thrash-Metal ab Mitte der 80er ("Alice in Hell").

Anthrax Amerikanische melodische →Thrash-Metal Band, gegründet Anfang der 80er. Experimentierten auch mit →Rap-Elementen.

Anvil Nordamerikanische Band ab den frühen 80ern mit heftigem und schnellem →Heavy-Metal; damit teilweise Vorreiter des Speed-Metal (→Thrash-Metal).

Anyones Daughter konstruierten in Deutschland seit Ende der 70er bis in die 80er langatmige Rockstücke.

Apache-Indian Shooting-Star in der englischen Bhangra→Ragga-Muffin-Szene: harte Ragga-Sounds und indische Folklore (`95 mit zweitem richtungsweisendem Album).

Aphex Twin Der britische Elektronik-Bastler Richard D. James gehört mit Sphärenklängen ("Ambient Works"), Klangcollagen mit →Dancebeats ("I care because") und äußerst bizarren Videoclips zu den führenden →Technopersönlichkeiten der 90er.

Aphrodites Child Griechische Gruppe in Paris um →Vangelis (Papathanassiou, k), und →Demis Roussos (v, b, g) gegründet, die sich herzzerreißenden Balladen und einem ausgefallenen →Konzeptalbum ("666", über die Apokalypse des Johannes) hingaben.

April Wine Kanadischer →Hardrock ab den 70ern an der Grenze zum →Mainstream.

Arcadia →Duran Duran.

Argent Amerikanische →Hardrock/→Mainstream Gruppe der 70er Jahre um die Songwriter Rod Argent (k, v, von den "Zombies") und →Russ Ballard.

Armatrading, Joan konnte ab Mitte der 70er Jahre mit kehligem, intelligenten Gesang und musikalisch potent eine Zeit lang ein erstaunliches Gleichgewicht halten - das machten ihr →Tracy Chapman und →Suzanne Vega später nach.

Armstrong, Louis "Satchmo" Der erste grundlegende Solist (→Solo) des →Jazz erhob die →Improvisation als Trompeter und Bandleader seiner "Hot Five" oder "Hot Seven" (1925 -`28) zum stilbildenden Element dieser Musik; Meister des →Scat-Gesangs. Später konnte er sich als einer der ersten schwarzen Amerikaner auf diesem Ruhm in Film und Musik als Unterhaltungskünstler ausruhen ("Wonderful World" in seiner zweiten Form mit Streichern, 1968).

Army of Lovers Schwedisches Pop-Trio der 90er mit operettenhaftem Chorgesang und schrillem Sex-Image.

Arrested Development Amerikanische →Hip Hop-Kommune Anfang der 90er mit religiöser Grundaussage, →akustischen Instrumenten und →Gospel-Einflüssen.

Ars Nova Amerikanisches, klassisch gebildetes, kunstvoll-vielschichtiges Rock-Sextett der späten 60er, die trotz Kritiker-Lobes nie erfolgreich waren.

Art Ensemble of Chicago Seit 1965 →Free Jazz mit →Lester Bowie.

Art of Noise, The Englischer →Avantgarde-Pop der 80er Jahre mit schrägen Synthesizern und Geräusch→Samples. Cover-Version des →Prince Titels "Kiss" (mit →Tom Jones als Gastsänger).

Art Rock (Kunst Rock) Von den →Beatles ausgehend ("Sgt.Pepper", 1967) wurde die simple Aneinanderreihung von Hits Ende der 60er verdrängt von kompletten, zusammenhängenden Alben (→Konzept-Alben) oder von endlos langen Improvisationen (→Cream). Galten anfangs einigermaßen gleichklingender Sound oder die Verwendung nur eines Rock-untypischen Instrumentes (z.B. Geige) als höchst "kunstvoll", so stellten Mitte der 70er viele Bands eine oder gar mehrere LPs unter ein Thema. 30-minütige komplexe Kompositionen, um die sich weitere Songs nur als Zugabe gruppierten, wurden, auch kommerziell die →Single verdrängend, zur Regel. Mit immer anspruchsvolleren Verschachtelungen versuchten die Bands ihre Hörer auf immer längere musikalische Reisen zu schicken - Stücke mit musikalischem →Jazz-Tiefgang (→Yes, →Gentle Giant), historischen Anleihen (→Emerson, Lake & Palmer), gründlicher Einheitlichkeit (→Pink Floyd) oder Opern-aufwendigem Umfang (→Genesis, →Jethro Tull) in Großbritannien - und in Amerika eher aufwendige Soundkonzepte wie bei →Grateful Dead oder →Kansas. Als sich diese anfangs hochproduktive Bewegung Ende der 70er belanglos wiederholte, war der →Punk vor allem in Europa die drastische Antwort auf derart aufgeblasene Selbstgefälligkeit. Gesamtkunstwerke wie in den 70ern wurden jedenfalls äußerst selten.

Ash Britische Gitarren-Popband, Mitte der 90er erfolgreich ("The Girl from Mars").

Ash Ra (Tempel) Deutsches Synthesizer- und Gitarren-Gewaber in den 70ern.

Asher D. & Daddy Freddy Der Titel der `87er LP "→Raggamuffin →Hip Hop" ist Programm: auch solo sind die beiden Top-Acts der →Hardcore-Raggamuffin-Szene..

Ashford & Simpson Das farbige amerikanische Songwriter-Ehepaar startete als Lieferant für →Ray Charles, →Diana Ross oder →Stevie Wonder, bevor 1984 mit dem →souligen →Disco-Song "Solid" ein selbstinterpretierter Erfolg gelang.

Ashton, Gardner & Dyke Von Ex→Remo Four-Mitgliedern 1968 in London gegründet, verbanden harten →Blues-Rock mit →jazzigen Einflüssen und der charakteristisch rostigen Stimme Ashtons.

Asia Musiker um Geoff Downes (k) (anfangs auch Carl-Palmer (d) →Emerson, Lake & Palmer, Steve Howe (g) →Yes) fanden hier eine bombastische Plattform, ihr Können studiotechnisch so aufzublasen, daß sie bis in die späten 80er noch gut verdienen konnten ("The Heat of the Moment"); Mitte der 90er ist die völlig umbesetzte Band sicher nicht mehr so einträglich.

Asphyx Dänische Formation zwischen →Death- und →Doom-Metal (90er); extremer Grunzgesang.

Astley, Rick Englischer Tanz→Mainstream der 80er; produziert von →Stock/Aitken/Waterman.

Aswad Hochpotente englische →Reggae-Band um den Sänger und Rhythmus-Gitarristen Brinsley Forde, die Mitte der 70er in kleinen Clubs mit erdigem →Roots-Reggae gewürzt mit britischem Rock und sozialkritischen Texten begann und sich allmählich zu einem Top-Act mauserte, der zwar glätter aber nicht künstlerisch unattraktiver wurde (siehe "Shine" von 1995).

Atkins, Chet Anerkannter →Country-Gitarrist mit gelegentlichen Ausflügen in die Unterhaltungs-Musik (z.B. mit →Mark Knopfler).

Atlanta Rhythm Section →Blues- und →Country-Rock aus Atlanta bis in die 80er.

Atlantis 1973/`74 Rock mit →Inga Rumpf.

Atlas, Natasha leiht ihre arabische Stimme dem →Dancefloor in London und war mit einer eigenen LP 1995 wenig erfolgreich.

Atomic Rooster Ab `69 unkomplizierte →Hardrock-Band um Vincent Crane (mit heftiger Orgel), die ihren Schlagzeuger an →Emerson, Lake & Palmer verlor und u.a. den Ex→Colosseum-Sänger→Chris Farlowe auf Solo-Pfade entließen; bäumten sich 1983 (mit Gitarrist und Sänger John Du Cann) →heavy ein letztesmal auf.

Atrocity Deutscher →Death-Metal; 1995 zusammen mit →Das Ich in Richtung →Dark Wave.

Attila →Billy Joel.

Aubry, René Französischer Instrumental-Komponist der Pop- und Rock-inspirierten Moderne; vor allem für Ballett- und Film-Musik.

Auger, Brian (k, v) schwankte zwischen →Jazz und Pop ohne seinen immensen Vorschuß-Lorbeeren aus den späten 60ern gerecht zu werden. Größere Erfolge hatte er zusammen mit →Julie Driscoll in der Band "Trinity" (1966 -`70). In den 90ern ist er mit →Eric Burdon unterwegs.

Autograph Amerikanische →Mainstream→Hardrocker der 80er ("Turn up the Radio").

Avalon, Frankie Süße amerikanische Liedchen in den späten 50ern.

Avantgarde bezeichnet Vorreiter, die ungewohnte "Neuerungen" einführen. Angesichts der gesamten Musikgeschichte und ihrer Vielfalt (z.B. allein in der →World Music) ist der Begriff in Rock und Pop nicht zu hoch zu bewerten. Eine Flöte im →Heavy-Metal ist also durchaus keine besondere Leistung, da stilübergreifendes Aufnehmen von Einflüssen ohnehin zum Geschäft gehört.

Average White Band 1973 von schottischen Musikern gegründetes →Soul-Sextett mit, vor allem anfangs, eigenständigem Profil.

Axe Amerikanischer →Mainstream→Hardrock der 80er.

Axton, Hoyt 1964 →Country, zunehmend Rock und ganz wenig →Blues bis Ende der 70er ("The Pusher" wurde ein Hit für →Steppenwolf).

Axxis Deutsche Kommerz→Hardrocker der 80er/90er mit hohem Knödelgesang.

Ayers, Kevin Nach seinem Ausstieg bei →Soft Machine 1969 experimentiert der Gitarrist in verschiedenen Stilen.

Ayler, Albert Früh (1970) verstorbener Saxophonist des →Free Jazz.

B 52 Amerikanische Gruppe, Ende `70 gegründet; zwischen →New Wave und Kommerz-Pop; männlicher Sprechgesang und singende Mädels.

Babe Ruth 1972 bis 1977 schrie zeitweilig eine Sängerin gegen britischen →Hardrock an.

Bach, Johann Sebastian (1685 -1750) Der Musiker des Barock schuf u.a. Orgelwerke, Kammermusik und Orchesterwerke und das "Wohltemperierte Klavier" (ein grundlegendes Werk abendländischen Harmonieverständnisses), wurde jedoch erst seit der Wiener →Klassik wirklich populär.

Bachmann Turner Overdrive Kanadische →Hardrock-Band Anfang der 70er bis Anfang der 90er um den Ex→Guess Who-Gitarristen/Sänger Randy Bachmann, der inzwischen ausgestiegen ist ("You ain't seen Nothing yet").

Backstreet Boys Amerikanische Jungs, die Mitte der 90er musikalisch, tanztechnisch und in →Teenie→Image die Linie der →New Kids on the Block, →Take That etc. fortführen und in Europa höchst erfolgreich durchstarten ("We`ve got it going on", "Get down").

Bad Boys Blue Eingängig brav in Deutschland produzierte Gruppe für →Discotheken-Tanzmusik der 80er.

Bad Company 1974 gegründetes Quartett um den kraftvollen Sänger →Paul Rodgers (auch g, p) von →Free und Mick Ralphs (g) von →Mott the Hoople. Bis in die späten 70er ein Musterbeispiel für ausdrucksstarken und einfallsreichen →Hardrock. `86 -`95 mit neuem Sänger US→Mainstream; danach mit Paul Rodgers-Imitat wieder erdiger.

Bad English US→Mainstream der 90er um den Sänger John Waite und den Ex→Journey-Gitarristen Neil Schon.

Bad Religion Die Amerikaner verbinden seit Anfang der 80er, oft schnellen →Punk-Rock mit sehr melodiösem und eingängigem Gesang und wurden so zu einer der Einflußgrößen des neueren amerikanischen Punk (→Green Day, →Offspring, →NOFX etc.).

Badfinger Englische 70er-Band die ein wenig wie die frühen →Beatles klingen.

Badger 1971 vom Ex→Yes-Keyboarder Tony Kaye und dem Ex→Asthon, Gardner & Dyke-Schlagzeuger Roy Dyke in London gegründet; virtuos gespielter, keyboardlastiger Bombast-Rock der 70er mit schwachem Songmaterial.

Baez, Joan Wurde 1959 als →Folk-Sängerin, Anfang der 60er auch durch ihren politischem Protest berühmt. Sie singt mit glasklarem Sopran oft nur zu Gitarrenbegleitung und ist (neben →Bob Dylan, dessen Songs sie bekannt machte und mit dem sie eine problematische Freundschaft verband) eine der wichtigsten Folk-Persönlichkeiten Amerikas.

Bahamadia Eine →Rapperin, die Mitte der 90er mit druckvoll modernisierter "Old School" überrascht.

Baird, Don →Georgia Sattelites.

Baker, Anita 1958 geborene Amerikanerin mit beachtlichem Stimmumfang in →Gospel, →Jazz und →Soul und großer Beliebtheit bei Kritikern.

Baker, Chet Trompeter des Jazz ab den frühen 50ern (→Cool). Dem Erfolg nicht gewachsen und bis in die 70er in Drogenprobleme verstrickt, die von der Presse weidlich ausgeschlachtet wurden (1988 gestorben); →Image.

Baker, George (George Baker Selection) Hans Bouwens (= George Baker) aus Holland mit Schmalz→Disco zum Mitsingen in den 70ern ("Paloma Blanca").

Baker, Ginger In →Jazz und afrikanischen Rhythmen versierter Schlagzeuger von →Alexis Korner, →Graham Bond und schließlich, seinen meisterlichen Ruf begründend, bei →Cream. Später bei →Blind Faith, "Airforce" (u.a. mit →Steve Winwood) und in weiteren, bis heute immer weniger beachteten Projekten trommelnd (z.B. bei "BBM" - Baker, →Bruce & →Moore).

Baldry, Long John →Bluesgefärbter Sänger aus England in wechselnden Stilformen (ab 1958 mit →Alexis Korner, "Steampacket", →Julie Driscoll, →Brian Auger, →Elton John, →Rod Stewart u.v.a.).

Ballard, Hank Schwarzer Sänger; 1958 "The →Twist".

Ballard, Russ Amerikanischer Sänger/Songwriter und Multiinstrumentalist in den 70er bis 90er Jahren, Ex-Mitglied von →Argent. Auch solo und als →Songwriter für andere Künstler (z.B. →Rainbow) im →Hardrock/→Mainstream-Bereich engagiert; eigene Hits in den 80ern waren "Voices", "Fire still burns".

Ballistic Brothers →Trip Hop aus London, der sich seit `92/`93 durch minimalistischen Stil auszeichnet.

Baltimore Kanadische →Hardrock/→Mainstream-Gruppe Mitte der 80er mit einfachen Melodien und weiblich klingendem Sänger.

Bananarama Ab 1981 hatte das britische Mädchen-Trio mit reich arrangiertem, aber stets eingängigem →Dancefloor-Sound vor allem in Europa zahlreiche große Hits (z.B. "Robert deNiro`s waiting", "Cruel Summer"). Siobhan Fahley gründete Ende der 80er →Shakespeares Sister.

Banco Differenziert-komplexe italienische Rockband der Siebziger.

Band (Gruppe). Mit tausend Ausnahmen: →Jazz-Band üblicherweise aus Rhythmusgruppe (d, b, k oder g), Solisten (t, s, g etc.) und eventuell Harmonieorchester (Bläsern); →Rock-Band aus Rhythmusgruppe (d, b, g, k), die neben den Vocals oft gleichzeitig die Solisten stellt (g, k); →Pop-Band aus →Producer, moderner Technik und →Marketing.

Band, The Ehrliche amerikanische →Country→Folk→Rock-Mischung. Zunächst Begleitgruppe von →Ronnie Hawkins und später →Bob Dylan. Genreprägende Alben ("Music from Big Pink", "The Band"); 1974 nach dem von Martin Scorsese verfilmten "Last Waltz" aufgelöst. Ab 1986 Reunion, allerdings ohne den Gitarristen und Songschreiber →Robbie Robertson.

Bangles Amerikanisches Mädchen-Quartett mit leicht an die 60er Jahre erinnerndem Gitarren-Pop. Erster Hit: "Manic Monday" Mitte der 80er (von →Prince geschrieben). In den 90ern aufgelöst, Sängerin Susanna Hoffs jetzt solo.

Banton, Buju Vertreter des →Ragga-Muffin in den 90ern.

Banton, Pato Ernstzunehmender Youngster aus der britischen →Reggae-Szene der 90er Jahre. Machte im Duett mit dem →UB 40-Sänger Ali Campbell auf sich aufmerksam.

BAP 1976 gegründet um den Sänger Wolfgang Niedecken. Singen in Kölsch, rocken altbekannt - aber erfolgreich.

Barber, Chris Britischer →Dixieland-Nachfahre seit den 60ern.

Barclay James Harvest Englisches Pop- und Hymnen-Rock-Trio ab Anfang der 70er, religiöse Grundaussage in den Texten ("Hymn", "Live is for living").

Barker, Sally ist in den 90ern mit kräftiger Stimme und Musik zwischen →Folk und Rock unterwegs.

Barnes, Jimmy Sänger der →Cold Chisel und ab `83 solo.

Baron Rojo Spanische →Hardrockband mit anfangs spanischen und später englischen Texten in den 80ern.

Barrett, Syd Mastermind der frühen experimentellen →Pink Floyd. Nach Drogenproblemen in den 70ern wenig erfolgreiche experimentell-seltsame Soloplatten.

Basie, Count Schwarzer Pianist und Leiter einer der langlebigsten, extrem →swingenden US→Big Bands des Jazz (seit 1935).

Baß Tiefste Männerstimme / tiefste Stimme eines Musikstückes als rhythmische oder melodische Stütze - ausgedrückt durch Elektro-Baßgitarre, Kontrabaß, Baßposaune, Synthesizer, Baßpedal der Orgel etc.. Slap-Baß ist eine Spielweise, bei der die meist viersaitige Baßgitarre mit dem Daumen so hart angeschlagen wird, daß sich ein percussiver, knallender Klang entsteht (Larry Graham von →Graham Central Station, →Stanley Clarke).

Bates, The Deutsche →Punkband die Mitte der 90er mit →Coverversionen bekannter Hits erfolgreich wurden (z.B. "Hello" von →Shakespears Sister oder "Billie Jean" von →Michael Jackson).

Bathory galten ab Mitte der 80er als schlichte →Venom-Kopie (schnell, brachial, →punkig mit okkulten Texten). Mit "Under the Sign of the Black Mark" gab sich die schwedische Band, die lange Zeit nur aus einem Mitglied, Quorthon, bestand, deutlich brutaler und kann neben →Possessed oder →Celtic Frost als einer der krassen Vorreiter des →Death- und →Black-Metal gelten (mit rauh krächzendem Sänger). Zum Trio angewachsen flossen 1990 keltische Musik und mystische Texte ein; 1995 brachte die Band wieder zwei Black-Metal-Platten heraus, die allerdings der Kritik nicht gefielen.

Batt, Mike (v, k) Zwischen üppig instrumentiertem →Musical und Pop ab Ende der 70er.

Bauhaus Die 1977/`78 in England gegründete Band erweiterte die Strukturen des →Punk musikalisch offen um depressiven Gesang und mystisch-bizarre Texte und sind somit neben →Joy Division Mitbegründer des Gothic-Wave (→Dark Wave). Nach Trennung von Sänger Peter Murphy machte die Band unter dem Namen "Tones on Tail" und später "Love and Rockets" (Ende der 80er in Amerika mit dem poppigen Hit "So Alive") unter Führung von Gitarrist Daniel Ash weiter, der jetzt auch (melodiös und weniger depressiv) singt.

Bay City Rollers →Teenie-Band der 70er.

Beach Boys, The hatten in den frühen 60ern mit unbeschwertem Pop Erfolg in Sachen "Sommer, Sonne, Surfen". Ihr hoher, komplexer Chorgesang war mit den →Beatles und dem aufkommenden →Westcoast-Sound trotz ausgefeilter Arbeiten ("Pet Sounds" war 1966 der letzte große Erfolg) nicht mehr gefragt, so daß sich die Band nach langer Krise (vor allem nach dem drogenbedingten Ausscheiden des musikalischen Kopfes →Brian Wilson) bis heute mit kleineren Comebacks bescheiden mußte.

Beastie Boys Weißes amerikanisches →Hip Hop-Trio (Ursprung in der →Punk-Szene), das Mitte der 80er mit →Metal-Rap und frechem →Image groß raus kam. Mitte der 90er nach 70er→Funk-orientiertem Hip Hop heute plötzlich wieder derber →Punk und instrumentaler "Easy Listening" →Jazz.

Beat (Schlag) Dem →rhythmischen Hauptakzent eines Musikstückes wird eher streng gefolgt (wie beim Walzer oder dem →Blues), oder Zwischenschläge werden verschleppt (im Rock) oder vorwärtsgetrieben (Stilmerkmal des →Jazz, vor allem im →Swing). Der Begriff wurde in den 60ern als britische Weiterentwicklung (→Beatles) des →Rock`n'Roll gefeiert. Seit den 80ern ist der Beat oft charakteristisches und einziges Unterscheidungsmerkmal im →Dancefloor mit z.B. →Disco-, →Break- oder →Techno-Beats.

Beat Farmers Amerikanischer Gitarren-Rock; mit dem ungewöhnlich abwechslungsreichen 87er-Album "The Persuit of Happiness" kurzzeitig erfolgreich; immer noch aktiv.

Beat, The Hervorragende britische Band mit starken →Ska-Einflüssen und zahlreichen →Toasting - Einlagen um die hochkarätigen Musiker Ranking Roger und Saxa. Entwickelte sich Anfang der 90er in kommerziellerem Gewand unter dem Namen →General Public zu einer weiterhin qualitativ wertvollen Musiker-Formation.

Beatlemania bezeichnet die unglaubliche Hysterie um die →Beatles und deren immensen Einfluß auf die Jugend und Musikindustrie (vor allem in Amerika als "British Invasion"). Rasende Verkaufszahlen für Gitarren und kreischende weibliche Teenager (die, bevor sie womöglich ohnmächtig umfielen, jedes Konzert mühelos übertönen konnten) waren jahrelang ebenso an der Tagesordnung wie die andauernde Belegung der ersten →Chart-Plätze durch die Beatles, die laut John Lennon "nun poulärer als Jesus" seien.

Beatles, The →John Lennon (v, g, k), →Paul McCartney (v, b, g, k), →George Harrison (g, v), →Ringo Starr (d, v); 1960 -`70; aus Liverpool. Auf einem scheinbar einfachen Fundament von →Rock`n'Roll, →Mersey-Beat und englischer →Folklore verstanden es die Beatles, eine derartige Fülle von althergebrachten und experimentell-neuen Strömungen in Musik, Industrie und Jugend-/Gesellschafts-Kultur zu vereinen, daß bis heute ein derartig ununterbrochenes, musikalisches Niveau zusammen mit unglaublichem gesellschaftlichem Einfluß nie wieder erreicht wurde. Seien es ihre "langen" Haare (Pilzköpfe) oder ihre immensen Auswirkungen auf die amerikanische Musikindustrie (→Beatlemania), ihre schier unerschöpflichen melodischen Fähigkeiten, musikalischen Ausdrucksweisen (oft genial neuartig produziert von George Martin) oder textlichen Raffinements: in dieser Summe ist die Rockmusik ohne die Beatles undenkbar. Den "neuen" Song "Free as a Bird" 1996 hielten daher nicht nur Kritiker für überflüssig.

Beats International →Dancefloor-Projekt mit deutlichem →Reggae-Einschlag aus Brighton um Mastermind Norman Cook (vormals →Housemartins, Mitte der 90er bei →Freak Power). Die innovative Band arbeitete zunehmend mit den Ragga-Haudegen "Daddy Freddy" zusammen und hatte nur einen Hit ("Dub be Good to me" 1990).

Beau Brummels Amerikanische Spät-60er im Stil der →psychedelischen West-Coast-Bands.

Beautiful South Englischer eingängiger und heiterer Gitarren-Pop der 90er von Ex-Mitgliedern der →Housemartins gegründet.

Bebop Extrem komplexe, schnelle, →improvisationsreiche →Jazz-Variante um die Giganten →Charlie Parker (s), →Dizzy Gillespie (t), →Thelonious Monk (p), Bud Powell (p), →Charles Mingus (b), Oscar Pettiford (b), Kenny Clarke und Max Roach (d) seit Anfang der 40er. **Hard Bop** Spielweise dem Bebop Ende der 50er etwas geradliniger nachfolgend; Einflüsse aus →Blues und →Gospel.

Bechet, Sidney Wichtiger Klarinettist und früher Improvisator des →Jazz.

Beck Der amerikanische Musiker gehört mit seiner abenteuerlichen Mischung aus →Grunge, →Hip Hop, →Country usw. zu den gefragtesten Vertretern der →Alternative-Bewegung; "Loser" 1994.

Beck, Jeff 1965 verließ der exzentrische Brite die →Yardbirds und nahm mit Sänger →Rod Stewart zwei der ganz frühen englischen →bluesbetonten →Hardrock-Alben auf. Nach der "Jeff Beck Group" (mit →Soul-Touch) und einem Versuch mit "Beck, Bogert & Appice" (→Vanilla Fudge) war er Mitte der

70er mit →Fusion-Alben (→Jan Hammer) erfolgreich und zu Recht als großer Gitarren-Virtuose gehandelt. Danach übte er sich in weiterhin technisch meisterhaften, aber wenig erfolgreichen Projekten und ständig als Gastmusiker bei Kollegen (von →Stanley Clarke bis →Tina Turner).

Becker, Walter (b, v, g) →Steely Dan.

Bed and Breakfast Erst vier, dann drei Jungs für alle Mädels ab Mitte der 90er mit →Dance-Pop und →Take That→Image.

Bee Gees Australisches Trio in den 60er Jahren als eher brave →Beat-Band gegründet; in den 70ern Aufsprung auf die →Disco-Welle (Soundtrack "Saturday Night Fever"); in den 80er/90ern weiter mit bravem Pop erfolgreich.

Beethoven, Ludwig van (1770 - 1827). Bedeutende Symphonien (Nr. 5 "Schicksalssymphonie" oder Nr. 9 mit Schillers "Ode an die Freude" als bombastischem Schlußchor) und grundlegende, die abendländische Harmonielehre entscheidend erweiternde Klaviersonaten und Streichquartette der Wiener →Klassik (nur eine Oper).

Beggar's Opera Schottische keyboardlastige Rockband; in den frühen 70ern vor allem auf Festivals beliebt.

Beiderbecke, Bix Sehr früher Solist (Kornett) des →Jazz; 1931 gestorben.

Belafonte, Harry Ab 1956 gab der New Yorker seinen karibisch eingefärbten Pop mit einschmeichelndem Schmelzgesang zum Besten (Calypsomusik: klingt wie stark verdünnter →Reggae).

Belew, Adrian Seit den 70ern gefragter Studiomusiker (g für u.a. →Laurie Anderson, →Zappa) und auf Soloplatten Multitalent zwischen Pop und totalem Experiment.

Bell, Carey Zeitgenössischer Begleitmusiker aus Chicago auf der →Blues-Mundharmonika in der Tradition von →Walter Horton.

Bellamy Brothers Amerikanisches →Country-Duo der 70er/80er Jahre ("Let your Love flow").

Benatar, Pat Mit angerauhter Stimme war die Sängerin aus Amerika Mitte der 80er mit radiotauglichem →Mainstream-Pop/Rock-erfolgreich ("Love is a Battlefield").

Benson, George Zuerst durchaus talentierter Gitarrist des →Jazz, der sich in den Mitt-70ern als erfolgreicher Schmuse→Soul-Sänger profilierte. Das konnte er offensichtlich selbst nicht mehr hören, denn er wendet sich ab Ende der 80er verstärkt der →Fusion zu.

Benton, Buster Der →Bluesgitarrist und Sänger verschmilzt den alten Blues mit dem neuen aggressiven und harten →City-Blues ("Spider in my Stew", "Blue Bird").

Berry, Chuck Der schwarze Sänger und Gitarrist beeinflußte durch seine geradlinigen Melodien und einfachen Texte zu Problemen Jugendlicher spätestens ab 1955 sämtliche (vor allem weiße) Nachfolger im →Rock`n'Roll (→Elvis Presley), Pop und Rock (→Beatles, →Rolling Stones). Plattenfirmen, Rassismus oder persönliche Probleme verhinderten die uneingeschränkte persönliche Anerkennung. Seine Hits "Maybelline", "Roll over Beethoven", "Rock and Roll Music", "Johnny B. Goode", "Little Sixteen"(="Surfin' USA" der →Beach Boys) u.v.m. wurden Klassiker.

Biafra, Jello Sänger der →Punkband →Dead Kennedys. Nach deren Auflösung 1987 zahlreiche Soloprojekte (z.B. "Lard" mit →Ministry) mit vielen Stars des US→Undergounds.

Bianco, Bonnie Europäische Popsängerin der 80er, mit sentimentalen Balladen erfolgreich.

Big Audio Dynamite Die Londoner Band um den Ex→Clash-Gitarristen Mick Jones lieferte seit Ende der 80er vier hervorragend produzierte Alben mit hartem →Rock, →Reggaeanleihen und →avantgardistischen Elementen ab, bevor sie sich 1994 auflöste.

Big Band Eigentlich Gruppe mit mindestens zehn Musikern. Im →Jazz durch →Fletcher Henderson bedeutend entwickelt (→Count Basie, →Duke Ellington, →Glen Miller, →Benny Goodman). Im Rock sehr selten.

Big Black Mit extrem verzerrten Gitarren, monotonen Schlagzeug-Computerbeats, düsteren Textaussagen und verzerrtem Gesang ist die Mitte der 80er gegründete amerikanische Band eine wichtige Einflußgröße auf die spätere →Industrial-Szene der 90er. Sänger und Mastermind Steve Albini wurde nach dem Scheitern seines Soloprojekts "Rapeman" gefragter Produzent u.a. für →Helmet, die →Pixies oder →Nirvana.

Big Brother & the Holding Company Amerikanischer Rock (`67-`71) anfangs mit →Janis Joplin.

Big Country Schottische Formation der 80er mit dichtem Gitarren-Teppich gradlinig-stampfend, leidlich melodiös und folkloristisch angehaucht.

Big Youth Bis heute beachtlicher Repräsentant des →Toasting (mit gravierten Goldzähnen!), der sich nicht nur mit den üblichen Themen (Frauen oder Motorräder) befaßt, sondern die Nöte und Sorgen der Ghettobewohner zum Thema macht und daher bei →Bob Marley beliebt war und bei Jamaikanern noch heute ist.

Bilgeri Rockiger österreichischer Mundartbarde seit den 80ern.

Biohazard Erfolgreichste Vertreter der Mitte der 90er angesagten New York→Hardcore→Punk-Welle; durch brachiale →Heavy-Metal-Gitarren und sozialkritische Texte - teilweise in Sprechgesang (→Rap) vorgetragen.

Birth Control Deutsche Band mit Orgel, dünne angelehnt an den →Hardrock der 70er-Jahre (Hit: "Gamma Ray").

Birthday Party Australische →Undergroundband Anfang der 80er um →Nick Cave.

Bishop, Elvin Ab 1969 spielt der Gitarrist zurückhaltende →Blues-Phrasierungen (u.a. bei der →Butterfield Blues Band) und zeigt sich auch in Rock und →Country zuhause.

Björk Die ehemalige Sängerin der isländischen →Sugarcubes begann ihre Solokarriere in den 90ern mit einer Mischung aus unterschiedlichsten →Dancefloor-Elementen und kindlichem Gesang; später wurde es ernster und konzeptioneller.

Black Britischer Soft-Pop-Künstler mit einem melancholischen Hit Ende der 80er: "Wonderful Life".

Black Crowes Amerikanische →Hardrock-Band, seit Anfang der 90er mit erdigem Gesang und abwechslungsreichem Material, sehr 70er-bezogen (→AC/DC), immer erfolgreicher.

Black Flag Neben den →Dead Kennedys wichtigste Pioniere des amerikanischen Hardcore→Punks ab Ende der 70er. Sänger →Henry Rollins machte nach Auflösung der Gruppe solo weiter.

Black, Frank Ex-Sänger der →Pixies aus Amerika; in den 90ern teilweise hitparadentauglich.

Black, Mary Irische →Folksängerin (Ex→De Dannan), die sparsam aber kompetent begleitet Mitte der 90er nach zehn Jahren Soloarbeit etwas erfolgreicher wird.

Black Oak Arkansas Amerikanische Band (erste LP 1969), die Anfang der 70er →Country-Einflüsse mit harten Rock-Gitarren und klischeehaften Texten verband und vor allem in Amerika größeren Erfolg hatte. Stilistische Änderungen und Umbesetzungen führten zum Einbruch; Comebackversuche in den späten 80ern.

Black Sabbath Ende der 60er in Birmingham gegründete →Heavy-Metal-Band schlechthin. Mit kräftig (oft doppelt aufgenommenem) weinerlich-klagendem Sänger →Ozzy Osbourne (ab 1980 →Dio, 1983 →Ian Gillan) und schweren, charakteristischen und eingängigen Gitarren→Riffs (Tony Iommi, einzig ständiges Mitglied), melodischer (und oft enorm verzerrter) Baß-Unterstützung (von Terry "Geezer" Butler, ab 1983 mit Pausen) und gerne überhörter, erstaunlicher Schlagzeug-Vielfalt (Bill Ward, ab 1980 mit längeren Pausen). Maßgebliche Vorläufer aller Bands des Genres. Ab 1987 mit völlig unpassenden Sängern (Toni Martin) virtuos aber bedeutungslos dem Heavy→Mainstream verfallen.

Black Uhuru →Roots-Reggae-Band par excellence. Erfreut sich seit den 80ern erstaunlicher Beliebtheit vor allem beim europäischen Publikum. Mit den "Rhythm-Twins" →Sly & Robbie, der leider verstorbenen Sängerin Puma Jones, den wechselnden Lead-Vokalisten Michael Rose, Don Carlos und dem Background-Sänger Duckie Simpson entstanden handwerklich ausgezeichnete Roots- und →Dub-Alben.

Black-Metal Okkulter oder mystischer →Death-Metal (Wechsel zwischen sehr schnell und sehr langsam) firmiert unter dem von →Venom geprägten Namen. Stark von →Bathory geprägt, wird im Unterschied zu Death-Metal nicht gegrunzt sondern gekrächzt; bleich geschminkte Gesichter sind das optische Erkennungszeichen. Die hier stark vertretene skandinavische Fraktion (→Dark Throne) integriert oft →Folklore und Keyboards.

Blackfoot Die teils indianische Band verband seit 1971 amerikanische →Country- und →Blues-Einflüsse mit brachialen →Hardrock-Gitarren zu eingängig-hymnenhaften Songs und war Ende der 70er, Anfang der 80er einer der erfolgreichsten Vertreter der damaligen "Hard`n'Heavy"-Szene (heute →Hardrock); "Highway Song". Zuletzt spielte der Ex→Uriah Heep-Keyboarder Ken Hensley mit.

Blackmore, Ritchie Gitarrist der →Deep Purple, →Rainbow.

Blades, Rubén (v, k) ist mit sozialkritischen, gekonnt auf die Unterprivilegierten Amerikas zugeschnittenen Texten und modernem ambitioniertem →Salsa ohne Scheu vor zeitgemäßem Pop-Sound seit Anfang der 80er konsequent erfolgreich.

Blake, Blind Amerikanischer →Ragtime-Gitarrist der 20cr-Jahre mit herausragender Fingerpicking-Technik; nur noch vergleichbar mit →Lonnie Johnson.

Blakey, Art (1919 -1990). Vulkanischer Jazz-Schlagzeuger und Bandleader vor allem des Hard Bop (→Bebop), der immer gerne mit Nachwuchsmusikern arbeitete.

Bland, Bobby "Blue" kommt aus der Schule der →Gospelsänger mit gekonnt eingesetztem großen Stimmvolumen. In den 60ern mit den →Rhythm & Blues-Klassikern "I smell Trouble" und "Little Boy Blue".

Blasinstrumente sind in der Rock- und Pop-Musik eher selten. Als massive Unterstützung wurden Blechbläser vor allem in den →Funk- und →Fusionorientierten 70ern (Trompeten, Posaunen) zusammen mit Saxophonen gerne verwendet. Solistische Holzblasinstrumente wie das Saxophon (verwendet für →"jazzigen" Klang) oder die Querflöte (→Jethro Tull) sind reine Exoten.

Blechreiz Deutsche →Ska-Band seit Ende der 80er.

Blind Faith →Supergroup mit →Eric Clapton und →Ginger Baker von →Cream, →Steve Winwood von →Traffic und Rick Grech (b, vln) von →Family. Verschachtelter Rock auf einer LP von 1969.

Blind Guardian Deutscher →Heavy-Metal der 80er/90er, vergleichbar mit →Helloween.

Blind Illusion San Francisco-Band um Sänger/Songschreiber Marc Biedermann mit einer melodiösen →Thrash-Metal-Platte (1988). Larry LaLonde (Ex→Possessed) und Les Claypol später bei →Primus.

Block, Rory →Folk-/→Blues-Gitarristin und -Sängerin, die seit 1976 gekonnt ihre meist eigenen Songs interpretiert.

Blodwyn Pig 1969/'70 →Hardrock um →Mick Abrahams.

Blonde on Blonde Englisches →Disco-Duo ehemaliger Models; in den 70ern erfolglos (außer in Japan), da besser aussehend als singend.

Blondel →Amazing Blondel.

Blondie Amerikanische Popgruppe um die Sängerin Deborah Harry mit scharfer Stimme. 1974 aus der New Yorker →New Wave-Szene ("Call me") hervorgegangen und später in →Disco-Nähe ("Sunday Girl").

Blonker →New-Age Gitarrenspiel seit den 80ern.

Blood Sweat & Tears Ab 1968 schafften es die virtuosen Amerikaner, ihrem druckvollen Rock Anklänge an →Blues, →Soul und →Jazz zu geben, bis sie Mitte der 70er immer glatter und uninspirierter wurden.

Bloomfield, Mike Der gefeierte amerikanische →Blues-Rock-Gitarrist verließ 1967 die →Butterfield Blues-Band um (u.a. bei →Electric Flag) immer seltener sein Können aufblitzen zu lassen, bis er `81 den Herointod starb.

Blow, Kurtis Der schwarze ehemalige →DJ verlegte sich 1979 ausschließlich auf`s →Rappen und hatte mit "Christmas Rap" und "The Break" (1980) die ersten großen Hits des Genres ("Old School"). Mitte der 80er wurde er zunehmend sozialkritisch ("New School"), war aber eher als →Produzent (→Run DMC) gefragt.

Blue Aeroplanes Britischer Gitarren-Pop in interessanten und gepflegten Arrangements mit kurzzeitig erhöhter Popularität Ende der 80er.

Blue Cheer Das amerikanische →Blues-Rock-Trio wurde Ende der 60er Jahre gegründet und mit lauter und heftiger Spielweise zu Wegbereitern des →Hardrock.

Blue Flames →Georgie Fame.

Blue Notes Theoretisch kompliziert zu erklärende Töne (kleine Terz über großer Terz oft im Dominantseptakkord), die als "ungenaue Töne" im Rock, aber vor allem im →Blues und →Jazz entscheidend die eigentümliche Stimmung der Musik ausmachen.

Blue Notes Gruppe um →Teddy Pendergrass.

Blue Oyster Cult New Yorker →Heavy-Metal-Formation ab den frühen 70ern. Anfangs sehr →Black Sabbath-orientiert; in den 80ern eher in Richtung →Mainstream tendierend ("Don't fear the Reaper").

Blue System →Modern Talking.

Bluegrass Sehr traditionsverbundene Spielart des →Country.

Blues Weltliche Musik der amerikanischen Schwarzen ab Mitte des vorigen Jahrhunderts. Traurige Stimmung, 12-taktiges Grundschema, eher schleppend intoniert, charakteristisch auch durch →Blue Notes. Die Harmonik und →Rhythmik des Blues scheinen in sehr vielen Werken des Rock und →Jazz durch

(→Hardrock). Im Pop, →Punk, spätem →Heavy-Metal und →New Wave spielt der Blues kaum noch eine oder gar keine Rolle.

Blues Brothers Die Schauspieler Dan Akroyd und John Belushi stellten 1977 eine →Rhythm & Blues- und →Soul-Band zusammen, traten immer mit Anzug, Hut und Sonnenbrille auf, sangen in kraftvoller Manier ausschließlich Fremdkompositionen und lösten die Band 1980 wieder auf (in diesem Jahr entstand auch ihr berühmter Film); Belushi starb 1982.

Blues Magoos Aus New York Mitte der 60er bis Anfang 70er; mit →Psychedelik und →Blues gestartet, später auch etwas →Folk und →Jazz.

Blues Project 1964 in New York entstandene Band um die späteren →Blood, Sweat & Tears-Musiker Al Kooper und Steve Katz mit Rock und etwas →Jazz und →Blues.

Blues-Rock Vor allem in seiner stampfenden und erzählenden, sich steigernden Spielweise (meist der Solo-Gitarre) stark an den →Blues angelehnte, elektrisch verstärkte Musik hauptsächlich weißer Musiker (→Ten Years After, →Roy Buchanan).

Bluesband, The Bedeutungslose amerikanische Imitation der verschiedenen →Blues-Stile ab Mitte der 70er.

Bluesgangsters Landshuter →Bluesformation mit authentischem Material seit 1983 und reger Auftrittstätigkeit in den 90ern bis nach Chicago.

Blur Ende der 80er noch schräger →Underground, wurde die englische Gitarren-Pop-Band um den Sänger und Songschreiber Damon Albarn ab Mitte der 90er eingängig, fröhlich und abwechslungsreich sehr erfolgreich (LP "Parklife").

Boa, Phillip Deutscher Sänger/Songwriter, bedient sich seit den 80ern ungeniert aus dem Musik-Baukasten - für jeden ist im schrägen Stilmix was dabei: harte Gitarren oder →Disco-Gesäusel. Neben seinem Haupt-Projekt "Voodooclub" startete er trendgerecht "The Voodoocult", der zwischen →Thrash-Metal und →Industrial zahlreiche namhafte Gastmusiker beschäftigt (z.B. den Ex→Slayer-Schlagzeuger Dave Lombardo oder den Ex→Faith No More - Gitarristen Jim Martin).

Bob and Marcia In den 60er und Anfang der 70er Jahre jamaikanisches Vokal-Duo, das selbst in den UK-Charts Hits wie "To be Young, Gifted and Black" landen konnte. Marcia setzte ihre Karriere später bei →Bob Marley's Background-Vocal-Formation "I Three" fort.

Bobby and the Midnites Rockband um →Grateful Deads Bob Weir in den 80ern.

Body Count →Heavy-Metal/→Rap mit →Ice-T.

Boel, Hanne Die dänische Sängerin liefert in den 90ern soliden Pop-Rock ohne übermäßigen Erfolg obwohl sie inzwischen restlos wie →Tina Turner klingt.

Böhse Onkelz Ab Anfang der 80er machte die deutschsprachige Band Musik zwischen →Punk und →Hardrock (erinnert zuweilen an →AC/DC). Zuerst mit deutlich rechter politischer Botschaft, die ihnen immer wieder Ärger bei Konzertveranstaltungen und Plattenfirmen einbrachte - später geläutert und mit sozialkritischen Texten eine stetig wachsende Fan-Schar anziehend.

Boine, Mari (Boine Persen) Ausdrucksstarke Interpretin unverfälschter norwegischer →Folklore, deren Gesang (zwischen Schweben und ausgeprägter Kopfstimme) ab 1990 auch international bekannt wurde.

Bolan, Marc →T.Rex.

Bolin, Tommy Ersetzte 1975 Ritchie Blackmore an der Gitarre bei →Deep Purple. Verstarb kurz nach der "endgültigen" Auflösung der Band an einer Drogenüberdosis 1976. In den Gruppen "Energy", "Zephyr" und bei der →James Gang →funkiger →Hardrock, auf Soloplatten ruhiger.

Bollock Brothers In den 70ern entstandene Londoner Formation, die Synthesizer-Pop, →Punk und Rock in loser Folge mischten ("Faith Healer", "Harley David Son of a Bitch").

Bolton, Michael Von Walter Afanasieff aufwendig produzierter Schmacht-Barde, der singt, als säße er auf einer heißen Ofenplatte und dem Mitte der 90er die Ideen-Puste etwas ausgeht.

Boltthrower Erst heftiger, Mitte der 90er gemäßigter →Death-Metal aus England (mit Kriegs- und Helden-Grunzgesang).

Bomb the Bass Lose britische Formation seit der zweiten Hälfte der 80er, die →Hip Hop mit →Samples anreicherten und so zeittypischen →Dancefloor im →House-Stil schufen.

Bon Jovi 1982 in New Jersey von Sänger/Komponist John Bongiovi gegründet; stilprägende und erfolgreichste →Mainstream/→Hardrockband der 80er. Üppiger Keyboard-Einsatz, bombastische Produktionen und Chorarrangements gepaart mit eingängigen Melodien und der kraftvollen Stimme Bongiovis. In den 90ern etwas gitarrenlastiger immer noch sehr erfolgreich.

Bond, Graham (Organisation) Bond bereitete den Weg für einflußreiche Musiker, wie z.B. →Jack Bruce, →Jon Hiseman und →John McLaughlin, in →Fusion-Bereiche, war aber ebendort bis zu seinem Selbstmord 1974 weder erfolgreich noch (an Sax und Orgel) besonders angesehen.

Boney M Typisches, in den 70ern sehr erfolgreiches →Disco-Projekt des deutschen Produzenten Frank Farian mit üppigen Arrangements und eingängigen Songs ("Daddy Cool", "Rivers of Babylon").

Bonfire Ingolstädter →Mainstream→Hardrock vergleichbar mit den →Scorpions (80er).

Bonnet, Graham Der Sänger mit kraftvoll-rauher Stimme hatte 1968 mit "The Marbles" den →Soul-Erfolg "Only One Woman", tauchte 1979 kurz bei →Rainbow auf und gründete anschließend das kurzlebige →Hardrock-Projekt "Alcatrazz" mit dem damals noch unbekannten Gitarren-Zwirbler →Yngwie Malmsteen.

Bonzo Dog Dooh Dah Band Britisches Rockkabarett 1967-`72, mindestens als Quintett zahlreiche musikalische Stile zitierend ("I`m the Urban Spaceman").

Boogie Woogie Zeitgleich mit dem →Ragtime aus dem →Blues hervorgegangene sehr rhythmische Piano-Spielweise.

Booker T & the MGs Gemischtrassige →Soul-Gruppe 1962-`71; als charakteristische, gradlinige Begleitband (u.a. für →Otis Redding) sehr gefragt.

Boomtown Rats →Bob Geldorf.

Boone, Pat Fetziger amerikanischer →Rock`n'Roller; ab 1957 mit Hits wie "Speedy Gonzales" oder der Ballade "Moon River".

Boothe, Ken Seit den frühen 60ern herausragender →Rock Steady- und Schmuse-Reggae-Sänger, im Stil →John Holt ähnlich. Hatte 1974 mit "Everything I Own" eine Nr. 1-Position in den UK-Charts, was Boy George 13 Jahre später mit seiner →Cover-Version wiederholte.

Bootleg Raubpressung. Während simple Nachpressungen erfolgreicher LPs den Künstler und die Plattenfirma schädigen, sind seltene Konzertaufnahmen oft nur für Sammler interessant und wenden sich (in Verpackung, Vertrieb und oft hundsmiserabler Qualität) auch nur an solche. Im digitalen Zeitalter sind die Aufnahmen und Verpackungen häufig von so hoher Qualität, daß durchaus wieder von Diebstahl gesprochen werden kann.

Bop Vereinfacht von →Bebop oder Hard Bop.

Bossa Nova In Brasilien in den 50ern unter Einbeziehung von →Jazz-Harmonik entwickelter Stil, der vor allem durch →Stan Getz den Jazz rückbefruchtete.

Boston 1974 gegründete →Mainstream→Hardrockband aus Boston (aufwendig produziert und anfangs kommerziell ("More than a Feeling") sehr erfolgreich) um den Multiinstrumentalisten Tom Scholz.

Bottleneck →Slide-Gitarre.

Bovell, Dennis Musikalisches Mastermind in der →Reggae-Band von →Linton Kwesi Johnson. Dem schwergewichtigen Mann am Baß (Künstlername "Blackbeard") gelangen auch unter eigenem Namen ausgereifte LPs, die leider nur in Insiderkreisen Beachtung finden.

Bow Wow Japanischer →Heavy-Metal der 80er, eher verhalten und mit Keyboards.

Bow Wow Wow Ein weiteres Projekt von →Malcom McLaren mit Musik zwischen tanzbarer Afro-Rhythmik und →New Wave-Pop; geprägt von eingängigen Melodien und dem kindlichen Charme der Sängerin ("I want Candy"); 1982 aufgelöst.

Bowie, David vertrat ab 1967 die jeweiligen Musikstile seiner Zeit. Er startete in England mit einfachem Rock ("Space Oddity" `69), produzierte sich in den 70ern mit sehr bizarrem →Image und exzentrischen Shows ("Glitter-Rock" mit seiner Gruppe "The Spiders from Mars" um →Mick Ronson). Nach einem Zwischenspiel in Berlin (mit →Brian Eno, "Heroes" `77) konnte er Anfang der 80er im deutlich vom ihm selbst mitgeprägten →New Wave nocheimal mit kaltem Auftreten und kantig modernisierter Musik ("Let's Dance" `83) große Erfolge verbuchen. Anfang der 90er sang er bei der heftigen →Hardrock-Gruppe "Tin Machine" und versucht sich Mitte der 90er zwischen bläßlicher Barmusik und →Industrial. Nebenbei ist der charismatische Bowie kein schlechter Schauspieler.

Bowie, Lester (t). "Avant-Pop" soll ab den 70ern in verschiedenen Bläsertruppen (z.B. "Brass Fantasy") bezeichnen, wie sich im →Jazz →Avantgarde und Pop leicht vereinen lassen. Er ist auch im →Free Jazz mit dem "Art Ensemble of Chicago" beschäftigt.

Box of Frogs Neuauflage der →Yardbirds Mitte der 80er.

Boy George Der Engländer schmalzte sich mit weicher Stimme mäßig kreativ (nach der Auflösung von →Culture Club 1986) durch mehrere Pop-Alben (u.a. unter dem Bandnamen "Jesus Loves You") und wandelte sein schrilles →Image ununterbrochen; 1995 auf heftigem Rock-Fundament schier nicht wiederzuerkennen.

Bragg, Billy Vom →Punk beeinflußter englischer Gitarren-Barde, der ab 1983 seine sozialkritischen Texte und schroffen Gefühlsdarstellungen auf Platte zwang.

Brainbox →Focus.

Brainticket Holländische Orgel- und Collagen→Psychedelik in der zweiten Hälfte der 70er.

Branch, Billy Junger, sehr moderner →Blues-Mundharmonika-Spieler aus Chicago im Stile →Little Walters und →Junior Wells.

Brand New Heavies →Funk in mittlerem Tempo, eine Sängerin und manchmal Streicher oder entfernt an →Jazz erinnernde Bläserlinien machen die Band aus London zu einem typischen tanzbaren →Acid Jazz-Vertreter seit Anfang der 90er.

Brand X 1976 hauptsächlich durch →Phil Collins bekannt gewordene Band instrumentaler Könner ohne besondere Inspiration und heute wieder ohne Collins.

Branduardi, Angelo Italienischer Poet und Multiinstrumentalist (v, vln, f, g), der seit den 70ern zwischen italienischer Folklore und verspieltem Rock in eingängigen Balladen oder bombastischen Produktionen zu hören ist.

Branigan, Laura Amerikanischer →Dance-Pop der 80er mit leicht rauher Stimme ("Gloria", "Self Control").

Bread 1969 -`73 und `76 versammelten sich gewiefte Songschreiber und Studio-Könner zu Pop-Rock mit netten Gesangs-Partien, dem man nicht sofort seine kommerziellen Absichten anmerken sollte.

Break (Bruch) Auffallende plötzliche Unterbrechung eines Musikstücks; entweder durch eine schlichte Pause oder durch einen kontrastierenden Stil (z.B. sind →Rhythmusänderungen wichtig im →Heavy-Metal).

Breakbeat Zu einer instrumental spärlichen aber dafür stark rhythmischen Passage (einem →Break) aus einem Musikstück läßt sich bestens tanzen und →rappen und dieser oft schleppende Sound ist die Grundlage für den →Hip Hop und nachfolgende Stile wie z.B. →Jungle.

Brecker Brothers Die Amerikaner Randy (t) und Mike (s) spielen Pop bis →Jazz und sind seit 1975 zusammen, einzeln oder als Begleitmusiker Garanten für zeitgemäßen →Fusion-Sound.

Breeders Anfang der 90er US→Alternative-Band um die Ex→Pixies-Bassistin (jetzt g, v) Kim Deal; auffallend harte Gitarren zu melodiös-sanftem Gesang.

Bridge (Brücke) Überleitung von einem musikalischen Thema zum anderen oder auch zwischen gleichen (z.B. Refrain-Überleitung-Refrain).

Bridgewater, Dee Dee →Jazzsängerin seit 1978. Ihre gelassene, wenig herausfordernde Art läßt sie in den 90ern keine Berührungsängste gegen jedweden Pop kennen.

Brinsley Schwarz Englische Gruppe an der Oberfläche des →Country-Rock in den 70ern.

Bröselmaschine Ende der 60er politischer, Anfang der 70er konventioneller Rock um den Gitarrenlehrer Peter Bursch aus Duisburg.

Brötzmann Massaker, Caspar Seit den späten 80ern Band des Gitarristen Brötzmann; endlose meditative Wiederholungen schräger Gitarrenphrasen, spärlicher (deutscher) Gesang und →Feedbacks steigern sich in ausgedehnten Nummern bis zur totalen Krachorgie.

Bromberg, David Gefragter New Yorker Studiomusiker und Multiinstrumentalist (u.a. für die →Eagles); ab `72 auch Soloplatten zwischen →Folk und →Fusion.

Bronco Anfang der 70er →Folk und sanfter Rock aus England.

Bronski Beat Flotter Elektronik-Pop bis 1985 mit →Jimmy Sommerville; danach mit neuem Sänger noch ein Hit ("Hit that Perfect Beat Boy").

Brood, Herman (& his Wild Romance) Holländischer →Punk-beeinflußter Rocker (v, k) ab Mitte der 70er.

Brooks, Elkie Stimmkräftige Engländerin die ab 1960 vom →Schlager zum Rock und zurück ging.

Brooks, Garth In den 90ern der amerikanische →Country-Mega-Star mit höchstem kommerziellen Schliff und vorsichtiger Modernität in Text und Musik.

Brooks, Lonnie Gefragter zeitgenössischer →Chicago-Blues-Gitarrist und Sänger sowie genialer Songschreiber mit einer "Louisiana-Mischung" aus Pop, →Funk und →Soul; Durchbruch mit der LP "Bayou Lightning" 1979.

Broonzy, Big Bill (geb. 1893) Ein Gitarrist und Sänger mit →Ragtime, Tanzstücken und vor allem →Blues und Bluesballaden. Typisch sind seine rockenden, →swingenden →Beats, seine Art auf die Saiten zu hämmern und seine heulende Stimme.

Broughton, Edgar (Band) Einfallsloser Pseudo-Polit→Hardrocker Anfang der 70er.

Brown, Arthur (& The Crazy World of) Aufgedrehter Wirrkopf des Rock mit Schock-Attitüde ("I`m the God of Hellfire"), der seine Musiker zur Verzweifling trieb und 1968 noch Neuigkeiswert hatte, den schnell z.B. →Alice Cooper überbot.

Brown, Bobby Der farbige Ex-Sänger der Kinderband "New Edition" hatte Mitte der 80er mit "My Perogative" einen großen Hit und konnte an seine hochgehandelten, tanzbar-eingängigen Pop-Anfänge nicht mehr anknüpfen und ist 1996 wieder bei der reformierten "New Edition".

Brown, Charles Trotz seines Alters (geb.1921) der Durchstarter im →Blues der 90er mit Stimme und Piano. Lange im Schatten →Nat King Coles und Mitstreiter von →Ray Charles; (seinen "Drifting Blues" gibt es in unzähligen →Coverversionen).

Brown, Clarence "Gatemouth" Der 1924 geborene bemerkenswerte Multiinstrumentalist und Sänger vereinigt gekonnt →Blues und →Cajun.

Brown, Dennis gilt als einer der Kronprinzen des →Reggae, der Anfang der 70er Jahre bereits als Teenie Hits produzierte ("No Man is an Island", "If I follow my Heart", "Money in my Pocket"), und ist seitdem eine richtungsweisende Persönlichkeit der Reggaeszene. In Kooperation mit →Gregory Isaacs sind zwei →Roots-Reggae-Alben ("Judge not", "No Contest") auf hohem Niveau entstanden.

Brown, James Machte ab Mitte der 60er durch seine unglaublich explosiven Konzerte den →Soul ("It`s a Man`s World") auf durchschlagender →Funk-Basis ("Sex Machine") populär, als dessen heißester Hauptvertreter er bis heute gelten kann ("Godfather of Soul").

Brown, Pete Einfallsreicher Texter, der in den frühen 70ern auch mit durchdachtem Rock (als Sänger in eigenen Bands) vor allem zeitgenössische Musiker beeindruckte.

Brown, Sam Englische Rock-/Pop-Sängerin mit einer Stimme zwischen heiser und heftig und beeindruckendem Debut 1988 ("Stop!").

Browne, Jackson Der Komponist (z.B. 1967 für →Nico), Sänger und Gitarrist (u.a. bei der →Nitty Gritty Dirt Band), machte sich 1972 selbstständig und hatte mit teilweise sozialkritischen Texten und hervorragenden Gastmusikern in →Folk- bis →Mainstream-Rock gleichmäßigen Erfolg mit einem Höhepunkt: "Running On Empty" 1987.

Brubeck, Dave Pianist, der mit seinem Quartett auf verständliche Weise auch ungewöhnliche Taktarten im →Jazz kultivierte ("Take 5", 1962 von dem Saxophonisten Paul Desmond).

Bruce, Jack (b, v) wilderte nach seiner Zeit bei →Cream solo und als Gastmusiker in Pop- bis →Jazzgefilden (→Kip Hanrahan) mit durchaus unterschiedlichem Geschmack und Erfolg.

Bruford, Bill Virtuoser Schlagzeuger u.a. bei →Yes, →Genesis, →King Crimson und mit eigenen →Fusion-Bands seit den 80ern.

Bubblegum (Kaugummi) Allereinfachste Musik für 10 - bis 14 -jährige; Ende der 60er als Etikettierung gedacht (z.B. "Ohio Express" mit "Yummy Yummy").

Buchanan, Roy Seit 1969 als wirklich herausragender →Blues-Rock-Gitarrist bekannt und von Kollegen hochgeschätzt (z.B. den →Rolling Stones), der nie den verdienten Erfolg hatte und sich 1988 erhängte.

Buckley, Jeff probt seit den 90ern anspruchsvollen Gitarren-Pop/Rock, der aber unbedingt nicht so seltsam wie die Musik seines Vaters Tim klingen soll und deshalb unentschlossen bleibt, trotz Jeffs einigermaßen packenden, unverkrampften Stimme.

Buckley, Tim 1966 -`75; gefühlsbetonter, ich-zentrierter Sänger zu teilweise arg abgedrehter Musik. Auch 20 Jahre nach seinem Drogentod begünstigt durch spät veröffentlichtes Archivmaterial als Kult gehandelt.

Budd, Harold →New Age Musik (z.T. mit →Brian Eno) seit den 80ern, die entspannter Stille sehr nahe kommt.

Budgie Englisches 70er→Hardrock-Trio an der Grenze zum →Heavy-Metal, teilweise heftig, teilweise mit starkem →Blues-Einschlag und manchmal überraschend melodiös und eingängig.

Buffalo Springfield →Folk→Country-Rock-Band Ende der 60er aus Amerika. →Neil Young und Stephen Stills trafen sich später bei →Crosby, Stills, Nash & Young wieder, →Jim Messina und Richie Furay gründeten →Poco.

Buggles waren ein kurzlebiges elektronisches Duo-Projekt der ausgefallen-abgefahrenen Pop-Art von →Trevor Horn und Geoff Downes (→Asia); "Video killed the Radio Star", 1979.

Bullet La Volta Typischer amerikanischer →Hardcore→Punk ab Ende der 80er.

Bullfrog Deutsches melodisches →Hardrockquintett mit kraftvollem Gesang in den 70ern.

Bunka, Roman Experimenteller deutscher Gitarrist; u.a. bei →Embryo und den →Dissidenten.

Burdon, Eric Vom →Blues kommend (→Alexis Korner) hatte Burdon mit →Rhythm & Blues und mächtiger Stimme ab 1962 bei den "Animals" Erfolg ("House of the Rising Sun"), dann mit den "New Animals" ("When I was Young"); Anfang der 70er wurde er mit verstärktem →Soul-Feeling und der schwarzen Gruppe →War gefeiert. U.a. mit →Brian Auger tingelt er bis in die 90er.

Burgh, Chris de Irischer Pop-Sänger, 1975 erste LP-Veröffentlichung. Bis Mitte der 80er mit pathetischen Balladen vor allem in Deutschland erfolgreich ("A Spaceman came travelling", `75), später europaweit mit einfachem Pop ("Lady in Red", `86).

Burke, Solomon Schwarzer →Soul-Sänger mit →Gospel-Erfahrung und kräftiger Stimme ab Mitte der 50er. Er hatte seine größten Erfolge Anfang der 60er mit →Rythm & Blues.

Burnette, T-Bone (g, v) begann Mitte der 70er bei →Bob Dylan, war ab `76 mit der "Alpha Band" und charakteristisch unverkrampfter →Country- Rock- und Pop-Mischung unterwegs und spielt ab 1980 (immer noch humorvoll) unter eigenem Namen.

Burning Spear Charismatischer Haudegen in der →Roots-Reggae- und →Rasta-Bewegung. Hat seit Anfang der 70er mit seinen zahlreichen Plattenproduktionen und vor allen Dingen →Live-Acts bis heute nichts an seiner mystischen Ausstrahlung verloren ("Burning Spear Live in Paris" 1989).

Bush Britische →Grungeband, Mitte der 90er vor allem in Amerika sehr erfolgreich ("Glycerine").

Bush, Kate Die Britin war anfangs ("The Kick Inside", 1978) mit umfangreicher Stimme (im extrem hohen Bereich charakteristisch schrill), stimmiger Pop-/Rock-Begleitung und dramatischen Texten ("Wuthering Heights") erfolgreich und veröffentlicht bei nachlassender Resonanz bis in die 90er.

Busta Rhymes Sozialkritischer →Hip Hop aus Amerika ("New School") mit religiöser Botschaft.

Busters, The Deutsche →Ska-Band seit den späten 80ern.

Butler, Jonathan Geschmackvoller südafrikanischer Gitarrist und Sänger ab den Mitt-80ern mit gepflegten Arrangements, der nur gelegentlich in die Belanglosigkeit →George Bensons verfällt.

Butterfield, Paul & the Butterfield Blues Band Als einer der wenigen weißen Amerikaner verstand es der Sänger und Mundharmonikaspieler ab Mitte der 60er kompetent →Blues abzuliefern. Anschließend konnte er noch verschiedene Formationen entscheidend prägen, ohne allerdings an seine großen Anfangserfolge heranzureichen. Er starb 1987.

Butthole Surfers Wichtige →Alternative-Band der 80er und 90er aus Amerika. Gitarrenbetont erdig rockend oder abgedreht, von der nasal/knarzigen Stimme des Sängers bestimmt.

Buzzcocks Melodischer englischer →Punk, ab 1976 Vorgruppe der →Sex Pistols oder →Clash. Änderten in den 80ern ihren Sound in Richtung Pop (u.a. mit Streichern) und tauchten nach vorübergehender Auflösung als Vorband von →Nirvana in den 90ern wieder auf.

Byrds, The hätten mit elektrifizierten Instrumenten, guten Texten ("Mr.Tambourine Man" von →Bob Dylan) und experimentellen Einflüssen (eine Sitar in "Eight Miles High") ab 1964 den ganz großen Durchbruch schaffen können; aber wegen ständigen musikalischen Querelen (David Crosby ging zu →Crosby, Stills..., weitere Musiker gründeten die →Flying Burrito Brothers) bleibt ihnen nur der Titel der ersten →Folk-Rock-Band Amerikas.

Byrne, David Sänger der →Talking Heads, der schon Anfang der 80er Solowerke zwischen Pop und →Ethno mal kammermusikalisch, mal orchestral vorstellte.

Byron, Lee & The Dragoneries Anfang der 60er einer der Protagonisten der →Ska-Musik. Mit seiner Band versuchte er sogar diesen brodelnden Sound und den dazugehörenden wilden Tanz nach Amerika zu exportieren, was allerdings fehlschlug.

Cabaret Voltaire 1974 in England gegründetes Trio, das intensiv und schockierend neu mit Synthesizern arbeitete und damit als Mitbegründer des elektronischen →Underground, mit all seinen Strömungen wie →EBM, →Industrial und →Techno, gilt.

Cactus Bogert (b) & Appice (d) nach →Vanilla Fudge Anfang der 70er mit düsteren →Hardrock-Versuchen.

Cage, John 1912 in Los Angeles geboren; →Avantgarde-Komponist der Freiheit des Instruments und der Notation ("4'33"" ist ein Stück für ein beliebiges Instrument, bei dem stets ein- und dieselbe Note nicht musiziert wird).

Cajun An der südlichen Ostküste der USA beheimatete →Folk-Spielweise französischer Abstammung vor allem mit Akkordeon und Geige; s.a. →Zydeco.

Cale, J. J. Seine gekonnte und entspannte Spielweise auf der Gitarre und sein ebenso gekonnt zurückhaltend-rauchiger Gesang (ab 1972 auf Schallplatten) ließen Ausflüge in andere Stilbereiche als sanften Rock selten zu; ("Cocaine" und "After Midnight" wurden Hits für →Eric Clapton).

Cale, John Sehr wilder klassisch-geschulter →Avantgardist, der nach seiner Zeit bei →Velvet Underground (`65 -`68) deftig weiter experimentiert.

California, Randy (g) war ab den frühen 70ern für eher leichte Rock-Kost bei allerdings gekonnter stilistischer Sicherheit in jeder Lebenslage bekannt, u.a. bei →Spirit.

Call and Response (Ruf/Frage und Antwort) Im →Blues meist von einem, im →Jazz oft von mehreren Musikern dargestellte Form des musikalischen Themas mit seinen verschiedenen Uminterpretationen - als Antwort auf das Thema ausgeformt.

Calypso Nicht allzu schneller karibischer Tanz- und Gesangs-Stil; typisch für z.B. →Harry Belafonte.

Camel Leichtgängiger Rock, der in seiner Blüte (späte 70er) sparsam →Jazz-Einflüsse verarbeitete.

Cameo 1975 gegründete, amerikanische →Funkband um den schrillen Sänger Larry Blackmon, die für heftige Rock-Einlagen aber auch für Balladen gut war und 1986 als Trio bei der fetzigen →Rapnummer "Word Up" gelandet war.

Campell, Little Milton →Bluesgitarrist instrumental ähnlich →T-Bone Walker, gesanglich →Bobby Bland. Mit Blues→Funk und →Soul 1983 auf "Playing for Keeps" der Durchbruch.

Can, von u.a. Irmin Schmidt (k, v), Jaki Liebezeit (d) und Holger Czukay (b) 1968 in Köln gegründet, konnten mit monoton-pulsierenden und kompromißlos-experimentellen Klängen ein manchmal erstaunlich intensives Klangbild erzeugen, das für Filmmusik, kleinere Hits und Kritikerlob lange Zeit gut war.

Canned Heat (1965 -`74) Weiße →Blueswissenschaftler aus Amerika, spielten traditionellen Blues und Eigenkompositionen auf teilweise höchstem Niveau. Charakteristisch sind oft die helle, sehr hohe Stimme und das gekonnte Mundharmonika-Spiel Al Wilsons.

Cannibal Corpse Extrem schneller →Death-Metal aus Amerika mit bis zur Lächerlichkeit überzogenem Brutal→Image in Texten und Verpackung ("Butchered at Birth"); 90er.

Capaldi, Jim (v, d) Begann 1972, noch während seiner Arbeit bei →Traffic, seine eigenen Ideen in glatt produzierten Pop-Rock zu überführen.

Captain Beefheart (and his Magic Band), 1964 um "Captain" Don van Vliet (v, h) gegründet, versuchten weniger textlich als musikalisch →Free Jazz und →Blues zu einem →avantgardistischen Kontext alternativ zum →Hardrock zu fügen. Die Folge war wild-skurril und eine kurze Zusammenarbeit mit →Frank Zappa.

Caravan, 1967 in England gegründet, liefern Weichspül-Rock, der auch vor bombastischen (Orchester-) Arrangements nicht zurückschreckt.

Carcass entwickelte sich Ende der 80er bis zur Auflösung 1996 von billigem →Grind-Core-Geknüppel zur anspruchsvollen →Death-Metal-Band. Textlich stets Derbes aus der Pathologie.

Carey, Mariah ist wohl die erfolgreichste Pop→Soul-Sängerin der 90er. Das verdankt sie ihrem variationsreichem, klarem und völlig uncharakteristischem Gesang, ihrer jugendlich-positiven Erscheinung und dem stets eingängigen, einwandfreien Songmaterial, zwischen →Dance und Schmacht-Ballade - immer zeitgemäß produziert ("Without You").

Carey, Tony Begann seine Karriere Mitte der 70er als Keyboarder bei →Rainbow. In den 80ern Sänger und Hauptakteur der →Mainstream-Gruppe "Planet P Projekt"; Gastmusiker u.a. bei →Peter Maffay. Bietet heute seichten Pop.

Carlisle, Belinda Ex-Sängerin der amerikanischen Mädchen-Band "Go Go's"; ab 1986 mit eingängigem Songmaterial und melodiösem Gesang Solokarriere zwischen Pop und →Mainstream-Rock mit einigen Hits (z.B. "Heaven is a Place on Earth").

Carmel Englische Sängerin, seit 1981 mit aggressiv-kraftvoller, nuancenreicher und oft kalter →Soul-Stimme häufig zu reiner Baß- und Schlagzeugbegleitung vor allem in Europa erfolgreich. Auch später in leichteren Pop-Gefilden noch mit Gefühl für zarte Melodien.

Carmen, Eric aus Ohio begann in den frühen 60ern als Rock-Musiker, orientierte sich ab 1972 bei den "Rasperries" an 60er Pop-Rock und schmalzte ab 1976 mit hoher weinerlicher Stimme solo ziemlich bombastisch ("All by Myself").

Carnivore US→Thrash-Metal der 80er mit oft als rechtsradikal mißverstandenem Krieger→Image.

Carpenters Amerikanisches Pop-Gesangsduo der 70er mit glatten Soft-Songs und einigen Hits.

Carr, Leroy & Scrapper Blackwell Sicher die einflußreichste und bekannteste amerikanische Piano/Gitarre-Formation des →Blues. Ihre erste Aufnahme 1928 wurde zu einem der meistgespielten Klassiker: der "How Long, how Long-Blues".

Cars Bostoner Quintett (erste LP 1978) in den 80er-Jahren mit Musik zwischen →Mainstream-Rock und Pop-Balladen erfolgreich. Charakteristisch ist vor allem Ric Ocaseks unterkühlter Gesang, der ausgerechnet auf ihrem größten Hit, "Drive", nicht singt.

Cartel Mitte der 90er aus verschiedenen, in Deutschland beheimateten, türkischen →Hip Hop-Gruppen entstanden. Mit orientalischem Einschlag und türkischen Texten in der Türkei Superstars.

Cash, Jonny (v, g) Bedeutender amerikanischer →Country-Star mit tiefer, kräftiger Stimme; vertrat ab Mitte der 50er sowohl Sozialkritisches als auch Harmloses in sparsam →bluesigem Stil.

Cassandra Complex Mit einer Mischung aus düsterem Gesang, kreischenden Gitarren und Saxophon auf einer Basis monotoner Synthesizer-Rhythmen (→EBM) wurden die Belgier um den Sänger/Songschreiber Rodney Orpheus ab Mitte der 80er eine der wichtigsten Bands des →Underground. Weil Anfang der 90er Versuche in Richtung Pop erfolglos blieben, versuchen sie sich jetzt (ebenso erfolglos) an aktuellen harten Trends.

Cassidy, David Der amerikanische Fernsehstar ("The Partridge Family") hatte in den 70ern mit harmlosen →Rock`n'Roll bei Teenies Erfolg.

Cave, Nick Ex-Sänger der australischen →Underground-Band "Birthday Party". In den 80ern anfangs mit schrägem düsteren Sound, danach in kleinen Schritten in Richtung Pop unterwegs mit "Nick Cave & the Bad Seeds" (Blixa Bargeld von den →Einstürzenden Neubauten an der Gitarre) und schließlich im Duett mit Schlagersternchen →Kylie Minogue in den Hitparaden gelandet.

CD (Compact Disc) Tonträger, von dem die Musikinformation nicht mehr mechanisch abgetastet wird (wie mit der Nadel von der Platte), sondern die digitalen Daten per Lichtstrahl (Laser) abgelesen werden. Dadurch können sowohl extreme Höhen und Tiefen als auch laut- leise-Schwankungen erreicht werden. Ältere Aufnahmen verändern daher ihr Klangbild oft erheblich, wenn sie auf CD übertragen werden.

Celtic Frost Schweizer Trio, 1984 aus der →Black-Metal-Band "Hellhammer" hervorging; sie gelten als einer der Wegbereiter des →Death-Metal. 1987 Neuerungen durch Operettengesang, Drumcomputer, →Samples und Streicher ("Into the Pandemonium"); danach Anbiederung an seichten →Hardrock ohne Publikumserfolg; deshalb Rückkehr zum alten Sound.

Cetera, Peter veröffentlichte 1981 sein erstes Soloalbum und verließ 1986 →Chicago, deren Sänger in hoher Stimmlage er war, um endgültig eine poporientierte eigene Karriere zu starten.

Chaka Demus & Pliers Ein →Ragga-Muffin-Tandem der ersten Güte Anfang der 90er. Hatten mit dem Hit "Murder she wrote" einen weltweiten Mega-Seller.

Chanson Französisches Lied mit Text im Vordergund.

Chapin, Harry New Yorker Sänger und Songwriter mit weinerlicher Stimme in traurigen →Folk-Balladen über Allerweltsgeschichten; 1974 "Cats in the Cradle"; 1981 gestorben.

Chapman, Roger Mit einzigartiger vibratoreicher Quengelstimme und großer Bühnenpräsenz rockte der Sänger nach der Auflösung von →Family und den "Streetwalkers" (`74 -`77) in den 80ern auch erfolgreich solo (oder z.B. als Gast bei →Mike Oldfield); durch ständig wechselnde Produzenten immer weniger stilsicher.

Chapman, Tracy Schwarze Sängerin, die oft spärlich begleitet ab 1988 mit kehliger ausdrucksstarker Stimme sozialkritische Texte zum Besten gibt.

Charlatans (I) Einfacher →Psychedelikrock in der zweiten Hälfte der 60er aus San Francisco.

Charlatans (II) Wichtige Band des →Manchester Rave ("Then", 1990), die Mitte der 90er immer noch Gitarrenpop mit →Houseelementen verbindet.

Charles, Ray Der blinde amerikanische Pianist mit hoher Kopfstimme begann in den 50ern, wurde mit seiner Verbindung aus →Blues und →Gospel einer der ganz Großen des →Soul, wobei er auch gelegentlich Ausflüge ins →Country-Terrain unternahm, und genoß Ende der 50er selbst im →Jazz Ansehen.

Charts Methode, den Käufer auf den Arm zu nehmen: erst verkauft der Hersteller endlos viele Platten an den Händler - somit steigt die Platte in den "Verkaufs"-Charts. Dann behauptet der Händler, er verkaufe das Ding tatsächlich - dadurch steigt die Platte in den "Händler-Umfrage"-Charts. Entweder verkauft sich die Platte jetzt (bei soviel Werbung) oder sie fällt sofort wieder aus den Charts. (In Wirklichkeit ermitteln in den USA Fachblätter, in Deutschland Industrie, Handel und Radiostationen die Charts.)

Chase Um den amerikanischen Trompeter Bill Chase versuchte die Band 1971-`74 perfektionistisch Rock mit Big-Band→Swing-Bläsersätzen zu verbinden.

Cheap Trick 1974 in Chicago gegründete Band. In den 70er/80er-Jahren mit erdigem und melodiösem Rock erfolgreich.

Cheb Khaled In Frankreich lebender algerischer →Rai-Sänger mit kraftvoller vielseitiger Stimme. In den 90ern mit tanztauglichen Veröffentlichungen populär.

Checker, Chubby machte 1962 den →Twist poulär.

Checkpoint Charlie 1967 bis in die 80er Musikkabarett aus Berlin mit epischen Collagen, ruppigen Rock-Einlagen und drastischem Vokalvortrag von Uwe von Trotta.

Cheech & Chong Musik-Parodien aus Amerika (Drogen-Texte) ab `71 auf Platte, ab 1978 in mehreren Filmen.

Chemical Brothers (vormals "Dust Brothers") stehen für 1996er→Dancefloor gemischt aus →Techno, →Industrial und →Trip Hop.

Cher 1965 bis `73 im Duo (Sonny & Cher: "I got You Babe") und auch Solo ("Gypsies, Tramps and Thieves"); 1974 startete die amerikanische Sängerin mit relativ tiefer Stimme endgültig eine Solokarriere; 1979 "Take me Home" als leichter Pop-Rock, in den 80ern etwas härter durch zeitgemäßen Sound ebenfalls erfolgreich ("I found Someone"); in den 90ern noch präsent.

Cherry, Neneh Die schwarze Sängerin legte mit "Raw like Sushi" 1989 ein beachtetes →Dancefloor-Debut vor und konnte nach einer Baby-Pause daran nicht recht anknüpfen, verhalf jedoch Youssou N'Dour zum Hit "7 Seconds".

Chess →Musical von den beiden →ABBA-Komponisten 1984.

Chic In den 70er Jahren erfolgreiche amerikanische →Disco/→Funk-Gruppe, von Nile Rodgers produziert ("Le Freak").

Chicago 1969 debutierten sieben ausgebildete Musiker mit treibenden Rhythmen, fetten Bläsersätzen, →jazzigen →Soli und hohem →soulvollen Gesang. Die bombastische →Fusion war jeoch trotz hohen Könnens der Musiker etwas unflexibel und verlor nach anfangs besten Verkäufen schnell an Neuigkeitswert. So versuchte die Truppe ab Mitte der 70er verstärkt mit einschmeichelndem Pop wieder Terrain gutzumachen. Nach dem Megaerfolg "If You leave me Now" 1977 berieseln sie bis in die 90er konsequent leichtgewichtig ihre teils wieder enorm große Zuhörerschaft.

Chicago-Blues Chicago ist die Hauptstadt des →Blues und seit den 20ern ein wichtiges Zentrum amerikanischer Kultur mit 50% schwarzer Bevölkerung (meist in Ghettos beheimatet). Der Blues ist spannungsgeladen, sozialkritisch und aggressiv. →Elmore James, →Muddy Waters, →Big Bill Broonzy, →Sonnyboy Williamson I, →Little Walter, →Buddy Guy.

Chicken Shack Britische →Bluesband um →Stan Webb seit 1967.

Chieftains pflegen seit Anfang der 70er auf anspruchsvolle Weise die reiche irische Musiktradition und haben dabei keine Berührungsängste mit Vertretern anderer Stilrichtungen (u.a. →Van Morrison, →Rolling Stones).

Chilliwack Verspielter kanadischer Rock Anfang der 70er.

China Schweizer rhythmusbetonter →Hardrock mit fetten Gitarren in den 80ern; nach längerer Pause wieder aktiv.

Christian, Charlie Sehr früher E-Gitarrist zwischen →Swing (1938) und →Bebop.

Christian Death 80er→Underground aus Amerika. Collagieren gebrochen Gothic/→Dark Wave, heftiges →Punk-Geknüppel, avantgardistische Klangbilder, →Ethno-Passagen und blasphemisch-okkulte Texte in atonaler Gesangsweise zu schockierenden Bühnenshows. Nach dem Ausstieg von Rick Rozz mit neuem Sänger Valor nur noch eine Selbstkopie.

Christians, The Englisches Quartett mit zahlreichen Hits ab 1987 in England ("Forgotten Town"); →New Wave mit →Soul.

Christie, Tony Englischer Sänger mit kraftvoller Knödelstimme, der mit Schmalz wie "Amarillo" oder "I did what I did for Maria" in den 60ern und 70ern seine größten Erfolge feierte.

Cinderella Amerikanische Band um den Sänger Tom Keifer, die Ende der 80er, im Zuge der →Hardrockwelle um Bands wie →Guns n'Roses, mit erdigem, →bluesbetontem Sound und kreischend-hoher Stimme (erinnert an →AC/DC) Aufmerksamkeit erregte.

Circus Schweizer Band mit →Jazz-Einflüssen in den 70er/80ern.

City Ab 1974 aus Ostberlin mit Alltags-Texten und biederem, einfachen Rock; 1978 "Am Fenster" (mit Geige).

City Preachers →Inga Rumpf.

Clannad Irische →Folk-Band ab 1973, teils leicht in Richtung Pop (1990 LP "anam" u.a. mit zartem gälischen Gesang), teils mit sphärischer Filmmusik.

Clapton, Eric Bei den →Yardbirds, bei →John Mayall, bei →Cream und schließlich in seiner Band "Derek and the Domino's" ("Layla" 1970) und danach unter seinem eigenen Namen unterwegs; Hits mit "Cocaine" (von →J.J. Cale) 1977, der →Reggae-Adaption "I shot the Sheriff" 1974 oder der Ballade "Tears in Heaven" 1992. Mit entspannten handwerklich soliden Rock-Nummern hielt sich der hochgelobte Gitarrist "Slowhand" Clapton in der Publikumsgunst; →Blues-orientierte Konzerte, ein →Unplugged-Album und eine klassi sche Blues-LP runden das Bild bis in die 90er.

Clark, Anne Englische Sängerin, in den 80er-Jahren mit düsterem elektronischen →New Wave/Pop und markantem Sprechgesang unterwegs.

Clark, Dave (Dave Clark Five) Die Band um den Londoner Sänger Dave Clark hatte ab 1964 bis Anfang der 70er mit eingängigen →Beat-Nummern vor allem in Amerika zahlreiche Hits, z.B. "Glad all Over".

Clark, Petula Englische Sängerin mit Pop-Liedchen, 1964 in Amerika Hiterfolg mit "Downtown".

Clark, Vince Englischer Songwriter, Keyboarder und Elektronik-Guru. Gründungsmitglied von →Depeche Mode (1980), →Yazoo (1981-`83), "Assembly" (→Undertones) und zuletzt →Erasure (1984). Mit ausschließlich auf Synthesizer-Klängen basierende Pop-Musik bis heute ideenreich.

Clarke, Kenny Gottvater des Schlagzeugspiels im →Bebop (40er), der sein Instrument zum gleichwertigen Harmonieinstrument erhob, indem er die Grundschläge von der Baßtommel (wie noch im →Swing) auf das Becken verlegte und mit dieser flexiblen Methode die Solisten besser unterstützen konnte.

Clarke, Stanley Virtuoser →Fusion-Bassist, der in den 70ern auf hohem Niveau beeindruckte ("School Days" `76) und heute auf eben diesem Niveau nicht mehr so recht zünden will.

Clash, The, 1976 aus der Londoner →Punk-Szene kommend und neben den →Sex Pistiols deren wichtigste Vertreter, verstanden es, sich Schritt für Schritt vom Punk in andere Musiksrichtungen (z.B.→Reggae) zu bewegen, bis sich die Band Mitte der 80er auflöste ("London Calling" `79, "Sandinista", `80).

Clawfinger Aus Schweden; in den 90ern mit Sprechgesang, elektronischen →Beats, →Samples und harten →Heavy-Metal-Gitarren wichtige →Crossover-Band ("Truth", "Nigger").

Clayton, Lee →Country-beeinflußter Rocksänger aus Alabama (1979 herausragende →Blues-Rock-LP "Naked Child" durch Mitarbeit des Gitarristen Philip Donnelly).

Clegg, Jonny (& Savuka) spielen seit den 80ern Rock, der auch mit →Folklore-Elementen, z.B. aus Afrika (für die südafrikanische Band typisch), auffallend schlicht daherkommt.

Cliff, Jimmy Flaggschiff des →Reggae, begnadeter Sänger ab Ende der 60er Jahre bis heute wichtig; "The Harder they come" - Titel des gleichnamigen Musik-Kultfilms "You can get it if You Really want", "Vietnam", "Sitting in Limbo" oder "Many Rivers to cross" sind Fixsterne. Ungebändigt schaffend mit regelmäßigen Veröffentlichungen und →Live-Auftritten bis in die 90er.

Climax Blues Band 1968 in England entstandene →Blues-Rock-Band (mit ganz leichten →Jazz- und →Funk-Elementen); Anfang der 70er in Amerika als →Live-Act sehr angesagt.

Cline, Patsy In Virginia geborene →Country- und Pop-Sängerin mit Hits 1957-`63 in Amerika.

Clinton, George Der farbige amerikanische Sänger machte ab den späten 60ern mit einer abgefahrenen Mischung aus →Psychedelik-, →Jazz-Elementen und vor allem hochkarätigen →Funk ("P-Funk") in verschiedenen Projekten ("Parliament", "Funkadelic") auf sich aufmerksam; ab den 80ern auch solo.

Coasters Farbige amerikanische →Rhythm & Blues-Gruppe mit Happy-Songs aus der Feder von →Leiber/Stoller in den 50ern erfolgreich ("Yakety Yak" oder "Charlie Brown").

Cobain, Kurt →Nirvana.

Cobham, Billy →Fusion-Schlagzeuger bei diversen Bands (u.a. →John McLaughlin, →Santana) und ab 1973 auch unter eigenem Namen.

Cochise Britischer einfacher Rock; trotz diverser Einflüsse meist zwischen →Country und →Rhythm & Blues (1969 -`72).

Cochran, Eddie →Rock`n'Roll-Interpret ab 1956 bis 1960 (Autounfall) aus Minnesota.

Cock Robin Sanftes Pop-Gesangs-Duo, 1982 in Los Angeles gegründet; in den 80ern zahlreiche eingängige, meist getragene Hits.

Cockburn, Bruce Sozialkritischer Song-Poet aus Kanada auf schlichter Rock-, →Blues und →Ethno-Basis mit politischen Texten und nicht sehr modulierter Stimme. Seit 1970 aktiv und Anfang der 80er kurzzeitig sehr gefragt.

Cocker, Joe Der britische Rocksänger mit der markant rauchigen, manchmal etwas gepreßten, voluminösen Stimme und dem an einen Spastiker erinnernden Bühnen-Gebaren machte mit dem →Beatles-Song "With a Litte Help from my Friends" 1969 (→Woodstock) auf sich aufmerksam, war lange Zeit dem Erfolg nicht gewachsen und konnte erst in den 80ern mit den Anforderungen des Geschäfts mithalten: nicht immer herausragend, aber auch nie unter Wert.

Coco Tea →Ragga-Muffin auch in Schmuse-Version, 90er.

Cohen, Leonhard Der kanadische Dichter fand ab 1968, daß sich seine Lyrik mit Musik besser verkaufen ließe und vertonte sie fürderhin mit sparsamer Instrumentierung und tiefgelegtem Sprechgesang. Der hatte mit zunehmend feinfühligerer Instrumentierung durchaus Charme; "Suzanne" wurde 1968 sofort ein Hit und er war kommerziell vor allem in den 70ern tatsächlich höchst erfolgreich.

Cold Chisel Die 1976 in Australien entstandene Band lieferte Musik verschiedenster Stilarten auf erdigem, hartem Rock-Fundament. Nach der Auflösung 1983 machte der Sänger Jimmy Bames, der mit seiner rauhen Stimme den Sound der Band entscheidend geprägt hatte, solo weiter.

Coldcut Zwei englische Sound-Tüftler; seit Ende der 80er für heftig ge→sampelte →Dancefloor-Knaller gut wie "People hold on" mit →Lisa Stansfield oder "Stop this Crazy Thing" mit →Junior Reid.

Cole, Nat King Begnadeter amerikanischer Pianist des →Swing, der ab den 50ern der Singerei verfiel und viel Geld verdiente.

Cole, Natalie Die Tochter Nats versuchte sich in den 80ern zunächst mit Hitparadentauglichem Pop (z.B. "Pink Cadillac" geschrieben von →Bruce Springsteen). Später entspannt produziertes Comeback in Annäherung an den →Jazz u.a. im Duett mit ihrem toten Vater!

Coleman, Ornette Der Jazz- Saxophonist vertrat 1960 auf seiner LP →"Free-Jazz" Kollektivimprovisationen, die stilbestimmend für die Geschichte dieser Musik wurden.

Coleman, Steve Der schwarze Saxophonist aus Chicago startete 1977 im →Jazz und ist mit seiner eingängigen Melodieführung ab Mitte der 80er auch in →Fusion und →Hip Hop beliebt.

Collective Soul durften nach dem Erfolg ihrer ersten Platte (Anfang der 90er in totalem Stilmix, →Blues, →Hardrock, →Dancefloor und was noch) eine geradlinige Rock-Platte nach eigenen Vorstellungen aufnehmen.

Collins, Albert Gefragter Bluesmusiker in den 80ern; beeinflußt von →T-Bone Walker. "The Razorblade" (wegen seines harten, metallisch-spitzen Sounds) versteht es, seine Gitarre zum Sprechen zu bringen (z.B.auf "Don't lose your Cool", "Cold Snap", Frosty").

Collins, Bootsy (g, b, v) Neben →George Clinton einer der wichtigsten Vertreter des schwarzen →Funk seit den 70ern und zeitweilig das musikalische Rückgrat von →James Brown. Danach hatte er in zahlreichen Funk-Produktionen seine

Finger im Spiel, etwa bei →African Bambaataa oder oder →Material. Schrille Kleidung und dazu passende Baßgitarren sind Markenzeichen seiner →Liveauftritte.

Collins, Dave and Ansel In Ehren ergraute Sanges-Brüder aus der →Rock Steady-Sparte. Konnten Ende der 60er Anfang der 70er Jahre gutplazierte Charts-Erfolge nicht nur in Jamaica verbuchen.

Collins, Mel spielte (meistens) Saxophon für u.a. →Bad Company, →Camel, →Brian Ferry, →Alexis Korner, →King Crimson, →Rolling Stones, →Uriah Heep und unendlich viele weitere britische Bands.

Collins, Phil Der Schlagzeuger der →Genesis startete mit trockenen, anfangs sparsam fast nur schlagzeugakzentuierten Soloalben und markant eckiger Stimme 1981 eine parallel erfolgreiche Solokarriere, die die der Band schließlich in den Schatten stellte ("In the Air Tonight").

Colosseum Anfangs (1969) behäbige →Jazz-, Rock- und →Blues-Truppe um den Schlagzeuger mit dem riesigen Drumset Jon Hiseman, den Organisten Dave →Greenslade und später auch den Gitarristen Clem Clempson (von →Humble Pie), die 1972 (mit Sänger →Chris Farlowe) zu ganz großer Form auflief (LP "Live"); 1994 kurzfristige Reunion. Colosseum II mit Hiseman und →Gary Moore war eine rockigere, erfolglosere, 1978 abgeschlossene Episode.

Coltrane, Chi startete in Amerika mit Keyboard-Künsten und hoher angerauhter Stimme mit dem Hit "Thunder and Lightning" 1973 und konnte trotz großer Anstrengungen nie recht Erfolg verbuchen, ist aber, inzwischen wesentlich gelassener, immer noch unterwegs.

Coltrane, John ("Trane") Nach seiner Mitarbeit bei →Miles Davis sprudelte der nach →Charlie Parker wohl bedeutendste Saxophonist des →Jazz nur so über vor Ideen. Er starb schon 1967.

Comeback "Zurückkommen" möchten Musiker und Plattenfirmen natürlich am liebsten mit sehr erfolgreichen Projekten. Nachdem sich Mitte der 90er annähernd jeder Musiker, der je einen →Hit hatte zurückmeldet, warten wir auf ein Comeback der →Jimi Hendrix Experience (mit →Randy California?).

Comedian Harmonists Deutsche →a capella-Gruppe der 30er-Jahre.

Commander Cody (& the Lost Planet Airmen) brachten ihre erste LP 1971 auf den Markt und waren bis Mitte der 70er mit ihrer Mischung aus →Country-Fernfahrersongs, →Rock'n'Roll, →Blues und →Boogie Woogie sehr beliebt, höchst humor- und schwungvoll (1974 "Live from Deep in the Heart of Texas") aber zu teuer im Unterhalt, so daß der Commander (George Frayne, k, v) eine Zeit alleine tingelte, bis die Gruppe ab 1987 wieder gemeinsam Spaß hatte.

Commodores Farbige amerikanische Gruppe ab 1968, die heftigen →Funk (mit Bläsersätzen) und Rock zu einer außerordentlich Party-tauglichen Mischung machte. Nach dem Weggang des Sängers →Lionel Richie 1982 kriselte es ständig (1984 noch ein Hit: "Nightshift").

Communards →Jimmy Sommerville.

Coney Hatch Kanadischer gitarrenbetonter →Mainstream→Hardrock der 80er mit hohem Gesang.

Connells sind schon etliche Jahre und LPs mit melodiösem →Folk-Rock (etwas in Richtung →R.E.M.) unterwegs und hatten doch erst 1995 mit der Singsang-Nummer "74/75" einen nennenswerten Hit.

Conte, Paolo Italienischer Pianist und Songschreiber, der ab den 80ern über seinen Hit "Azurro" (für Adriano Celentano) hinaus mit eigenwillig knorriger Stimme und gekonnt augenzwinkernd ange→jazzt vor allem →live überzeugt.

Cooder, Ry Brillanter amerikanischer Gitarrist (→Slide) und Sänger (mit erdiger Stimme), der ab den 70ern Sinn für →bluesgefärbten Rock, gute Arrangements und Mitmusiker beweist.

Cooke, Sam 1935 in Chicago geboren, hatte der farbige Sänger in den späten 50ern bis zu seinem Tod `64 mit warmer, dunkel gefärbter →Soul-Stimme eine Reihe von großen Hits ("Everybody like to cha cha", "Twisting the Night Away"). In den 80ern wurde durch eine Jeans-Werbung "Wonderful World" ein Renner.

Cool J, LL Amerikanischer →Rapper ab 1986. Neben →Run DMC und den →Beastie Boys wichtiger Vertreter der →Metal-Rap-Szene in den 80ern. Später ohne Metal-Einflüße und sogar mit Rap-Balladen erfolgreich.

Cool Jazz Nicht ganz klare Bezeichnung für eine Spielart des →Jazz, die intellektuell und etwas distanziert (kühl) genannt werden kann; →Miles Davis, →Chet Baker.

Coolidge, Rita Amerikanische Sängerin melodiös und →gospel-geschult, mittlere Stimmlage, erste LP 1971, →Country-beeinflußter Rock und Pop-Balladen; größter Hit: "All Time High", 1983.

Cooper, Alice →Hardrock-Sänger aus Detroit, der in den 70ern mit einer exzessiven Horror-Bühnenshow auf sich aufmerksam machte ("Elected"). Harter Drogen- und Alkohol-Mißbrauch zwangen ihn Ende der 70er zu einer Pause. 1986 Comeback ("Poison", 1989).

Copeland, Jonny Ab den 70ern →Texas-Blues im Stil von →T-Bone Walker mit einem Schuß →Soul.

Copperhead →Quicksilver Messenger Service-Gitarrist John Cippolina 1973 mit eigener Band.

Corea, Chick Moderner →Jazz-Pianist von →Miles Davis kommend (1969) und vor allem im →Fusion (u.a. mit der Gruppe "Return to Forever") unterwegs.

Coroner Schweizer →Thrash-Metal mit ausgefeilten Songstrukturen und spieltechnischer Brillanz Mitte der 80er bis Mitte der 90er.

Coryell, Larry Der texanische Gitarrist verbindet seit den 60ern →Jazz mit Rock, oft in scheinbar einfachem Kleid (anfangs unter den Bandnamen "Free Spirit", später "Eleventh House").

Cosmic Psychos Australisches Trio, das ab Ende der 80er mit Brachialrock (ähnlich →Motörhead) und ausgedehnten →Wah-Wah-Gitarrensoli in →Undergroundkeisen auf sich aufmerksam machte.

Costello, Elvis Der britische Sänger und Komponist wurde Ende der 70er im Rahmen der →New Wave bekannt. Er schwankt zwischen eingängigem Pop und anspruchsvollen Kompositionen. Inzwischen etwas glücklos, versucht er sich in den 90ern auch an →Country und Kammermusikalischem.

Cotton, James Brillanter Mundharmonika-Spieler aus Chicago und ehemaliges Mitglied der →Muddy Waters Band. Moderner →City Blues →jazzig angehaucht, rhythmisch perkussiv. Mit "100% Cotton" gelang 1974 der Durchbruch.

Coughlan, Mary Irische Sängerin, die ab 1987 mit brüchiger Attitüde eindringlich traurigen Alltag besingt. Im Material schnell nachlassend, kann sie ausgerechnet mit →Dancefloor Mitte der 90er wieder überzeugen.

Counting Crows Ein wenig Folk, ein wenig Rock und oft klischeehafte Schmerz-Texte aus Amerika seit den 90ern ("Mr. Jones").

Country (& Western) Vom Lagerfeuer-Lied bis zur hochvirtuosen Studioaufnahme stets ähnlich klingend, ist die Alltagsmusik der weißen amerikanischen Arbeiter und ihrer Probleme im Gegensatz zum schwarzen →Blues gemeint. Musikalisch und textlich eher konservativ, meist geprägt von nasalem Gesang, Stahlsaiten-Gitarren und "Cowboy-Pferdegalopp-Rhythmus"; eine Unterabteilung des amerikanischen →Folk (→Hank Williams, →Jonny Cash, um nur wenige der extrem gewachsenen Szene (→Garth Brooks) zu nennen).

Country Blues Der →Blues vom Land: nicht so hart und aggressiv wie der Groß-stadt-Blues.

Country Joe & the Fish Die amerikanische →Folk/→County-Gruppe (erste LP 1967) wurde vor allem durch ihren Anti-Vietnam-Auftritt in →Woodstock bekannt ("I-feel-like-I`m-fixing-to-die"). Seit 1971 macht Country Joe McDonald solo weiter.

Cousins, Dave (v, g, k ...) Kopf der →Folk-Rock-Band →Strawbs.

Cover (Plattenhülle) →Marketing.

Cover Version meint die Neu-Interpretation eines Musikstücks durch andere Musiker als den oder die Original-Interpreten. Oft wird so versucht einen Hit-Erfolg zu wiederholen, oft macht die Cover-Version ein Lied überhaupt erst bekannt. →Remix.

Cowboy Junkies Sanfte, gitarrenbetonte Kanadier mit getragenem weiblichem Gesang ab den 80ern.

Coxsone, Sir Einer der wichtigsten Produzenten der frühen jamaikanischen →Reggae- und →Ska-Szene. Nahm in den 70ern alles was Rang und Namen hatte aus und unter seine Fittiche, auch den jungen →Bob Marley. Ausbeuter!

Coyne, Kevin Mit depressiven, →bluesbetonten Songs zwischen sanft-leise und aggressiv-laut galt der englische Sänger, Komponist und Gitarrist immer als Insider-Tip - und das, obwohl er seit über 30 Jahren Musik macht.

Cramps Die New Yorker →Rock`n'Roll/→Rockabilly-Band (1975 gegründet) war vor allem in der →Underground-Szene der späten 70er/80er erfolgreich. Vereinzelt wurden auch extrem verzerrte Gitarren eingesetzt ("Human Fly").

Cranberries Melodiös-eingängiger Gitarren-Pop aus Irland mit kräftiger weiblicher Stimme (erinnert mit Umschlagen in die Kopfstimme an →Sinead O'Connor) und unüblich heftigem Hit "Zombie" 1995.

Crash Test Dummies Kanadische Band mit melodiös-eingängigem →Folk-Pop-Rock und auffallend tiefer Knödelstimme (1994 "Mmm MmmM Mmm"); manchmal sehr einfach, manchmal sehr aufwendig.

Crawford, Randy Seit Ende der 70er ist die schwarze Amerikanerin mit sauberer Stimme für jeweils zeitgemäß produzierten →Soulpop gut.

Cray, Robert Der zeitgenössische Gitarrist und Sänger mit einer von →Buddy Guy und →Jimi Hendrix abgeleiteten Technik bewegt sich zwi schen →Blues, →Funk und →Soul.

Crazy Horse Zeitweilig Begleitband von →Neil Young.

Creach, Papa John Der 1917 geborene, farbige amerikanische Geiger fand (nach Anfängen als Tanz- und →Jazz-Musiker) in den 70ern bei den experimentellen →Jefferson Airplane ein Betätigungsfeld, veröffentlichte ab 1971 Soloplatten zwischen →Blues-Rock und Jazz und spielte gelegentlich bei →Hot Tuna.

Cream →Ginger Baker (d, v), →Jack Bruce (b und weiche, hohe Stimme, "White Room") und →Eric Clapton schrieben 1966 -`68 Rockgeschichte. Ihr abwechslungsreicher Rock, der die erhebliche individuelle Virtuosität der Musiker in den Vordergund stellte und den Begriff "Soupergroup" aufkommen ließ, endlose →Bluesbetonte Improvisationen (wie bei →Hendrix) und enormer Erfolg führten zu Auftritten in großen Arenen (das war der Anfang vom Ende der kleinen Clubs, die sich die sprunghaft steigenden Gagen nicht mehr leisten konnten und →Discotheken weichen mußten). Eine gewisse Eintönigkeit auch bei kunstvoller Spielweise ließ sich jedoch nicht leugnen und führte konsequenterweise zur Auflösung der Cream. Der Durchbruch des Rock zur ernstzunehmenden Kunst war allerdings, zumindest bei Jugendlichen, endgültig vollzogen (→Art Rock); Single-Verkaufszahlen sanken drastisch und die Langspielplatte als adäquates Medium war bis zur Gegenströmung des →Punk neuer Standard ("Wheels of Fire" 1968).

Creation 1963 entstandenes →Beat-Quartett mit kommerziell eingängigen Schmachtfetzen ("Tom Tom" 1967).

Creedence Clearwater Revival aus Kalifornien. Ende der 60er bis in die 70er lieferten John Fogerty, sein Bruder Tom, Doug Clifford und Stuard Cook bestes Material im Überfluß. Erdiger, einwandfrei-eingängiger Rock, gute, knappe Melodien und vor allem die charakteristisch nasale und kraftvolle Stimme John Fogertys ließen einen Klassiker nach dem anderen entstehen: "Proud Mary", "Bad Moon Rising", "Hey Tonite", "Suzie Q.", unverwechselbar! Der Sänger startete 1972 eine halbherzige Solokarriere. 1996 C.C.R.-"Revival".

Cro Mags Eine der wichtigsten Vertreter der amerikanischen →Hardcore→Punk-Szene der 80er, da sie als eine der ersten schnelle Spielweise und sozialkritische Texte verbanden.

Croce, Jim Der amerikanische Sänger und rhythmische Gitarrist interpretierte seine ungefähr 500 traurig-ehrlichen Lieder aus dem amerikanischen Alltag, bis er 1973 bei einem Flugzeugabsturz ums Leben kam und sich seine Platten schlagartig millionenfach verkauften ("Time in a Bottle" `71, "I got a Name" `73).

Crooner (Amerikanischer) Schnulzensänger wie Bing Crosby, →Frank Sinatra und Konsorten.

Cropper, Steve Amerikanischer Studio-Gitarrist, der schon seit den 60ern etliche Kollegen (von →Otis Redding bis →Rod Stewart) mit gekonnter Arbeit unterstützt; ab 1971 auch seltene Solo-Alben des dem →Blues geneigten Musikers.

Crosby, Stills, Nash (& Young) David Crosby, von den →Byrds kommend, Stephen Stills von →Buffalo Springfield und Graham Nash von den →Hollies gründeten 1968 ein akustisches →Folk-Trio, musikalisch sanft rockend und textlich auffallend engagiert. Zu den fein ausgedachten Gesangs- und Gitarren-Harmonien gesellte sich 1970 -`75 die Stimme und Gitarre →Neil Youngs. Trotz recht glatter Studio-Produktionen war der Anfangserfolg enorm, dennoch pausierte die Band regelmäßig, um für Solo-Projekte (auf denen die Musiker sich oft gegenseitig aushalfen) Raum zu schaffen, und fand sich sporadisch bis in die späten 80er immer wieder als Duo oder Trio zusammen. Einzig Neil Young ging eigene Wege.

Cross, Christopher Der in Texas geborene Sänger mit hoher melodiöser Stimme und Komponist von Weichspül-Rock veröffentlichte 1980 seine erste LP (mit seinem bekanntesten Song "Ride like the Wind").

Crossover (Überkreuzung) Obwohl sich Rockmusik eigentlich immer aus verschiedenen Stilen zusammensetzt, wird der Begriff Crossover solange für eine Stilmischung verwendet, bis sich ein neues Schlagwort gefunden hat. →Jazz- und Rock-"Crossover" ergaben in den 70ern →Fusion. Im Moment klebt das Etikett auf →Hardcore→Punk/→Heavy-Metal/→Rap-Mischungen wie →Rage against the Machine, →Biohazard.

Crowbar Äußerst düsterer, aggressiver und kraftvoller (→Doom-)Metal aus Amerika (90er).

Crowded House In Amerika beheimatetes neuseeländisch/australisches Trio mit locker-sonnigem Minimal-Pop um Neil Finn, zeitweilig mit seinem Bruder →Tim

Finn als Gastsänger (beide Ex→Split Enz); erster Hit 1987 "Don't dream it`s Over". Zugunsten eines →Folk-Projekts der Finn-Brüder Mitte der 90er stillgelegt.

Crusaders Anfang der 50er als "Modern Jazz Sextett" gegründet, in den 60ern erst einmal in "Jazz Crusaders" umbenannt, war die amerikanische Gruppe stets um eine Verbindung von →Jazz, →Funk und →Soul bemüht; kommerziell nicht ausnahmslos erfolgreich aber immerhin langlebig.

Cruz, Celia aus Kuba; arbeitete sich seit den 50ern zur Königin des →Salsa empor.

Cult Anfang der 80er aus der →Dark Wave Combo "Southern Death Cult" hervorgegangene Band aus England. Mit zweiter LP "Love" noch Mischung aus →New Wave, Rock und Pop-Balladen mit leicht nasal→bluesigem Gesang ("Here comes the Rain", "She sells Sanctuary"). Später in geradliniger →Hardrock-Gangart und Mitte der 90er nach erfolgloser Anbiederung an die →Alternative-Bewegung aufgelöst.

Culture Beat Deutsches →Dancefloor-Projekt der 90er mit Sängerin und →Rapper ("Mr. Vain").

Culture Club Um →Boy George in London gegründet. Seine weiche eingängige Stimme (neben schrill-schrägen Outfit), einfache Songs zwischen Pop und →Reggae machten die englische Band in den 80ern sehr erfolgreich (1981 "Do You Really want to hurt me?"). Drogenprobleme und ein kreatives Tief führten 1986 zur Auflösung.

Culture Seit den 70ern populäres Vokal-Trio in Sachen →Roots-Reggae.

Cure 1978 in Sussex gegründete Band um den Sänger Robert Smith, dessen depressiv-weinerliche Stimme die Musik stets prägte. Anfangs noch dem →Dark Wave verpflichtet, ging es mit der 83er-LP "Japanese Whispers" deutlich in Richtung Pop. Zahlreiche Hits, z.B. "Love Cats" oder "Lullaby".

Curry, Tim Schauspieler und Sänger (→Rocky Horror Picture Show).

Curved Air Francis Monkman (g, k) und Sonja Kristina (v) waren 1970 -`77 die einzig festen Mitglieder der englischen Band, die →Klassik- (Geige von Darryl Way, später →Eddie Jobson) und →Folk-beeinflußt an →Westcoast Sound denken ließ und später (ohne Geige) mehr nach herkömmlichem Rock klang.

Ian, Cussick Ex→Lake-Sänger mit hoher Stimme und →Discotheken-Hits im →Mainstream Rock der 80er/90er ("Wonderlove").

Cypress Hill Amerikanischer →Hip-Hop-Act ab Anfang der 90er. Besondere Erkennungsmerkmale: nasaler Sprechgesang (→Rap) und sehr spärliche Arrangements.

Czukay, Holger Bassist u.a. bei →Can.

D'Abo, Michael Romantische tiefsinnige Balladen vom Ex→Manfred Mann-Sänger ab 1971.

D'Arby, Terence Trent überraschte 1987 mit einfallsreicher, durchschlagend produzierter LP und wandlungsfähiger →Soul-Stimme; danach experimentell (zweite LP), wieder gemäßigt (3.LP) und `95 mit 4. LP ohne adäquates Material.

D. J. Bobo Schweizer →Dancefloor der 90er mit großangelegter Tanzshow und →Rap.

Dalbello Kanadische Sängerin mit eingängigen Songs und kraftvoller, aggressiver Stimme; hatte mit leichtem →New Wave-Touch einige Rock-Hits in den späten 80ern ("Black on Black", "I`m gonna get Close to You"); 1996 Comeback mit schrägem Gitarrenrock ("Whore").

Daltrey, Rodger Sänger der →Who; solo poporientiert.

Dammned Mitbegründer der Englischen →Punk-Szene 1975/`76 mit spärlichen Arrangements, schlampigem Zusammenspiel und einprägsamen Melodien. Nicht so aggresiv und sozialkritisch wie die →Sex Pistols. Bassist Captain Sensible hatte 1982/`83 mit der →Rap-Nummer "Wot" einen Hit.

Damn Yankees →Ted Nugent und der Ex→Styx-Gitarrist Tommy Shaw versuchten sich Anfang der 90er handwerklich solide in melodiösem →Hardrock und hatten mit zeitgemäßem Sound auch Hit-Erfolge ("Coming of Age").

Dance / Dancefloor Stark →Rhythmus-betonte →Popmusik, bei der der (oft ohnehin verschwindend geringe) musikalische Inhalt gegenüber Tanzbarkeit zurücktritt. Das soll allerdings nicht heißen, daß nicht vereinzelt ausgefuchste Sound-Tüftler gehaltvolles oder zumindest überraschendes Material herausbringenen, wobei mindestens ein Ziel erreicht werden muß: den Tänzer zum Tanzen zu "zwingen". Der Begriff fand und findet Verwendung vor allem in der →DJ-Szene für →Disco, →Hip Hop und →House bis zu entschärftem →Techno. Letzteres ist der →Discotheken-Sound der 90er hauptsächlich in Europa, wo sich findige Produzenten mit stumpfsinnig vereinfachten →Techno-Beats und minimalen Keyboard-Themen zu Pseudo→Soul-Singerei und leeren →Rap-Sprüchen eine goldene Nase verdienen (D. J. Bobo, →Two Unlimited). Damit der

Zuhörer auch weiterhin den Geldbeutel zückt, wird verwurstet, was nicht niet- und nagelfest ist (Dudelsack bei "Perplexer", →Country bei "Rednex" oder gar "Die Schlümpfe").

Dancehall Eine Entwicklung des →Reggae Ende der 70er Jahre. Ursprünglich im typischen Ambiente der jamaikanischen Dance-Hall (Discothek) zu einer Dub-Plate (→Toasting) dargebotener Vortrag des betreffenden Sängers (z.B. Michael Prophet, Leroy Sibbles). Die Stilrichtung mündete Ende der 80er Jahre in den →Ragga-Muffin.

Dangerous Toys Anfang der 90er schwamm die Band um den Ex→Watchtower-Sänger Jason McMasters bezüglich Stil und Image im Fahrwasser von →Guns n'Roses.

Daniels, Charlie (Band) Charlie Daniels begann schon in den 50ern seine Musikerkarriere. Er schrieb Songs u.a. für →Elvis Presley oder →Tammy Wynette, begleitete u.a. →Bob Dylan und →Leonhard Cohen. Ab 1970 veröffentlichte der Sänger, Gitarrist und Geiger Rock-angehauchte →Country-Platten und hatte auch Hit-Erfolge ("The Devil went Down to Georgia").

Daniels, Chris & the Kings Eigenartige amerikanische Mischung aus →Heavy-Metal-angehauchtem gitarrenlastigen Rock und Bläsersätzen ab den späten 80ern.

Danzer, Georg Österreichischer Barde, der sich seit 1972 mit einigermaßen anspruchsvollen und kritischen Texten bis in sanften Rock steigern kann.

Danzig Ende der 80er um den ehemaligen Sänger der amerikanischen →Punk-Band →The Misfits, Glen Danzig, entstanden. Ab Mitte der 90er mit einer Mischung aus düsterem →Heavy-Metal, theatralisch-heftigem, an Jim Morrison (→Doors) erinnernden Gesang und okkultem →Image erfolgreich.

Darin, Bobby Der New Yorker hatte als →Rock`n'Roll-Sänger ab 1958 Hits wie "Splish, Splash" oder "Dream Lover", er starb 1973.

Dark Angel Sehr schneller →Thrash-Metal aus Amerika, Anfang der 80er noch Konkurrenz zu →Slayer, aber durch Besetzungswechsel und haarsträubend schlecht produzierte Platten Anfang der 90er zerfallen.

Dark Throne Typische skandinavische →Black-Metal-Band der 90er: gekrächzter Gesang, okkultes Gesamtkonzept und bleich geschminkte Gesichter.

Dark Wave, auch **Gothic Wave** oder **Gothic**, entstand Ende der 70er in England aus der →Punk-Bewegung (daher der an →New Wave angelehnte Name). →Joy

Division, →Siouxie and the Banshees, →The Cure und →Bauhaus legten den Grundstein. Die Aggression des Punks verwandelte sich in Depression, textlich in Themen um Religion, Tod, Selbstmord, Okkultes, Magie etc.. Im Verlaufe Ihrer Karriere brachten die →Sisters of Mercy mit düster-monotonen Songs, angelsächsischen und nahöstlichen →Folklore-Anleihen in der Gitarren-Arbeit den Sound auf den Punkt und wurden zur erfolgreichsten Band des Genres. Weitere wichtige Vertreter sind: (die frühen) →Jesus and the Mary Chain, →Christian Death (Amerikas bedeutenster Beitrag), →Fields of the Nephilim. Die Anhänger dieser Musik ("Grufties") tragen vorwiegend Schwarz, diverse Kreuze und schminken sich bleich. In den letzten Jahren kam vor allem in Deutschland, eine Elektronik-Variante auf (→Das Ich). Eine weitere neue Spielart ist der "Gothic-Death-Metal" oder "Gothic-Doom-Metal", der Dark Wave-Elemente mit →Death- oder →Doom-Metal verbindet (z.B. →Paradise Lost).

DAS EFX Innovatives →Hip Hop-Projekt von der amerikanischen Ostküste mit beachtetem Debut Anfang der 90er ("Dead Serious"), kurzem Durchhänger und lässigem Comeback 1996 ("Hold it Down").

Das Ich Deutscher →Dark Wave, stark auf Synthesizern basierend; mit pseudophilosophischen Texten. Anfang der 90er Szene-Hit "Gottes Tod"; →live (und auf neuer LP zusammen mit →Atrocity) mit →Heavy-Metal-Einflüssen.

Dave, Dee, Dozy, Beaky, Mick & Tich Englische →Beatband mit fröhlichen Liedern und einigen internationalen Hits ("Bend it") ab Mitte der 60er.

David, Grisman Virtuose auf der Mandoline, verbindet seit den 70ern →Folk, →Bluegrass, →Jazz und →Country zu einem eigenen Stil ("Dawg Music"). Spielte mit →Jerry Garcia u.a. bei →Old & In the Way 1973.

Davis, Gary (geb. 1896). Ein Urvater der →akustischen →Blues-Gitarre mit unglaublicher Gitarrentechnik und eindringlichem Gesang (religiöse Texte); Vorbild für unzählige Gitarristen.

Davis, Jesse Ed Indianischer Musiker, der Ende der 60er zwischen Rock und →Blues u.a. mit Größen wie →Bob Dylan zusammenspielte.

Davis, Miles Bedeutender Trompeter des →Jazz, der schon im →Bebop mit den Größen seiner Zeit spielte. Prägte er Anfang der 50er den →Cool Jazz, war er 1959 mit dem epochalen Werk "Kind of Blue" (zusammen mit →John Coltrane) endgültig bei modalem Jazz gelandet und 1969 galt er mit "Bitches Brew" (u.a. mit →Chick Corea, →John McLauglin) als Begründer der →Fusion und wurde so zu einem Wegbereiter des →Free Jazz, dem er jedoch ausnahmsweise nicht angehörte. Später öffnete er sich elektronischen Spielereien und moderenen populären Strömungen wie →Funk, Rock und →Hip Hop - stets jedoch blieb sein charakteristisch melancholischer Ton prägend ("We want Miles" `82). Etlichen Musikern aus seinen Formationen ermöglichte die Zusammenarbeit Solokarrieren (neben den oben genannten: →Cannonball Adderley, →Herbie Hancock, →Tony Williams, Marcus Miller (b) u.v.m.). Miles Davis starb 1991.

Davis, Spencer (Group) 1963 →Soul- und →Blues-beeinflußt in England gegründet und geprägt durch die helle Stimme →Steve Winwoods ("Keep on running"); 1969 aufgelöst.

Dawkins, Jimmy gehört zur ersten Garde der →Chicago-Bluesszene. Als versierter Gitarrist und Sänger spielte er in vielen Bands und ist gefragter Studiomusiker. Sein eigenes Album "Feel the Blues" erregte Anfang der 80er einiges Aufsehen.

De Dannan Typische irische moderne Folk-Musik ab den Mittsiebzigern.

De La Soul →Hip Hop - mehr →psychedelisch als sozialkritisch; obwohl seit Ende der 80er mit nur vier Alben in Erscheinung getreten, stets lässige Ostküsten-Pioniere.

Dead can Dance Aus Australien, ab Anfang der 80er mit sphärischem Gothic (→Dark Wave) unterwegs in Richtung einer meditativen Stilmischung (→New Age) aus irischem →Folk und archaischem Chorgesang unter teilweisem Einsatz mittelalterlicher Instrumente.

Dead Kennedys 1978 gegründete →Punk-Band aus Kalifornien, mit oft sehr schnell gespielten sozialkritischen Liedern Vorreiter des →Hardcore→Punks ("Nazi Punks - fuck off"). 1987 Auflösung; Sänger Jello Biafra ist seither mit verschiedenen Soloprojekten aufgetreten.

Death In den Anfängen des →Death-Metal brachte es die Band aus Florida Mitte der 80er auf den Punkt: extreme Rhythmuswechsel (ultraschnell/ultralangsam), Grunzgesang, tief gestimmte Gitarren und brutale Texte (LP "Scream Bloody Gore" `87). Um das einzig feste Bandmitglied "Evil" Chuck Schuildner (v, g, l) entwickelte sich die Band textlich in Richtung Sozialkritik und musikalisch (mit komplexeren Arrangements und Songstrukturen) in Richtung Progressive-Metal (→Thrash-Metal).

Death Angel Kalifornische →Thrash-Metal-Band (ab Mitte der 80er) mit überdurchschnittlichem Songmaterial und melodiöser Stimme (Marc Osegueda). Ab 1988 →Funk-orientiert ohne den Sänger unter dem Namen "The Organisation".

Death-Metal Einerseits noch schneller als →Thrash-Metal (wie →Grindcore), andererseits auch sehr langsam (wie →Doom-Metal); Grunzgesang mit extremen Texten (z.B. Pathologisches bei →Carcass). Eine sehr ähnliche Spielart ist der →Black-Metal. **Gothic-Death-Metal** ist eine neue Strömung um Bands wie →Paradise Lost (→Dark Wave).

Dee, Kiki Die britische Sängerin nahm zwar schon in den 60ern Platten auf, hatte aber Erfolg erst in einem Duett mit →Elton John ("Don't go breaking my Heart" 1976).

Deep Dish →House aus Amerika, der Mitte der 90er mit minimalistischem Stil zunehmend auffällt; gefragte →Remix-Spezialisten.

Deep Purple 1968 in London gegründet von Ritchie Blackmore (g), →Jon Lord (k), Ian Paice (d), Rod Evans (v), Nick Simper (b). Mit klassischen Anleihen auf den ersten 3 LPs (Hit: "Hush") und mit Ian Gillan (v) und Roger Glover (b) auf "In Rock" und "Machine Head" mustergültige Zuwendung zum →Hardrock ("Smoke on the Water" 1970); legendäre Auftritte mit Solo→Improvisationsschlachten Blackmore kontra Lord (1972 "Made in Japan"). Dritte Besetzung ("Mark III") mit David Coverdale (v, →Whitesnake) und →Glen Hughes (b); Blackmore gründete 1975 →Rainbow. Danach wechselten vor allem die Gitarristen und Sänger in diversen Reunions in den 80ern und 90ern ständig.

Def Leppard 1977 in Sheffield gegründete →Hardrock-Band (vom →AC/DC, →Foreigner-Produzenten Mutt Lange unterstützt), die schon früh mehrstimmigem Gesang und akustische Gitarrenparts verwendeten. Mit 1983er-LP "Pyromania" im →Mainstream internationaler Durchbruch und sensationeller Erfolg in Amerika ("Rock of Ages", "Too Late for Love", "Animal"). Schlagzeuger Rick Allen verlor bei einem Autounfall einen Arm und ist wohl der einzige einarmige Schlagzeuger der Rockgeschichte. 1996 mit der LP "Slang" Anbiederung an aktuelle Trends.

Defunkt Der aus der →Free Jazz-Szene stammende Posaunist Joseph Bowie entwickelte im Laufe der 80er/90er eine beachtenswerte →Funk-Formation mit wechselnden Besetzungen ("Cum Funky" 1994).

Degenhardt, Franz-Josef Liedermacher, der mit schneidender Stimme zu Gitarrenbegleitung seit Anfang der 60er deutsches Spießertum anprangert.

Deine Lakeien In den 90ern entstandener elektronischer →Dark Wave aus Deutschland mit englischen Texten.

DeJohnette, Jack Moderner →Fusion- und →Jazz-Schlagzeuger ab Mitte der 60er.

Dekker, Desmond setzte 1969 mit dem Number One-Hit "Israelites" den Höhepunkt in seiner →Reggae-Karriere und ist damit auf jedem zweiten Reggae→Sampler vertreten.

Delegation →Soul Mitte der 80er aus Amerika ("You and I").

Demo Kurz für: Demonstrations-Cassette. Meist billig produzierte Aufnahme einer unbekannten Band als Schallplattenersatz in der Amateurszene (zu Dokumentations- und Verkaufszwecken - hat mit preiswerten CD-Aufnahmemöglichkeiten an Bedeutung verloren) oder zur Bewerbung bei Plattenfirmen und Konzertveranstaltern. Außerdem werden auch Rohfassungen von später geplanten Plattenaufnahmen als Demo bezeichnet.

Denny, Sandy Bis zu ihrem frühen Tod ausdrucksstarke und eisige Stimme des britischen →Folk-Rock der 70er, solo und u.a. bei →Fairport Convention, "Fotheringay" und als Gast bei z.B. →Led Zeppelin.

Denver, John (John Henry Deutschendorf) Deutschstämmiger einfacher→Country-Interpret mit größtem Erfolg in den frühen 70ern in Amerika ("Country Roads", "Rocky Mountain High").

Deodato Brasilianischer Bandleader und Arrangeur, der →Klassik- und Rock-Stücke in sanfte →Fusion umsetzte ("Also sprach Zarathrustra" 1969).

Depeche Mode Elektronik-Pop-Band aus England (erste LP 1981). Verbanden düstere →New Wave-Einflüsse (mit meist tiefgehaltenen Gesang) und Hit-Melodien. Seit "Songsb of Faith and Devotion" werden nicht mehr so ausschließlich elektronische Instrumente eingesetzt. →Vince Clark (k, v) gründete auch →Yazoo und →Erasure.

Derek & the Domino's →Eric Clapton.

Derrick, Morgan Einer der größten Stars der →Ska-Ära, heute zu Unrecht vergessen, dem es Anfang der 60er Jahre gelang, alle ersten sieben Plätze der jamaikanischen Hitparade gleichzeitig zu belegen! Er war so erfolgreich, er schrieb so viele Klassiker, daß man glaubte, er könne eigentlich keinen Mißerfolg haben.

Derringer, Rick Der amerikanische Sänger und Gitarrist begann in der Beat-Combo "McCoys" (1965 Mitsing-Hit "Hang on Sloopy"). Nach kurzer Zusammenarbeit mit →Edgar Winter startete er 1973 eine wechselhafte Solokarriere zwischen →Blues und →Hardrock und trat immer wieder als Studio-Gitarrist und Produzent auf.

Destruction Deutsches →Thrash-Metal-Trio mit Kreischgesang (80er).

Detroit, Marcella Gekonnte Pop-Singerei u.a. bei den →Shakespears Sister; ab 1994 solo.

dEUS Belgische →Alternative-Band mit sehr eigenem, violinbetonten Sound in den 90ern.

Deuter Gehört ab 1971 mit indischen Einflüssen, Naturgeräuschen und abwechslungsreichen Synthesizer-Sphären- und Rhythmik-Klängen zu den vielschichtigeren →New Age-Künstlern.

Deutsch Amerikanische Freundschaft (DAF) Deutsches Elektronik→New Wave-Duo Anfang der 80er, das zur →Neuen Deutschen Welle gezählt wurde. Spärliche bizarre Arrangements ("Der Räuber und der Prinz") und Anspielungen auf die Nazi-Zeit in den Texten ("Tanz den Mussolini", "Die lustigen Stiefel marschieren über Polen").

Deutsche Rock- & Popmusik "Ihre Kinder" (1968 sehr harmlos) und 1971 →Udo Lindenberg waren die Pioniere des deutschsprachigen Pop/Rocks. Andere Bands wie →Lake, →Triumvirat, →Lucifers Friend oder →Birthcontrol orientierten sich recht und schlecht an internationalen Vorbildern. Nur wenige Gruppen (u.a. →Amon Düül, →Ton Steine Scherben, →Can) konnten ein eigenständiges Profil aufweisen; →Tangerine Dream und →Kraftwerk sind Vertreter der relativ starken Elektronik-Fraktion, deren entfernter Verwandter der →Techno ist. Die oft hölzerne Produktion im "Rock-Entwicklungsland" Deutschland ließ schnell den Begriff →Krautrock entstehen ("Missus Beastly" oder frühe →Embryo). Nach der →Neuen Deutschen Welle konnten Bands wie →BAP, →Die Toten Hosen, →Die Ärzte oder die →Böhsen Onkelz wenigstens spieltechnisch internationalem Standard genügen.

DeVille, Willy Seit den 80ern bedient sich der Amerikaner (zuerst unter dem Bandnamen "Mink DeVille") zwar in allen möglichen Stilen - was herauskommt ist aber immer →kreolisch angehauchter Rock zu nasaler Stimme ("Italian Shoes" 1985).

Devo Amerikanische Pioniere des Elektronik-Pop im →New Wave. 1972 in Ohio gegründet (erste LP 1978), schufen sie hektischen, schrägen Gitarren-Sound und eine witzige und bizarre Bühnenshow; frech und verdreht (z.B. "Satisfaction" der →Rolling Stones), 1984 aufgelöst.

Dexy's Midnight Runners Dem →Punk und instrumental irischer →Folklore verbunden, versuchten Kevin Rowland (hohe sprunghafte Stimme) und seine Mannen (manchmal auch Frauen), →Soul rotzig und bläserverstärkt zu interpretieren; "Come on Eileen" fiel 1982 neben den Eskapaden des Sängers auf.

Diamond Head Britischer →Hardrock zwischen →Led Zeppelin (Gesang) und schnellen →Heavy-Metal-Passagen. Vorreiter des Speed-Metals (→Thrash-Metal) in den 80ern.

Diamond, Neil bewies ab 1966 mit kräftiger, rauher und melodramatischer Stimme, daß noch so anachronistische Gassenhauer im leichten Rock-Gewand (erstklassig produziert: "Beautiful Noise", 1976) bis heute überleben können.

Dibango, Manu ist weniger für seine Saxophon- und Sangeskünste zu rühmen als für seine oft beeindruckende Kraft und Vorreiterrolle in afrikanischer Rhythmik und Stimmung ab den frühen 70ern (u.a. mit →Herbie Hancock).

Diddley, Bo verwendet zwar die musikalische Struktur des →Blues, weicht aber textlich und im Auftreten beträchtlich ab und verkörpert somit eher das Image eines →Rock`n' Roll-Sängers. Von ihm stammen "Who do You love" sowie Hits mit den →Muddy Waters-Titeln "Manish Boy" und "I`m a Man" 1955.

Difranco, Ani Schon länger Liebling der amerikanischen →Alternative-Szene, versucht die ausdrucksstarke Sängerin 1996 mit intensivem Songmaterial international durchzustarten.

Digital Underground Abgedrehtes →Hip Hop-Projekt aus Oakland um Humpty Hump und den langnasigen Shock G ("Pop goes the Weasel"), nach längerer Pause 1996 neue LP.

Dillinger Ein →DJ-Pionier, stürmte von Jamaica aus die europäischen Hitparaden, ohne in seinem Heimatland größere Anerkennung zu finden. Mit "CB200" (ein Loblied auf ein Motorrad) und "Cocaine in my Brain" hatte er Ende der 70er zwei internationale Hits.

Dimple Minds Deutsch→Punk mit derben Sauf-Texten ("Blau auf'm Bau") ab Ende der 80er. Musikalisch mit den →Toten Hosen vergleichbar.

Dinosaur jr. Amerikanische Band ab Mitte der 80er; gelten mit ihrem heftigen und schrägen Gitarren-Pop zusammen mit →Sonic Youth als Urväter der →Alternative/→Grunge-Bewegung. Kennzeichnend ist der weinerlich-depressive, dennoch teilnahmslose und manchmal falsch intonierte Gesang von J.Mascis. Die letzten LPs ließen sowohl den Funken wie die rohe Kraft der Erstwerke vermissen.

Dio, Ronnie James hatte mit kraftvoller Stimme seit 1974 (noch bei der Gruppe "Elf"), Erfolg als →Heavy- und →Hardrock-Sänger; →Rainbow, →Black Sabbath; eigene Gruppe ab `83 "Dio".

Dion Der amerikanische Sänger Dion DiMucci hatte mit seiner Formation "Dion and the Belmonts" von 1960 -`66 einige Hits im →Rock`n'Roll-Stil oder mit Balladen ("Teenager in Love").

Dion, Celine Franco-Kanadierin mit großen Erfolgen Anfang der 90er vor allem in den USA und Kanada ("The Power of Love", "Think Twice"). Der Pop-Sängerin mit kräftiger, etwas operettenhaft wirkender Stimme gelang Mitte der 90er auch der Durchbruch in Europa.

Dire Straits 1977 um Sänger und Songwriter Mark Knopfler in London gegründet. Entspannt swingender, eigenständiger Soft-Rock mit rauchiger Stimme und warmer, modulationsreicher Gitarre; neben Hits der Band "Money for Nothing" oder "Brothers in Arms" (gekonnt auf das aufkommende Medium der "Compact Disc" zugeschnitten) war Knopfler auch mit ruhiger Filmmusik (u.a. "Cal" 1984) erfolgreich.

Dirty Dancing war 1987 ein, trotz geringen Budgets überraschend erfolgreicher Musik- und Tanzfilm mit Handlung und vielen Hits aus den 60ern. Irgendetwas stimmte genau an diesem Märchen: das jugendliche Publikum fühlte "The Time of my Life" (Titelsong mit →Jennifer Warnes).

Discjockey (DJ) war anfangs in Radio, Fernsehen und später →Discotheken der Mensch, der Platten auflegte (und manchmal mit Ansagen zwischen den Titeln verband). Damit hatte er oft entscheidenden Anteil an der Verbreitung und dem kommerziellen Erfolg eines Musikstücks. Über die jamaikanischen →MCs wurde mit virtuosem Musikmix von zwei Plattentellern der DJ im →Hip Hop selbst zum Musikschaffenden, der vorhandenes Material eigenwillig zu neuen Werken umformt - ähnlich wie später in →House und →Techno.

Disco In den frühen 70er-Jahren aus →funkigen Tanznummern in New Yorker Clubs und der kommerziellen →Soul-Fortentwicklung →Phillysound entstandene Tanzmusik mit kulturellen Zentren in New York und später München (→Giorgio Moroder). Ein monotoner einpeitschender Baßsound im 4/4 -Takt, der den ganzen Körper erschüttert, einfache Melodik und häufig bombastische Arrangements (Orchestersound vom Band) waren in oft langen Stücken (Maxi-Single) die Grundlage für Stars wie →Donna Summer, →Boney M., die →Village People oder die →Bee Gees, die mit dem Disco-Film "Saturday Night Fever" 1977 ein Comeback hatten. Dem Trend der Zeit gaben auch Bands wie die →Rolling Stones ("Emotional Rescue") oder →Kiss ("I was made for loving You") nach. In den 80ern wurde →Disco von →Dancefloor, →House und →Techno abgelöst, lebte im Untergrund als →HI-NRG jedoch weiter.

Disco(thek) Vor allem in den 70ern geläufige Bezeichnung für Tanzlokale, in denen (von einer meist imposanten Lightshow begleitet) von einem →Discjockey Schallplatten aufgelegt werden. Wird der Begriff von der →"Rave-Halle" abgelöst?

Dissidenten In den 80ern als Ableger von →Embryo gestartet, entwickelte sich die multikulturelle Band bis in die 90er in Richtung →World Music.

Divine Hits im →HI-NRG der 80er.

Dixie Dregs Gitarrenlastiger, rein instrumentaler →Hardrock mit →Country-Touch aus Amerika in den 80ern.

Dixieland Heute Sammelbegriff für flotten alten →Jazz, der ab Ende des letzten Jahrhunderts ursprünglich von Schwarzen vor allem in New Orleans, dann Chicago zuerst als Marschmusik gespielt und schnell von Weißen nachgeahmt wurde; seit Mitte der 50er starkes Revival in Europa (→Chris Barber).

Dixon, Willie (geb. 1915). Der Blues-Bassist (mit tiefer, rauher Stimme) wurde schon in den 50er Jahren zu einer der wichtigsten Figuren in der Bluesszene →Chicagos. Er machte Karriere als Plattenproduzent, Studiomusiker und Songschreiber. Seine größten Erfolge als Autor waren die drei größten →Muddy Waters-Hits, "I'm Ready", "Just make Love to You" und "Hoochie Coochie Man", das von →Little Walter gesungene "My Babe" und das von fast jeder Blues- und Rockband ge→coverte →"Little Red Rooster".

DJ Kurzform für →Discjockey.

DJ Krush Recht synthetischer →Acid Jazz aus Japan in den 90ern.

Doc Holiday Ziemlich harte Rockband aus dem Süden der USA (80er).

Dog eat Dog Melodischer, gemäßigter →Hardcore→Punk aus den USA ab den 90ern; weniger politisch, eher spaßig in den Texten und mit Saxophon.

Dokken →Mainstream→Hardrock-Band aus Los Angeles, erste LP 1981, geprägt vom hohen, etwas weiblich klingenden Gesang von Don Dokken. Ende der 80er zwischenzeitlicher Soloversuch des Gitarristen George Lynch mit →Lynch Mob.

Doldinger, Klaus Der deutsche Saxophonist war mit glatter →Fusion (vor allem in den 70ern mit seiner Gruppe "Passport") erfolgreich. Seine Ausflüge in

→Dixieland und →Jazz sind zweitrangig, seine Filmmusik ("Tatort", "Das Boot") kennt jeder.

Dolphy, Eric Wilder Improvisator des →Jazz vom →Bebop zum →Free Jazz bis 1964 vor allem auf dem Saxophon.

Domingues, Dario Vielseitiger südamerikanischer Querflöten-Indianer ab den späten 70ern.

Domino, Fats Sänger und →Boogie-beeinflußter Pianist mit einfach gestricktem →Rhythm & Blues ab 1949 erfolgreich ("I`m walking" `57).

Donegan, Lonnie →Blues und →Folk-interessierter britischer →Skiffle-Musiker (v, g, banjo, d). Mit zahlreichen Hits Mitte der 50er bis Anfang der 60er ein wichtiger Einfluß auf den nachfolgenden →Beat; ab den 70ern mit stark abnehmenden Plattenveröffentlichungen auch im →Dixieland aktiv.

Donovan Der →Folk-Sänger aus Glasgow startete seine Plattenkarriere 1965 mit Lagerfeuer-Romantik leicht rockig/→psychedelisch. Gitarrenbetont, mit sanfter Stimme zwischen Protest ("Universal Soldier") und Mystik ("Atlantis") ein Kind der friedfertigen Hippies der "Flower Power"-Zeit bis in die 70er.

Donovan, Jason →Stock/Aitken/Waterman-produzierter →Dance-Pop-Barde aus Australien, der Ende der 80er einige Hits in Europa hatte.

Doobie Brothers 1970 gegründet; besonders in Amerika bis zur Auflösung `82 mit leichtgewichtigem Rock erfolgreich; Hits mit rhythmischen →Soul-Anleihen ("Long Train running" 1973) bis zu Schmalz-Balladen ("What a Fool believes" 1978). →Mainstream-Musterbeispiel.

Doom Metal Langsamer, düsterer →Heavy-Metal; →Black Sabbath ebenso wie →Cathedral oder →My Dying Bride.

Doors, The entstanden 1965 um den exzentrischen Sänger Jim Morrison an der amerikanischen Westküste. Mit kräftiger Musik zwischen →Blues und schnörkellosem, orgelbetontem →psychedelischen Rock (Ray Manzarek, k, b / Robby Krieger, g / abwechslungsreiche Schlagzeugarbeit: John Densmore), getragen von der starken, düsteren Stimme Morrisons und seinen auffallenden kryptischen Texten, wurden sie schnell zu einer der erfolgreichsten Rockbands schlechthin ("Light my Fire", "Break on through", "The End" u.v.m.). Ihr phantasievolles Material und besonders das skandalträchtige Auftreten Morrisons hielten sie auch nach dem Tod des Sängers 1971, der schnell zum Mythos wurde, in den Schlagzeilen, wobei die verbleibenden Musiker mit neuem Sound ("The Mosquito") bei weitem nicht an alte Erfolge anknüpfen konnten und 1973 die Türen schlossen (1978 vertonten sie ungewohnt sphärisch auf Band gesprochene Morrison-Gedichte; "An American Prayer").

Dorau, Andreas und die Marinas Schräge Liedchen ("Fred vom Jupiter") der →Neuen Deutsche Welle Anfang der 80er.

Doro Nicht gerade als Stimmwunder zu bezeichnende Ex-Sängerin von →Warlock zwischen kommerziellem →Mainstream, →Heavy-Metal und Pop-Balladen mit deutschen Schmalz-Texten.

Dorsey, Lee Sein amerikanischer →Rhythm & Blues - Oldie "Working in a Coalmine" verkaufte sich in den 90ern noch einmal, weil er in einer Autoradio-Werbung verbraten wurde.

Double Trouble Ein Projekt von Norman Cook (→Beat International etc.); Ende der 80er in Richtung →Funk und →Rap.

Dr. Alban Afrikanischer Zahnarzt, der Anfang der 90er von Schweden aus seine europaweite Pop-Karriere startete. Seine Musik ist eine Mischung aus →Dancefloor-Beats, →Ragga Muffin-ähnlichem Sprechgesang und spärlichen Melodien in den Refrains, teilweise mit Anti-Drogen→Image ("It`s my Life").

Dr. Dre Amerikanischer →Hip Hop-Artist (Ex →N.W.A.); in den 90ern mit melodischem →swingenden Sound erfolgreich: entspannter →Rap mit Texten über Haschisch und Gangstas. Mit Keyboardgewaber untelegt und als "G-Funk" an den 70er→Funk (→George Clinton) angelehnt. Produziert in ähnlichem Stil u.a. →Warren G. oder →Snoop Doggy Dog.

Dr. Feelgood, 1972 in England gegründet, bot →Rock`n'Roll und →Blues mit Erfolg in den USA und England vor allem in den 70ern. Sänger und Hauptakteur Lee Brilleaux starb 1994.

Dr. Hook (& the Medicine Show) Zwischen →Country & Pop landeten Dr. Hook & seine Mannen aus New Jersey in den 70ern und frühen 80ern einige große Hits. Ihre Gute-Laune-Songs waren äußerst mitsingtauglich; so auch ihre nicht ganz ernst gemeinte Schmalz-Ballade "Silvias Mother" (1972).

Dr. John stand ab 1968 für eine schrille Mischung aus afrikanischen Rhythmen und →Rhythm & Blues. Musikalische und persönliche Eskapaden ließen es still werden um Mac Rebennack (= Dr. John), bis er Anfang der 90er mit soliden, →kreolisch angehauchten Alben aus dem kommerziellen Nirvana wieder auftauchte, auch hier auf Bläsersätze, →Funk, und gewohnt gekonntes Pianospiel zurückgreifend.

Drahdiwaberl Österreichische bunte Show- und Satire-Band der 70er (→Falco spielte mit).

Drake, Nick →Folk-Sänger aus Großbritannien (erste LP 1969) mit leisen, gefühlvollen Liedern.

Dread, Mikey veröffentlichte bis Mitte der 80er unumstrittene →Dub-Alben und bis heute durchschnittliche →Reggae-Produktionen. Der in England lebende Jamaikaner startete Anfang der 80er eine erfolgreiche Zusammenarbeit mit der Punkband →The Clash, deren Sound er damals stark beeinflußte.

Dream Theater Amerikanischer Progressive-Metal (→Thrash-Metal) ab Ende der 80er mit auffallendem Einsatz von Keyboards. Ab Mitte der 90er großer Erfolg in Amerika und Deutschland.

Drifters, The hatten, 1953 gegründet, als Vokalquartett mit schmalzigen →Rhythm & Blues Erfolg. Nach dem Ausstieg von →Clyde McPhatter Ende der 50er übernahm eine völlig andere Truppe den Namen (anfangs mit →Ben E. King) und konnte den Erfolg sogar steigern (1964 z.B. "Under the Boardwalk"); mit ständig erneuerten Musikern gibt`s die Gruppe bis heute.

Driscoll, Julie Schrille →Soulstimme in →Brian Augers Band "Trinity" ab Mitte der 60er; spätere →Free-Jazz-Eskapaden blieben weitestgehend ungehört.

Drogen waren immer ein wesentlicher Teil des kulturellen Umfelds, in dem sich die hier behandelte Musik abspielte (auch und gerade im →Blues und →Jazz) - also in Bars, Clubs und neuerdings bei →Rave-Events. Die Musiker selbst kamen so mit Drogen mehr oder weniger zwangsläufig in Berührung. Der Einfluß sogenannter bewußtseinserweiternder Drogen (Cannabis, LSD) auf manche Künstler ist unbestritten (→Beatles Mitte der 60er, →Grateful Dead), der drastische Verfall oder Tod anderer durch Heroin allerdings auch: aus dieser schier endlosen Liste seien nur →Lou Reed und →Janis Joplin genannt.

Drum`n'Bass ist eigentlich "→Ambient→Jungle" seit 1995.

Drummond, Don Der jamaikanische Posaunist war einer der ganz großen Instrumentalisten der →Ska-Ära: er glänzte kontinuierlich mit ausgezeichneter Bläserarbeit und erfreute sich zurecht großer Beliebtheit in seiner Heimat Ende der 50er bis Mitte der 60er.

Dub Durch Neuabmischung und Verfremdung bestehender →Reggae-Stücke produzierte Versionen. Pionier: →King Tubby, Ende der 60er Jahre. Weiterentwicklung (→Sly & Robbie) später hauptsächlich mit Hall und Echo. Dub ist aus der heutigen →Dancefloor-Szene nicht mehr wegzudenken ("The Disciples", "Dub Syndicate", Andy Fowler, "Revolutionary Dub Warriors", "Zion Train" oder unzählige von →Adrian Sherwood produzierte Acts).

Dub Poetry Ableger des →Dubs, im Vordergrund die Dichtkunst mit sozialkritischen, politischen und religiösen Inhalten. →Linton Kwesi Johnson, →Mutabaruka, Jean "Binta" Breeze, Onuora, Oko, Michael Smith.

Dub-Plate Rhythmus-Schallplatte als Fundament für →Toasting-Sprechgesang.

Dubliners Seit den 60ern die bekannteste traditionelle irische →Folk-Band.

Dudek, Les Der Gitarrist und Sänger aus Florida war vor allem als Studiomusiker (z.B. für die →Allman Brothers) erfolgreich und veröffentlichte ab 1976 Soloplatten, geprägt von seiner rauhen Stimme, virtuosem Gitarrenspiel und belanglosem Songmaterial.

Duke, George Ständiges Talent als →Fusion-Keyboarder ab Mitte der 60er und in den 70ern zeitweise bei →Zappa; Soloplatten bis in die 90er, hauptsächlich jedoch in den 70ern.

Dulfer, Candy Skandinavische Saxophonistin, die sich, ab Mitte der 80er, technisch begabt, leblos-statisch ausgerechnet am →Funk versucht.

Dulljöh Ziemlich bayerische Gruppe nach Art des "Sparifankal"-Rock und Ende der 70er mit diesen fusioniert.

Dunbar, Sly Schlagzeuger und Produzent der →Reggae-Szene, →Sly & Robbie.

Dunn, Willie Indianerpolitik auf traditioneller →Country-Basis Anfang der 80er.

Dupree, Champion Jack (geb. 1930). Virtuoser →Blues- und →Boogie-Pianist im Stile des großen →Memphis Slim.

Duran Duran 1978 gegründete →Teenie-Band aus Birmingham der New-Romantic-Bewegung (→New Wave). Kennzeichnend sind der etwas weinerliche und nasale Gesang von Le Bon und die griffigen Melodien der Songs ("Wild Boys"). Sie gelten auch als Pioniere des karrierefördernden Musik→Videos. Nebenprodukte einzelner Musiker waren zeitweise "Arcadia" und "Powerstation" (mit →Robert Palmer). Hinwendung zum →Funk ("Notorious" 1986) oder traditionellen Rock in den 90ern sprachen auch ein erwachsenes Publikum an.

Dury, Ian (and the Blockheads) Der Londoner Sänger machte ab 1977 Karriere mit wildem Rock-Mix, rauh-rauchiger Stimme und bizarrem Bühnengebaren (hervorgerufen nicht zuletzt durch körperlichen Mißwuchs). Textlich sozialkritisch oder unsittlich ("Sex and Drugs and Rock`n'Roll", "Hit me with your Rhythm-Stick").

Dylan, Bob, 1941 als Robert Zimmermann in Minnesota geboren, ist eine der wandlungsfähigsten und einflußreichsten Persönlichkeiten der Rock- und Pop-Geschichte, in seiner Bedeutung vielleicht nur mit den →Beatles vergleichbar. Mit anspruchsvollen genial-einfachen Kompositionen, die jederzeit auch zu reiner Gitarrenbegleitung funktionierten, in der →Folk-Bewegung zuhause, löste er 1965 mit der Verwendung einer elektrischen Gitarre die Massenbewegung des Folk-Rock aus (er selbst ließ sich zeitweilig von der Rock-Combo →The Band begleiten). Seine oft brillanten Texte, die er mit markant-näselnder Stimme in der Nachfolge →Woody Guthries unverwechselbar vorträgt, sind voll lyrischer Andeutungen, versteckter Drogen-Metaphern, verklärter Protest-Poetik und später auch autobiographischer Statements. Ob er sich Mitte der 70er erneut reinem Folk zuwandte, ein eher Rock-orientiertes "Live at Budokan"-Album herausgab, religiös-christlichem Fundamentalismus verfiel (1978), politisch wieder schärfer wurde, mit →Tom Petty, den →Travelling Wilburys und →Grateful Dead (1989) zusammenarbeitete oder Mitte der 90er karge, urtümliche →Blues und →Country-Alben vorlegte, letztendlich war er seinen häufigen Kritikern immer eine Nasenlänge voraus. Unzählige Hits, unzählige →Coverversionen unzähliger Musiker und Bands (→Joan Baez, →Byrds, →Manfred Mann, →Jimi Hendrix, →Neville Brothers u.v.m.) aller Stilrichtungen haben Dylan (obwohl oft umstritten) dennoch nicht zum Mythos verkommen lassen, er ist bis heute unverkennbar lebendig ("The Times they are a-changing", "Hard Rain`s a-gonna fall", "Blowing in the Wind", "With God on our Side", "I want You", "It`s Allright Ma", "Mr.Tambourine Man", "All along the Watchtower", "Like a Rolling Stone", "Queen Jane Approxemately", "Highway 61 revisted", "It`s all Over Now Baby Blue", "Mighty Quinn", "I shall be released", "Knockin' on Heaven`s Door" u.v.m.).

Eagles, 1971 aus Los Angeles um →Don Henley (d, v) und →Glen Frey (v, g), hatten mit virtuosem und perfekt arrangiertem, →Country-angehauchtem Gitarren-Pop, ausgefeiltem Chorgesang und eingängigen (zunehmend süßlichen) Kompositionen vor allem in Amerika großen Erfolg ("Take it Easy", "Hotel California"); 1981 Auflösung, 1994 Reunion.

Eaglin, Snooks Gitarrenkönner, der vor allem die akustische Gitarre bevorzugt. Er vereint in den 90ern gekonnt →Blues und →Jazz mit Elementen aus spanischer und französischer Musik.

Earth & Fire Seit 1969 schwanken die Holländer zwischen Bombast-Rock und Hitpapraden-Pop. Zuhause stets erfolgreich, 1980 mit "Weekend" auch in Deutschland.

Earth Wind & Fire Seit 1969 schwarze →Funk-Band aus Los Angeles; geprägt von der hohen Kopfstimme Philip Baileys und massiven Bläsersätzen; in den 70ern und 80ern äußerst erfolgreich mit Hits wie "Let`s groove" oder "Boogie Wondeland"; (1984 Bailey zusammen mit →Phil Collins "Easy Lover").

East 17 Britische Teenie-Pop-Band der 90er mit häufigen →Dancefloor-Einlagen im →Hip Hop-Stil; eher unterkühltes, nicht so sehr braves Image ("It`s Alright").

East Coast Blues Musiker wie →Blind Boy Fuller bevorzugten eine →Ragtime-beeinflußte Gitarrentechnik (Fingerpicking) und lyrisch angehauchten Gesang; →Sonny Terry & Brownie McGhee, →Gary Davies.

East of Eden 1967 in England gegründete →Folkband mit Geige und Sax; zuerst mit exotischen Einflüssen (u.a. →Jazz, →Folklore und →Klassik), gegen Ende (späte 70er) rockiger.

Eastwood, Clint (wie der US-Film-Haudegen) →toastete sich in den 80ern solo oder im Tandem mit seinem Komplizen General Saints recht erfolgreich durch die jamaikanischen Hitparaden und →Dancehalls. "Stop that Train" war auch in Europa Anfang der 90er erfolgreich.

Easybeats Australische →Beat-Band (ab 1963) um die späteren →AC/DC-Produzenten Harry Vanda und George Young (→Flash and the Pan); 1967 Hit mit "Friday on my Mind".

Eazy E Einer der →Rapper der →N. W. A..

EBM (Electronic Body Music) Von Bands wie →Throbbing Grisle oder →Cabaret Voltaire beeinflußte vorwiegend elektronische Musik mit melodiösem, meist düsterem Gesang, →Samples und →Synthesizern aus dem →Underground der 80er (→Front 242); s.a. →Techno, →Industrial.

Echo & the Bunnymen Ab 1978 eine der wichtigen und eigenständigen Bands des →New Wave (aus Liverpool) zwischen →Punk-Gitarren, depressivem Gesang und →psychedelischer Mystik mit bizarrer Bühnenshow.

Eddy, Duane Amerikanischer Gitarrist vor allem der 50er und 60er mit tiefergestimmtem Instrument und etwas Hall, um sein Einzel-Saiten-Spiel aufzudonnern.

Edmunds, Dave Der britische Sänger, Gitarrist und Produzent orientiert sich am →Rock`n'Roll-Sound der 50er ("I hear You knocking" 1970).

Eek-A-Mouse Ist der 1. Liga der →Dancehall-Barden zuzurechnen und anhand seiner Micky Maus-ähnlichen Stimme leicht zu erkennen; er produzierte in den 80er Jahren Musikwerke mit viel Schwung und Spaß (Tip: "Wah do dem").

Einheit, F. M. Bis in die 90er Schlagwerker der →Einstürzenden Neubauten; ab Anfang der 90er zunehmend in Soloprojekten.

Einstürzende Neubauten Gegründet Anfang der 80er in Berlin, zeichneten sich die Multiinstrumentalisten durch typisch bizarre Texte von Blixa Bargeld (v, g) und die musikalische Verwendung von Metallschrott, Heimwerkergeräten und was sich sonst noch finden ließ, aus. Diese Art des →Industrial fand bis in die New Yorker →Avantgarde-Szene Eingang. F. M. Einheit (electronics, perc, v) ist seit Mitte der 90er nicht mehr dabei.

Ekseption Aus Holland, um 1970 herum erfolgreich mit populären →Klassik-Melodien, die in Rum-Tata-Manier verrock-popt wurden. Ein klassisches Mißverständnis.

Electric Flag Ende der 60er mit einer potenten Mischung aus →Blues, →Soul und Rock. →Buddy Miles (d), →Mike Bloomfield (g), sowie häufig wechselnde Begleiter hielten soviel kreativ-musikalisches Höchstmaß allerdings nicht aus und entschwanden solistisch (kurze Reunion mit Blues-Rock 1974).

Electric Light Orchestra (E.L.O.) 1969 entstandene Band um den Sänger, Multiinstrumentalisten, Komponisten und Produzenten Jeff Lynne (Ex→Move). Ohrwurm-Melodien, bombastische Orchester-Arrangements und spielerische Perfektion auf einem →Rock`n'Roll-Fundament zeitigten eine Reihe von Hits: u.a. "Evil Woman", "Hold on Tight to your Dream". Die Band, die bei Kritikern als überzuckerter Pomp verschrien war, hatte mit gigantischer Light-Show großen Bühnenerfolg, arbeitete 1980 mit →Olivia Newton John an der Filmmusik "Xanadu", verschrieb sich zunehmend dem Synthesizer, hatte mit "Calling America" noch einen Hit, bevor sie langsam aber sicher zerfiel. Lynne war solo und u.a. bei den →Travelling Wilburys unterwegs. Mitte der 90er Reunion als "E.L.O. Part II" (ohne Lynne).

Electric Prunes hatten sich schon aufgelöst, als sie in der "Easy-Rider"-Filmmusik noch einmal verstärkt zu Gehör kamen. Sie experimentierten schon ab 1965 als eine der ersten →psychedelisch und manchmal mit sakralem Einschlag.

Electric Sun →Hardrock des Ex→Scorpions-Gitarristen Uli Roth (70er).

Elefanten, Die Rhythmische Berliner Experimental-Truppe ab den späten 80ern.

Element of Crime Bis 1990 noch in Englisch, untermalt die sparsame, melodiöse Spielweise der Berliner Band gekonnt melancholisch-verwegene Texte, ab `91 mit gutem Erfolg in Deutsch.

Elephants Memory verband ab 1967 harten →Blues-Rock und Bläsersätze in einer exzessiven Bühneshow. Ab 1972 Begleitung für →John Lennon und →Yoko Ono. Die amerikanische Band, bei der kurzzeitig →Carly Simon sang, löste sich 1974 auf.

Elf →Hardrock-Band des Sängers →R. J. Dio, `74/`75.

Elliman, Yvonne Englische Sängerin, die mit ihrer tragenden Stimme unter anderem 1970 die Maria in "Jesus Christ Superstar" (→Andrew Lloyd Webber) gab ("If I cant have You" aus dem Film "Saturday Night Fever" wurde zum Hit).

Ellington, Duke Bedeutender Pianist, Komponist und Bandleader des →Jazz, der ab den späten 20ern seine Musiker besonders individuell einsetzte; 1956 großes Comeback.

Ellis, Alton Wichtiger und stimmlich hochqualifizierter Vertreter der →Rock Steady-Ära (Reggae-Vorläufer).

Eloy Deutscher →Art-Rock-Versuch mit Pomp, →Klassik und →Konzeptalben und bombastischen Bühnenshows in den 70ern; Comeback-Bestrebungen in den 90ern.

Ely, Joe 1947 in Texas geborener Sänger/Songwriter zwischen →Country und →Rock`n'Roll.

Embryo Deutsche Hippie-Band um Christian Burchard (d, k, vibraphone) und zeitweise →Roman Bunka (g, später Mitgründer der →Dissidenten), Chris Karrer (g, →Amon Düül) und Charlie Mariano (s), die nach dem →Krautrock der 70er und interessanten Bildungsreisen nach Indien und China stets auch dem →Jazz verpflichtet waren.

Emerson, Lake & Palmer Die Briten Keith Emerson (k) von →Nice, Greg Lake (v, b, g) von →King Crimson und Carl Palmer (d) von →Atomic Rooster bewiesen spätestens mit ihrer dritten LP 1971 "Pictures at an Exhibition" (nach Mussorgsky), daß →Klassik und Rockmusik vereinbar sind (→Art Rock). Für nur drei Musiker erstaunliche orchestrale Klangfülle, virtuose Kompositions- und Spieltechniken verbanden sich mit Vorlagen von Bartók, Bach u.a. zu einem homogenen und charakteristischen Ganzen, das sogar auf einem Dreifach-Album mit diversen Solo-Einlagen ("Welcome Back..." 1974) perfekt funktionierte und große Erfolge feiern konnte. Zunehmende Gigantomanie gepaart mit musikalisch unbefriedigender Selbstdarstellung führte 1979 zur Auflösung der "Supergroup"; bis in die 90er verschiedene Solo- und Comeback-Versuche.

EMF Wichtige Band des →Manchester Rave ("Unbelievable", 1990).

Emperor →Black-Metal aus Skandinavien. Übertrieben okkulte Texte und ebensolches Auftreten in den 90ern. Der Gesang ist weniger gegrunzt, eher gekrächzt.

En Vogue Amerikanische farbige Mädchen-Gesangsgruppe der 90er zwischen →Soul und →Dancefloor (mit harten Gitarren: "Free your Mind").

Endstufe Rechtslastige deutsche →Punk/Rock-Band von auffallender geistiger Armut, der Plattenverkauf ist verboten.

Engelbert (Humperdinck; nach dem deutschen Komponisten), 1936 in Indien geboren, schmalzt sich stets gleichbleibend durch harmlose Stile (1967 "Release me").

Enigma Sphärischer Tanz-Pop von Michel Cretu aus Deutschland, seit 1991 mit →gregorianischen Chören oder →folkloristischen Verzierungen.

Eno, Brian (k, g, b, v) erschloß nach seinem Ausstieg bei →Roxy Music 1973 mit diversen Kollegen (z.B. Robert Fripp (→King Crimson) oder →Harold Budd) verschiedenste Klangwelten, verschrobene Experimente ebenso eingeschlossen wie Meditatives oder Elektro-Pop; u.a. auch als Produzent unterwegs (z.B. für →Bowie und →U2).

Entombed Neben →Unleashed aus der schwedischen Band "Nihilist" hervorgegangen. →Death-Metal mit brutalem Gitarrensound, nicht so extremen Grunz-Gesang und guten Spannnungsbögen in den Songs ab Ende der 80er. Mitte der 90er gemäßigter.

Entwistle, John Bassist (und manchmal Sänger) der →Who.

Enya Irische Folklore-Sängerin, deren Eigenheit in ruhiger, (ab 1988) vorwiegend vokal ge→sampelter sphärischer Begleitmusik besteht.

EPMD →Hip Hop-Gespann mit dem Hit "Strictly Business" Anfang der 90er.

Equals Jamaikanische, sehr baßlastige Tanz→Beat-Band der 60er und 70er um den Sänger →Eddy Grant ("Baby come back" 1968).

Erasure Von →Vince Clark gegründetes Elektronik-Popduo. Ab 1985 zahlreiche Hits mit kompakten eingängigen Songs ("Who needs Love like that").

Eric B. & Rakim Die New Yorker →Rapper setzten 1986 mit "Paid in Full" einen Meilenstein des klassischen →Hip Hop.

Eroc Keyboarder der →Grobschnitt mit Soloplatten, als der Sythesizer noch neu klang (70er).

Erste Allgemeine Verunsicherung (EAV) Klamauktruppe aus Österreich, die mit solidem Pop-Rock und satirischen Texten ab 1985 ("Ba-Ba-Ba-Banküberfall") endlich auch kommerziellen Erfolg hatten.

Eruption →Disco-Projekt (70er) des deutschen Produzenten Frank Farian. Von Sound und Outfit eine glatte Kopie seiner Band →Boney M.

Estefan, Gloria hatte in der →Latin→Disco-Band "Miami Sound Machine" in den 80ern erste Erfolge ("Doctor Beat"); die Sängerin trat immer mehr in den Vordergrund, und der Name der "Sound Machine" verschwand langsam auf den zahlreichen, bis in die 90er stets latin-beeinflußten Tanz- und Balladen-Hitsingles.

Etheridge, Melissa startete Ende der 80er mit einfachem Rock und griffigen Texten ("Like the Way I do") und trug mit angerauhter, dynamischer Stimme stetig intensiver ihre persönlichen Botschaften in eigenen Kompositionen vor.

Ethno Ethnologie ist Völkerkunde; also entsteht Ethno-Musik (ebenso wie →World Music) unter Verwendung von unendlich vielen, uns eher unbekannten völkerspezifischen Musizierweisen (indischer →Ragas beispielsweise, →Rai oder afrikanischer Rhythmik) oder ihrer Instrumente (z.B. Didgeridoos aus Australien). →Folk meint vor allem die Einflüsse aus Amerika oder England, →Country nur die amerikanischen.

Eurythmics Die beiden Engländer Dave Stewart (g, k) und →Annie Lennox (v), anfangs (1981) noch mit fester Band vermischten →New Wave mit Pop zuerst nur auf elektronischer Basis, später auch unter Einsatz von Gitarre und Schlagzeug.

Die stilistische Entwicklung ging über Rock-Anleihen bis zum →Big-Band-Sound, wobei immer die distanziert →soulige Stimme von Annie Lennox im Mittelpunkt stand ("Sweet Dreams"). Nach Auflösung Anfang der 90er Soloprojekte.

Europe →Hardrockband in den 80ern aus Schweden. 1986 hatten sie keyboardlastig mit "The Final Countdown" international Erfolg.

Evans, Margie Von →Bessie Smith beeinflußte vielversprechende →Blues-Sängerin der 90er aus Chicago mit →Gospel-, →Funk- und →Rap-Anleihen.

Evergreen Altmodische Bezeichnung für ein altmodisches Musikstück; →Oldie.

Everly Brothers Amerikanisches Duo mit einfachem →Country- und →Rock`n'Roll-Sound (1957 "Bye bye Love" und unzählige weitere Hits). 1973 wegen Streitigkeiten und psychisch schlechtem Zustand von Bruder Don Aufgabe - bis zur Reformation 1983.

Everything but the Girl Seit 1982 fleißig, konnten Tracey Horn und Ben Watt erst Mitte der 90er mit "Missing" einen Hit landen. Laszive →Drum`n'Bass-Sounds und Gespür für eingängige Pop-Melodien sind ihr Markenzeichen.

Exile Amerikanische Soft-Rock-Band der 70er mit dem Hit "I wanna kiss You all Over".

Exodus starteten von San Francisco aus zusammen mit →Metallica (deren Lead-Gitarrist von Exodus kam) und →Slayer Anfang der 80er den →Thrash-Metal. Markante →Riffs, schnelle Songs, harte Breaks und vor allem der eigenwillige Gesang Paul Bailoffs, der wegen Dilettierens rausflog und durch Phil Souza ersetzt wurde, führten bis Anfang der 90er nicht zum gewünschten Erfolg und somit zur Auflösung.

Extrabreit kamen Anfang der 80er im Zuge der →Neuen Deutschen Welle mit einer Mischung aus →Punk und →Hardrock groß heraus (gequälter Gesang von Kai Havaii und freche Texte: "Hurra, die Schule brennt"). Ab 1990 Wiederbelebungsversuche mit Gaststars wie Hildegard Knef oder Harald Juhnke.

Extreme Die in den 80ern entstandene US-Band hatte Anfang der 90er kurzen Erfolg mit der Schmalz-Ballade "More than Words" und dem →Funk/→Heavy Metal-Song "Get the Funk out". Mit späteren Produktionen zwischen →Mainstream, Chorgesang und Orchesterarrangements war kein Blumentopf mehr zu gewinnen.

Fabulous Thunderbirds 1977 um den Bruder von →Steve Ray Vaughan, Jimmy, entstandene Band mit erdigem →Country- und →Blues-Rock.

Faces →Small Faces.

Fagen, Donald (k, v) war nach →Steely Dan ab 1982 auch solo tätig.

Fairport Convention Britisches Ensemble, 1968 gegründet, das verschiedene →Folk-Einflüsse mit Rockmusik in Verbindung brachte. Charakteristisch war die kraftvolle Stimme von Sängerin Sandy Denny, nach deren Ausstieg 1975 sich die Band zeitweilig nur noch Fairport nannte.

Fairweather Low, Andy Sänger der →Amen Corner, ab `71 solo.

Faith no More Anfang der 80er gegründetes amerikanisches →Funk/→Heavy-Metal-Projekt mit auffallend hohem Keyboard-Anteil. Anfangs etwas unausgereift, kam mit der dritten LP "The Real Thing" und dem →Mr.Bungle-Sänger Mike Patton der Durchbruch (teils nasaler, teils operettenhafter Gesang mit manchmal sprachuntypischen Wortakzentuierungen und →Rap).

Faithful, Marianne Die Englische Sängerin hatte um 1965 einige kleinere Hits, machte aber mehr durch ihre Affären mit den →Rolling Stones auf sich aufmerksam. Persönlichkeits- und Drogenprobleme unterbrachen ihre Karriere, bis sie 1977 mit "Broken English" und inzwischen rauher und dunkler Stimme ein Comeback feierte. Nach einer weiteren Talfahrt meldete sie sich 1987 erneut zurück und veröffentlichte Mitte der 90er eine Lebensbeichte.

Falco Anfang der 80er hatte der österreichische Sänger mit der Sprechgesangs-Nummer "Der Kommissar" im Rahmen der →Neuen Deutschen Welle (im aalglatten Dressman-Outfit) Erfolg. Es schlossen sich noch einige Hits an: "Amadeus", "Vienna Calling" zwischen Sprechgesang, Rock-Zitaten und bombastischem Synthesizer-Pop. 1996 unter dem Namen "T-MA" →Techno-orientiert wieder aufgetaucht.

Fall, The 1976 gegründete →New Wave-Band. Das nasal-gelangweilte Gelaber von "Sänger" Mark E. Smith und die monoton-meditative, minimalistisch-schräge Musik machten sie zu einer der wichtigsten Vertreter des 80er→Undergrounds.

Falsett Hoher Gesang, Kopfstimme.

Faltermeier, Harold Deutscher Produzent und Songwriter; in den 70ern zusammen mit →Giorgio Moroder stilprägend für →Disco-Acts wie →Donna Summer. Weiterhin Musik vom Reißbrett in den 80ern für diverse Filme mit typisch pompösem

Synthesizer→Dance-Sound ("Axel F." aus "Beverly Hills Cop I" oder "Fire and Ice").

Fame, Georgie Britischer Rockmusiker (v, k), 1960 bei den "Blue Flames" (fetter Orgelsound mit Bläsern). Danach wandelte er seinem →Rhythm & Blues noch etwas in Richtung →Jazz, war kurze Zeit sogar Mitglied der →Count Basie Big Band, tingelte mit Schlagern, arbeitete eine Zeit lang mit dem Ex→Animal Alan Price, spielte wieder Rock und Jazz und 1983 sogar →Reggae. Seit Ende der 80er ständiger Begleiter von →Van Morrison.

Family Die intelligente britische Rockmusik um den eigenwilligen Sänger →Roger Chapman hatte 1967-`73 wegen produktionstechnischen Schwierigkeiten, ständigem Wechseln der Musiker oder nur schlechter Tagesform in Konzerten nie den Erfolg, den Kritiker und Fans ihr wünschten.

Family Dogg Englisches Gesangs-Quartett, mit netten Melodien, um Steve Rowland (von →Framptons "The Herd"), →Albert Hammond und Mick Hazelwood sowie die spätere Schlagersängerin Ireen Sheer.

Fan (von fanatisch). Anhänger einer Band oder eines Musikers, der neben rationaler Begeisterung hysterische Verehrung für sein Idol mitbringt. Die Palette der Fans reicht von weiblichen Ohnmächtigen bei →Elvis Presley und der →Beatlemania bis zu prügelnden Punks. Das hat mit Musik so wenig zu tun wie Take That-Radiergummis, teure Tour-T-Shirts oder leuchtende Pink Floyd-Plastikbecher u. dgl. (→Marketing). Eine besondere Spezies waren die "Dead Heads", Anhänger der →Grateful Dead, die Devotionalien verkaufend jahrelang hinter ihren Göttern herzogen.

Fancy Sänger, der Anfang der 80er vor allem in Europa mit seltsamen Texten ("I`m like a Cake that want's to be baked") und zwitterhaftem Aussehen im Zuge der →HI-NRG bekannt wurde und ab Mitte der 80er mit gemäßigtem →Discosound weitermachte.

Fantastischen Vier, Die Die Stuttgarter →Hip Hop-Formation war Ende der 80er eine der ersten mit deutschen →Rap-Texten und wurden mit der poppigen Nummer "Die Da" zur, bis heute, erfolgreichsten Band der Szene. Sie änderten ihren Stil teilweise in Richtung →Psychedelik ("Tag am Meer") oder →Dr. Dre-ähnlichem Sound ("Sie ist weg"); Nebenprojekt "Megavier" mit →Metal-Rap.

Far Corporation In den 80er-Jahren gegründetes Projekt des deutschen Produzenten Frank Farian, das vor allem mit einer verpopten, unter →Led Zeppelin-Anhängern leidenschaftlich gehaßten Version von "Stairway to Heaven" auf sich aufmerksam machte; zweite LP 1994.

Farfarello Besonders in den 80ern beliebte Gitarren/Geigen→Folklore aus Europa mit sehr fröhlichem Charakter.

Farian, Frank Vor allem →Disco-Produzent (→Boney M, →Milli Vanilli u.a.).

Farlowe, Chris Äußerst stimmgewaltiger, technisch versierter Brite mit knödelnden Akzenten ebenso wie offener und mächtiger Stimme, der sich in den 60ern von Mick Jagger (→Rolling Stones) Songs auf den Leib schreiben ließ, in den 70ern →Colosseum zu letzter hoher Blüte führte, bei →Atomic Rooster aushalf und bis heute in wechselnder Besetzung oder als Gastmusiker (z.B. bei →Jimmy Page) zwar weniger erfolgreich, aber beständig unterwegs ist.

Farm, The Wichtige Band des →Manchester Rave ("All Together Now", 1991).

Farnham, John Der in Australien immens populäre →Mainstream-Sänger hatte nach seinem Ausstieg bei der →Little River Band einen Hit mit "You`re the Voice" (1986).

Fastway Von "Fast Eddie" Clarke (g) nach dessen Rauswurf bei →Motörhead 1982 gegründete →Hardrock-Band; stark →AC/DC beeinflußt hatten sie mit der Filmmusik "Trick or Treat" größte Publizität (der damalige Sänger spielte die Hauptrolle).

Fat Boys Musikalisch wie körperlich schwergewichtiges →Rap-Trio in den frühen 80ern. Produzierten (teilweise unter der Regie von →Kurtis Blow) ansprechende partytaugliche LPs.

Fat Matress 1968 -`70 wenig erfolgreiche →Folk-Pop-Band um den Ex→Jimi Hendrix-Bassisten Noel Redding.

Fates Warning Anfang der 80er gegründetes →Progressive-Metal-Projekt aus Amerika. Brachte ihr erster Sänger noch arabische Tempelschreier-Passagen ein, klangen sie mit dem zweiten Sänger wie eine komplizierte Version von →Queensryche.

Faust Die deutsche Band experimentierte in den 70ern im Heimatland, später in England zunächst mit dumpf-monotonen Klangmustern, die in ihrer beschwörenden Art weit hinter dem →Art Rock der Zeit zurückstanden. Beleidigt ob des ausbleibenden Erfolges, collagierten sie wild drauflos, und höchst abwechslungsreich ragen Sägewerke, Frühstücksrezepte und feine lyrische Passagen aus ihren Sound-Strickereien heraus - einzigartig wie auch ihre LP-Cover.

Fear Factory →Thrash-Metal mit sehr melodiösem oder brachial gegrunztem Gesang und →Techno-Elementen; in den 90ern aus Amerika.

Feedback (Rückkopplung) Von →Jimi Hendrix zur Meisterschaft entwickelte Technik, verstärkte Klänge so auf das Instrument zurückwirken zu lassen, daß sich der Klang von alleine, immer lauter werdend, trägt. Wenn`s pfeift oder alles zusammenbricht, hat allerdings der Techniker versagt.

Fehlfarben Band der →Neuen Deutschen Welle, die zwischen →Punkharmonien und →Discosound Anfang der 80er sehr erfolgreich war ("Ein Jahr - es geht voran".

Feliciano, José In Südamerika geborener blinder Sänger, Komponist und virtuoser Multiinstrumentalist mit gigantischen Verkaufserfolgen. Im allgemeinen leichter →Soul mit etwas →Latin-Einfluß; besonders lustig wird`s, wenn er bekannte Hits wie z.B. "Light my Fire" (von den →Doors) durch den Flamenco-Wolf dreht (und 1969 zwei "Grammys" dafür erhält).

Fellow Travellers Einzigartige Crossover-Combo zwischen →Reggae und →Folk. Jeb Loy Nichols und seine MitstreiterInnen veröffentlichten 1992 bis 1995 drei Alben und bewiesen: →akustische Folk-Gitarren, Gebläse und Reggae-Rhythmen, verziert mit →Dubs, ergeben spannenden Hörgenuß.

Fendrich, Reinhard Seit Ende der 70er machte sich der österreichische Sänger, Songwriter und Entertainer im deutschsprachigen Raum bekannt. Mit kompetent arrangiertem Pop-Rock verschiedenster Prägung (z.B. mit →Folk- oder →Latin-Einflüssen) und manchmal bemühten, manchmal witzigen Texten hatte er zahlreiche Hits wie "Macho, Macho" 1988.

Ferguson, Jay Der Musiker (k, v) aus Los Angeles spielte bei →Spirit; ab `71 bei →Jo Jo Gunne; ab 1975 solo →Hardrock.

Ferry, Bryan konnte sich nach seinem Ausstieg bei →Roxy-Music 1983 mit schmachtend-verzweifelter Stimme und entsprechendem Gehabe über Wasser halten.

Fiddlers Green Nürnberger →Folk→Punker mit irischer Intonation und vielfältiger Instrumentierung. Anfang der 90er deftig unterwegs, Mitte der 90er abwechslungsreicher, z.B. mit →Reggae.

Fields of the Nephilim, The entwickelten sich von einer stark →Sisters of Mercy-beeinflußten Musik ab Mitte der 80er zum eigenständigem Gothic-Wave (→Dark

Wave). Anfang der 90er in "Rubicon" (gemäßigter etwas schräger Rock) und "Nephilim" (düster mit →Industrial und →Heavy-Metal) gespalten.

Fifth Dimension Amerikanisches farbiges Gesangs-Quintett mit feinem →Soul-Entertainment; 1969 Hit mit der →Hair-Nummer "Aquarius/Let the Sun shine in"; 1979 endgültig zerfallen, wobei einzelne Mitglieder, teils unter dem Gruppennamen, noch unterwegs sind.

Fight ist seit 1993 die Band des Ex→Judas Priest-Sängers Bob Halford. Gewohnt kraftvoll kreischend, allerdings zu härteren, moderneren →Heavy-Metal-Tönen und ohne den vormaligen Bühnen-Firlefanz.

Fine Young Cannibals Die Engländer verbuchten Mitte der 80er zwischen simplem Rock und eingängigem Tanz-Pop einige Hits (z.B. "She drives me Crazy") mit hohem, nasalem Gesang.

Finn, Tim Verloren knödelnder Sänger der →Split Enz; ab Mitte der 80er auf Soloplatten mit wenig durchschlagendem Songmaterial und zeitweise Gast bei seinem Bruder (→Crowded House).

Firehose Wichtige Band des amerikanischen Gitarren→Undergrounds der 80er und 90er und damit Vorläufer der →Grunge-Welle; Anfang der 90er aufgelöst.

Firehouse Amerikanische Band, die Anfang der 90er mit gekonntem →Mainstream→Hardrock große Erfolge verbuchen konnte.

Firm, The Mitte der 80er zwei wuchtig dumpfe →Hardrockplatten von Paul Rodgers (→Bad Company) und Jimmy Page (→Led Zeppelin).

Fischer Z 1977 in London gegründete Band, die →New Wave- und →Reggae-Einflüsse in einfachen Songs, mit prägnanten Melodien zur hohen weinerlichen Stimme John Watts (1981 auch solo), verband.

Fish versucht nach seinem Ausstieg bei →Marillion 1990 mit seinem →Peter-Gabriel-ähnlichen Gesang eine Solokarriere.

Fist In den 80ern gestartete US→Hardrock-Band; anfangs abwechslungsreich (z.B. mit Wechsel zwischen Sängern mit hoher Stimme und tiefem Geblubber), später stilistisch verblasst zu reinem →Mainstream.

Fixx, The Die 1979 gegründete britische Band schaffte mit eingängigem Synthesizer-Pop, →New Wave-beeinflußt, einige Hits.

Flack, Roberta hatte 1973 schon einige Platten hinter sich, als "Killing me softly with his Song" ein Nr.1-Hit wurde; mit ähnlichen Werken zwischen Pop und →Soul schlägt sich die farbige Sängerin weiterhin durch.

Flamin' Groovies orientierten sich ab 1966 in Amerika an Vorbildern wie den →Rolling Stones oder →Beatles, wurden von der Kritik sehr gelobt und schafften nie den Durchbruch.

Flash and the Pan 1976 in Australien gegründetes Pop-Projekt um die Ex→Easybeats Harry Vanda und George Young (Produzenten der ersten →AC/DC-Alben). Charakteristisch waren der oft experimentelle Einsatz von elektronischen Instrumenten, die eingängigen Melodien und der nasale, oft elektronisch verfremdete Sprechgesang ("Midnight Man").

Fleetwood Mac Die Abspaltung von →John Mayalls "Bluesbreakers" entwickelte sich von der reinen Nachahmung des schwarzen →Blues 1967 zu Eigenständigem auf diesem Gebiet. Nach dem Ausscheiden →Peter Greens 1969 kamen u.a. Christine Perfect (v), abgelöst durch →Steve Nicks (v), in die immer weiter in Richtung zahmen Rocks zielende Band um Mick Fleetwood (d) und ab 1975 vor allem Lindsey Buckingham (v, g) als Songschreiber. Obwohl gefährlich glatt, konnten die perfekten Arrangements 1977 auf "Rumors" 25 Millionen mal überzeugen. Auch in den späten 80ern war die Band noch erfolgreich.

Flo & Eddie Nach ihrer Band "Turtles" (ab Mitte der 60er) und einem Ausflug zu →Frank Zappa geben Mark Volman und Howard Kaylan ihre parodistischen Texte in buntem, nicht allzu ausgefeiltem Rock-Kleid ab 1972 unter obigem Namen zum besten.

Flock, The Das Septett bot 1969 -`71 durchdachten, Rock mit →Jazz- und diversen anderen Anleihen: nie trocken durch Bläsersätze und häufige Soli. Besonders auffallend war der Geiger Jerry Goodman, der seinem elektronisch verstärkten Instrument bis dato unerhörte Töne entlockte und später auch beim →Mahavishnu Orchestra mitwirkte.

Floh de Cologne Die Kölner Polit-Rocker texteten sich ab 1970 engagiert bis peinlich linkspolitisch durch →Kraut-Rock und später →Konzeptalben. In aufwendigen Rock-Revuen, auf Platten allerdings stets hölzern produziert, und ohne kommerziellen Erfolg konnten sie sich in den 80ern selbst nicht mehr hören und lösten sich auf.

Floyd, Eddie Schwarzer amerikanischer →Soul-Sänger Mitte der 60er bis Anfang der 70er (Gründungsmitglied der "Falcons" in den 50ern); 1967 "Knock on Wood".

Flying Burrito Brothers Amerikanische →Country-Rock-Gruppe Ende der 60er bis Ende der 70er von ehemaligen Mitgliedern der →Byrds gegründet; anfangs vor allem technisch gekonnt, später nach totaler Umbesetzung weitestgehend unbeachtet.

Flying Pickets Britische →a-capella-Gruppe der 80er-Jahre ("Only You").

Focus Im Spannungsfeld der klassischen Ausbildung von Thijs van Leer (v, k, f) und dem rockig-virtuosen Spiel des Ex "Brainbox"-Schlagzeugers Pierre van der Linden und →Jan Akkerman (g) entstand 1970 in Holland ein Quartett, das zu langen und kurzen Hits ("Sylvia") mit bombastischer Melodik ebenso fähig war wie zu ausgefeilten Kompositionen. 1973 flogen →live die Fetzen und dann war Schluß.

Fogelberg, Dan Eingängig-sanfter amerikanischer →Folk- und →Country-Interpret (v, g, k), der mitten in seiner Karriere (erste LP 1973) mit der LP "High Country Snows" 1985 unter Zuhilfenahme von Country-, Folk- und →Bluegrass-Größen zu beachtlicher Form auflief.

Fogerty, John Der kalifornische Sänger hatte als einziger der →Creedence Clearwater Revival-Mitglieder ab 1972 mit seiner schneidend modulierten Stimme auch solistisch Erfolg und trat sporadisch vor allem an der amerikanischen Westküste auf.

Foghat →Blues-Rock der härteren Gangart, Anfang der 70er von Ex→Savoy Brown-Musikern mit Erfolg vor allem in den USA dargeboten.

Foley, Ellen Die Amerikanerin hatte ihr Debut 1977 auf der →Meatloaf/→Steinman-LP "Bat out of Hell"; letzterer produzierte ihr 78er-Solo-Album "Nightout". Die Sängerin mit der kraftvoll→souligen Stimme versuchte sich auch als →Musical-Schauspielerin.

Folk (Folklore) Aus Stilen hergebrachter Volksmusik (meist aus Amerika oder England) entsteht regelmäßig Rock oder Pop mit typisch verspielt-einfacher Melodieführung und charakteristisch eher sensationsloser →akustischer Spielweise mit manchmal sehr eigenartiger nationaler Prägung (z.B. →Country in Amerika). Oft sind jedoch nur die Instrumente (etwa Banjo, Dudelsack oder auch menschliche Stimme) typisch. (→Ethno).

Foo Fighters debütierten 1995 um den Ex→Nirvana-Schlagzeuger (der hier allerdings Gitarre spielt und singt) David Grohl; abwechslungsreicher →Grunge.

Ford, Lita Ex→Runaways-Gitarristin; in den 80ern Solo-Start mit →Heavy-Metal→Image und rauhem Gesang; Erfolg erst durch Hinwendung zum →Mainstream (Duett mit →Ozzy Osborne "If I close my Eyes Forever" 1988).

Foreigner 1976 in New York gegründete →Hardrock-Band um den Sänger Lou Gramm und den Gitarristen Mick Jones. Kennzeichnend waren die griffigen, nie zu harten Kompositionen ("Urgent") und die hohe, leicht →soulige, manchmal etwas gequälte Stimme. 1981 internationaler Durchbruch mit der LP "4". Später, von personellen Schwierigkeiten geplagt, wandten sie sich dem →Mainstream und hier verstärkt den Balladen zu ("I want to know what Love is").

4 Non Blondes hatten Anfang der 90er mit "What`s up" durch dreist im Studio zusammengeschnipselte Tonhöhensprünge im Gesang (Linda Perry) einen, natürlich einzigen Mega-Erfolg mit Pop zu zeittypisch harten Gitarren. Perry ist 1996 mit pianobetontem Pop solo wieder zu hören.

Four Seasons, The entstanden Mitte der 50er um den Sänger Frankie Valli (auch solo unterwegs) und hatten in den 60ern einige große Hits mit eingängigem Happy-Pop wie z.B. "Big Girls don't cry".

Four Tops 1953 in Detroit gegründetes →Soul-Gesangs-Quartett, das ab Mitte der 60er kräftig und sehr erfolgreich in kommerzielle Arrangements verpackt wurde ("Can't help myself"). Mitte der 70er Karriereknick; kurzes Comeback 1981 ("When she was a Girl") und 1988 ("Indestructible").

Fourth World In den frühen 90ern ein →Latin- und Percussion-orientiertes Projekt von Airto Moreira (d, perc, v) und seiner Frau Flora Purim (v, perc).

Fowley, Kim Der amerikanische Sänger, Komponist und Instrumentalist begann in den 50ern als Straßenmusiker, war ab `67 auf LP als →Hippie zu hören und werkelte sich bis in die →New Wave-Ära durch zahlreiche Alben. War vor allem als Produzent und Songschreiber für u.a. die →Beach Boys, →Lovin' Spoonful, →Cat Stevens, →Slade oder →Soft Machine tätig.

Fowley, Sue Amerikanische →Blues-Gitarristin der 90er.

Fox, Samanta Ehemaliges englisches Zeitungs-Nacktmodell, das Anfang der 80er mit nett arrangierten Pop-Liedchen einige Hits (z.B. "Touch me") in Europa und Amerika hatte. Ihre quäkende Stimme schien das Publikum, wohl mehr auf äußere Reize fixiert als auf ihre Musik, nicht zu stören.

Frampton, Peter (g, v) spielte als 15-jähriger bei der englischen Teenie-Band "The Herd" (bis 1969 mit Steve Rowland, →The Family Dogg) und bei →Humble Pie (bis 1972) und wurde nach griffigem, jedoch niemals banalen Gitarren-Rock auf "Frampton comes Alive" 1975 plötzlich zum Teenie-Idol stilisiert - wohl auch aufgrund seiner harmlosen Arrangements auf Studioproduktionen. Nach Karriereeinbruch und persönlichen Problemen zeigten ihn die späten 80er abgeklärter und musikalisch nicht allzu inspiriert. Mitte der 90er verstärkte er seine Comebackanstrengungen.

Frankie Goes to Hollywood 1982 gegründete Band aus Liverpool, die mit sexuellen Anspielungen in Videos und Texten ("Relax") und homoerotischem Lederjungen→Image ab 1984 vor allem in Europa großen Erfolg hatte. Der unterkühlte Gesang von →Holly Johnson, abwechslungsreiche Musik, die von waberndem Elektronik-Pop über Balladen bis zu →Heavy-Metal-Anleihen ("Warriors of the Wasteland") ging, und die stets bombastische Produktion von →Trevor Horn machten den Sound aus. Die Band löste 1987 sich nach zwei Alben auf; Hollie Johnson seither solo.

Franklin, Aretha, 1942 in Memphis geboren, ist mit ihrer voluminös-kraftvollen Stimme die →Soul-Sängerin schlechthin. 1967 erster Hit "I Never loved a Man", vor allem noch in den 60ern gefolgt von vielen weiteren. Anfang der 80er wieder verstärkt präsent mit "Freeway of Love" oder "Sisters are doing it for Themselves" (zusammen mit den →Eurhythmics). 1996 gestorben.

Franz K Das Wittener Rock-Trio begann in den 70ern mit deutschen politischen Texten und einfachem Rock und verwandelte sich über den →Punk in eine nur noch kurz beachtete Band der →Neuen Deutschen Welle ("Wir haben Bock auf Rock").

Fraternity of Man Ambitionierter Rock mit z.T. ungewöhnlichen Instrumenten (sitar, vln) in der zweiten Hälfte der 60er.

Frazer, Dean Kreativer Saxophonist im derzeitigen →Reggae-Business; sowohl als Kopf der bekannt-beliebten Bläser-Truppe →RassBrass als auch mit gekonnten Solo-Alben oder als gefragter Studiomusiker Garant für qualitative Spitzenarbeit. Obendrein als Sänger ein As.

Freak of Nature →White Lion.

Freak Power Die Vertonung einer Jeanswerbung macht`s möglich: mit dem Hit "Turn on, tune in, cop out" von ihrem Debut "Drive-Thru Booty", 1994, konnte die stark →Funk-angehauchte →Dancefloor-Band um Norman Cook (→Housemartins, →Beats International) und Ashley Slater (v, trombone) Anerkennung erlangen.

Freaky Fukin Weirdoz Bayerische →Heavy-Metal/→Funk/→Reggae-Band ab Ende der 80er Jahre; ursprünglich →Crossover-Vorreiter, inzwischen kommerziell abgehängt.

Fred Banana Sehr simpler Rock aus Deutschland in den 70ern.

Free Einfacher, wuchtiger Hardrock ab 1968; teilweise sehr erfolgreich ("Allright Now"); nach diversen Umbesetzungen machte 1974 →Paul Kossoff (g) solo weiter, →Paul Rodgers (v) und Simon Kirke (d) spielten bei →Bad Company.

Free Jazz Von →Ornette Coleman betitelte Spielart des →Jazz ab den 60ern, die sich melodisch, rhythmisch usw. an gar nichts mehr halten muß und daher oft sehr atonal-schräg klingt, obwohl sie sich "modal" (klangformorientiert, jedoch ohne zwingenden harmonischen Ablauf) oft geradezu mathematisch genau festlegen läßt.

Free Spirits Mitte der 60er eine gefeierte →Fusiongruppe um →Larry Coryell.

Frey, Glen hatte nach Auflösung der →Eagles im →Mainstream einige Hits ("The Heat is on" und "Smugglers Blues" 1984).

Frijid Pink, 1967 in Detroit gegründet, spielten stark →bluesgefärbten →Hardrock. 1970 mit "House of the Rising Sun" ein Riesen-Hit; danach ging's bergab; 1972 aufgelöst.

Fripp, Robert Experimenteller Gitarrist der →King Crimson mit einigen Soloalben vor allem in den 80ern.

Frisell, Bill Ab den 80ern Sound- und Krach-Experimentator auf der →Jazz-Gitarre, der auch lyrisch klingen kann.

Frith, Fred Gitarrist mit Hang zu abenteuerlicher Musik ab Mitte der 70er.

Froese, Edgar Gitarrist der →Tangerine Dream.

Front 242 Die belgische Band (ab Anfang der 80er) ist die stilprägende und erfolgreichste des →EBM. Mitte der 90er wurden vermehrt Rock- und Gitarren-Klänge integriert.

Front Line Assembly →EBM-Band der 90er. Zuerst stark an →Front 242 orientiert; 1994 auf der LP "Millenium" vermehrt auch →Heavy-Metal-Gitarren.

Frumpy Die erfolgreichste Rockband von →Inga Rumpf (Mitte der 70er).

Fugazi Amerikanische Band ab Ende der 80er mit →Punk von melodiös ("Waiting Room") bis schräg und nervös.

Fugees, The gehören 1996 zur ersten Garde amerikanischer →Hip Hop-Acts ("Killing me Softly"). Das liegt an der →Rapperin und Sängerin Lauryn und dem virtuosen Einsatz verschiedenster Beats (z.B. des →Reggae).

Fugs, The 1964 -`69 diente einfacher Rock als Transportmittel für Sex- und Drogen-Texte in damals als aufregend und teils sozialkritisch empfundenem Kabarett.

Fuller, Blind Boy Sein rhythmisches →Ragtime-orientiertes Fingerpicking-Gitarrenspiel (im Stile von Blind →Blake) und seine rauhe Stimme machten ihn in den 20ern und 30ern zu einer dominanten Figur in der →Bluesszene; ("Weepin' Willow Blues").

Fulson, Lowell Der versierte Gitarrist, ideenreiche Songwriter und brillante Sänger gehört zu den gefragtesten →Bluesern der Westküste Amerikas und hatte in den 50ern seinen größten Hit: "Reconsider Baby".

Fundamental Londoner →Hip Hop-Clan mit starken indischen Einflüssen Mitte der 90er.

Funk bezeichnet eine tanzbare Musik auf sehr starkem rhythmischen Fundament: wuchtige Baßgitarre ("knallender" Slap-Baß), schmetternde Bläserstöße, kochendes Schlagwerk und flirrende Rhythmusgitarren, die ein hoffentlich kräftiger (→Soul-)Gesang erst eimal übertönen muß; →James Brown.

Funkadelic Sehr wechselhafter →Funk mit →George Clinton in den 70er- und 80er-Jahren.

Fury in the Slaughterhouse Kurze (damit`s nicht zu heftig wird) hemmungslose Sound-Zitate aus sämtlichen Epochen des Rock in Gitarren-Pop verpackt - Erfolg in den 90ern ("Dancing in the Sunshine of the Dark"), aus Deutschland.

Fusion (von Rockmusikern gerne "Jazz-Rock" und von Jazzern gerne "Rock-Jazz" genannt) ist einmal mehr (z.B. →Mahavishnu Orchestra, →Doldinger, →Weather Report), einmal weniger (→Chicago, →Sweet Smoke) die Verschmelzung von →Jazz und →Rock; Bläser kommen aber fast immer vor.

G, Kenny Geschmäcklerischer Saxophonist des, äh, →Jazz der 80er und 90er.

Gabriel, Peter Leicht angerauht-druckvoller Sänger; nach seinem Rauswurf bei →Genesis 1977 mit anfangs wild experimentellen Stücken (und Videos), eigenem

→World-Music-Label und ins Deutsche übersetzten LPs Pionier der elektronischen Popmusik ("Shock the Monkey"); nach kommerziellen Pleiten inzwischen vorsichtiger (Hits ab Mitte der 80er: "Sledgehammer", "Steam"). Er betreibt ein anerkanntes →World Music-Label mit eigenem Studio.

Garbage Die amerikanische Band um den Produzenten Butch Vig (→Nirvana, →Smashing Pumpkins etc.) ist seit 1995 zwischen →Alternative-Rock, →Samples und Tanzbeats mit entspanntem eingängigen Gesang (Shirley Manson) zunehmend erfolgreich ("Only Happy when it rains", "Queer").

Gaynor, Gloria →Disco-Queen der 70er; größter Hit 1979 "I will Survive".

Galactic Cowboys schrubben in den 90ern zu reichlich sinnleeren Texten umso härter ihren derben, aber abwechslunsreichen →Heavy-Metal.

Gallagher, Rory Irischer Sänger und Gitarrist. In den späten 60ern bei →Taste erfolgreich, ab 1970 solo. Vornehmlich mit virtuosem →Blues-Feeling, war er aber →Country, →Hardrock und anderen Strömungen nicht verschlossen, ohne je den musikalischen Vordenker zu markieren, →live sehr beliebt und ist 1995 gestorben.

Galliano Vor allem das Debut "A Joyful Noise unto the Creator" (1992) war mit einer eigenwilligen, tanzbaren Mischung aus →Funk, →Jazz und →Reggae sehr erfolgreich und eine maßgebliche Produktion des →Acid Jazz. Auch →live erweisen sich Rob Gallagher und seine britischen Mitstreiter als eigenständig.

Gamma Ray Deutsche →Heavy-Metal-Band um den Ex→Helloween-Sänger, -Gitarristen und -Songwriter Kai Hansen, die deren hymnenhaften, oft virtuosen und schnellen Sound weiter pflegen.

Gamma →Mainstream-Hardrock von →Ronnie Montrose in den 80ern.

Gang of Four Ab 1979 brachialer →Funk-Rock mit politischen Texten.

Gangsta-Rap →Rap.

Garbarek, Jan Norwegischer →Jazz-Saxophonist der melancholischen Töne ab 1970.

Garcia, Jerry Einfühlsamer, melodischer Gitarrist der →Grateful Dead, der auch in diversen eigenen Projekten glänzen konnte; 1995 gestorben.

Garfunkel, Art konnte nach der Auflösung von →Simon & Garfunkel 1970 mit deutlich uninteressanterem Songmaterial und als Gastsänger in diversen Projekten (u.a. bei →Mike Batt) seine zarte und hohe Stimme ohne übermäßigen Erfolg pflegen.

Gaye, Marvin Der schwarzamerikanische Sänger mit der weichen, melodiösen Stimme gehörte zu den wichtigsten →Soul-Interpreten überhaupt; Durchbruch in den 60ern mit einer Reihe großer Hits (z.B. "I heard it through the Grapevine"); versuchte sich auch an →Konzeptalben. In den 70ern ging es stetig und drogenbedingt bergab. 1982 Comeback mit "Sexual Healing"; 1984 erschossen.

Gazebo Italienischer Pop-Künstler, der mit Piano-betonten Balladen wie "I love Chopin" Mitte der 80er einige Hits in Europa hatte.

Geesin, Ron In den frühen 70ern experimenteller Sound-Bastler (u.a. zusammen mit →Roger Waters von →Pink Floyd).

Geils, J (Band) 1968 in Boston um Geils (g) und den Sänger →Peter Wolf (ab 1984 Solo) gegründete Band. Mit rauhem →Blues-Rock und geschliffenem →Mainstream; (1982 Durchbruch mit "Centerfold").

Geldorf, Bob Derb-nasaler Sänger der 1975 in Dublin gegründeten, aus der →Punk-Szene hervorgegangenen "Boomtown Rats" (Griffiger Pop mit "I don't Like Mondays", →Reggae-Anleihen in "Banana-Republik"). Mit wesentlich leichterem Pop ("This is the World calling") oder irischen →Folk-Anleihen solo unterwegs ("The Great Song of Indifference"). Mit "Band Aid/Live Aid" Auslöser einer ganzen Reihe von Benefiz-Veranstaltungen.

General Levy →Rapper u.a. bei der →Jungle-Formation "M-Beat" ("Incredible").

Generation X 1976 in London als →Punk-Band gegründet um den Sänger →Billy Idol. Nach mittleren Erfolgen 1981 Auflösung.

Genesis starteten 1969 mit verschrobenen Texten und uneinheitlichen, improvisationsarmen, abwechslungsreich angelegten längeren →Art-Rock-Stücken (stets mit zwei Schlagzeugern) und fanden mit →Anthony Phillips (g), danach Mike Rutherford (g, b, →Mike and the Mechanics), Tony Banks (k), →Phil Collins (d, v), →Steve Hackett (g, b) und dem charismatischen Sänger mit der gedämpft-rauhen und doch heftigen Stimme, →Peter Gabriel, auf "Foxtrot" (1972) zu Songs über 20 Minuten Länge und spätestens 1974 mit dem herausragenden →Konzeptalbum "The Lamb lies down on Broadway" zu - trotz zweier Gitarren - Keyboard-lastiger, hymnenhafter, künstlerischer Einheit. Wegen zu großen Aufwands, u.a. für Bühnenmaterial, wurde Mastermind Gabriel gefeuert (überraschend der Ersatz: der Schlagzeuger Collins), und die Band schmolz schnell zum verständlicherweise weniger komplexen, jedoch immer noch kreativen Pop-Trio (Banks, Collins und Rutherford - jetzt auch auf Solopfaden). Ab den 80ern hängte sich die Band geschickt an jeden Trend und hatte kommerziell Erfolg wie nie zuvor (Collins stieg 1996 aus).

Gentle Giant Atonale, sprunghafte Gesangs- und Melodie-Führung, gemischt mit Bombast-Passagen und vor allem ungewöhnliche Rhythmus- und Tempi-Wechsel machen die Multiinstrumentalisten-Band um die drei Shulman-Brüder Phil (s), Derek (v, g, b) und Ray (v, b, vln, perc) in ihrer Blüte zu Hauptvertretern des →Art Rock, die mühelos jeden musikalischen Stil zitieren konnten - zu Beginn 1970 stand →Hardrock und gegen Ende 1980 kompakter Pop etwas im Vordergrund. Von den abrupten Synkopen, Sprüngen, Pausen und außerordentlichen Toncollagen (rhythmisches Gläser-Zerschmettern auf "In a Glass House" `73) hat man trotz oder wegen ihrer Einzigartigkeit nie wieder etwas gehört.

Gentry, Bobbie Amerikanische Sängerin und Multiinstrumentalistin; 1967 mit der →Country-Ballade "Ode to Billy Joe".

George, Lowell (v, g) Mastermind der →Little Feat (mit einem Soloalbum in seinem Todesjahr 1979); stets gefragter Gastmusiker von →Jackson Browne bis →Frank Zappa.

Georgia Satellites Simpler, eingängiger →Hardrock 1980 aus Atlanta (1986 "Keep your Hands to yourself"). Die Band hat sich aufgelöst, und der →Country-nahe Lead-Sänger Dan Baird hatte solo mit gleichem Sound Anfang der 90er mit "I love You Period" einen kleinen Hit.

Gerry & the Pacemakers Ab 1963 simpler englischer →Beat ("Ferry across the Mersey").

Gershwin, George Amerikanischer Komponist zu Anfang dieses Jahrhunderts mit Anleihen aus moderner →Klassik und vor allem →Jazz, den er wiederum befruchten konnte ("Porgy and Bess", "Rhapsody in Blue").

Getz, Stan Saxophonist des →Jazz mit starkem →Latineinschlag (→Bossa Nova, "Girl from Ipanema", 60er) und großem Können (bis zum Tod Anfang `90).

Giant Sand Lose Rock- und →Folk-Combo der 90er aus Arizona um Howe Gelb (g, v), der offensichtlich viel →Neil Young gehört hat.

Gibbons, Steve Der Brite (g, v) kümmert sich mit wechselnder Begleitung seit 1971 einen Dreck um den Zeitgeist und spielt Rock, Rock oder Rock (und Rock); ohne kommerziellen Erfolg.

Gibbs, Joe Beachtenswerter jamaikanischer →Dub-Produzent. Machte sich vor allen Dingen mit der Serienproduktion "African Dub - Chapter 1, 2, 3 & 4" Anfang der 80er einen Namen.

Gig meint einen Bühnen-Auftritt, ein Konzert.

Gillan, Ian war und ist zeitweise Sänger von →Deep Purple und versuchte auch solo etwas ähnliches zu vollbringen. (`77-`83 Band "Gillan"; `83 Gastspiel bei →Black Sabbath).

Gillespie, Dizzy (1917-`93) Extrem virtuoser (und humorvoller) Trompeter vor allem im →Bebop, →Latin-Vorreiter.

Giltrap, Gordon Britischer Gitarrist, der seit 1971 verschiedene Stile, vor allem →Folk, recht einfach und geschmackvoll kammermusikalisch aufbereitet.

Gimmick Eine technische, musikalische oder instrumentale Überraschung, die als purer Effekt von der Musik ablenkt, bis sie sich durch häufige Verwendung verbraucht hat. (→Hit).

Gipsy Kings Seit Ende der 80er authentische "Zigeuner-Musik" mit Flamenco-Gitarren, etwas gejaultem Gesang und ansprechendem Songmaterial; Anfang der 90er sogar mit Hit-Erfolgen ("Baila, Baila") und Mitte der 90er mit Auflösungserscheinungen.

Girlschool 1977 in England gegründete Frauen→Heavy-Metal-Band mit rauhem Sound; →Image nicht hübsch, sondern lederhart.

Glass, Philip verziert seine →Klassik-orientierte →Minimal Music seit Mitte der 70er verstärkt mit auffälligen Klangmustern und wirkt immer weniger minimal. Spätestens seit der Filmmusik "Koyaanisqatsi", 1983, auch kommerziell erfolgreich.

Glass Tiger Band aus Kanada, die in der zweiten Hälfte der 80er mit keyboardlastigem →Mainstream und der weinerlichen Stimme von Glen Frew international zumindest beachtet wurde.

Glen, Marla Die Amerikanerin debutierte 1993 in Frankreich und hatte mit ihrem herb-männlichen, zwischen gequetscht und enorm voluminös mühelos wechselnden Gesang vor allem in Europa Erfolg. Ihren →bluesigen Sound versucht man auf einer zweiten LP 1995 als →Dancefloor auszurichten.

Glitter, Gary stürmte mit simplem Pop-Rock und vor allem Glitzer-Klamotten & Plateauschuhen Anfang der 70er die Hitparaden. Noch in den 90ern ist seine abgehalfterte TV-Show in England zu sehen.

Glover, Roger Bassist der →Deep Purple mit Soloplatten in den 70ern.

Go West Englische Synthie-orientierte Pop-Band, die in den 80ern einige mitunter handwerklich anspruchsvolle Hits hatte ("We close our Eyes").

Godchaux, Keith (k, v) 1971-`74 mit Ehefrau Donna (v) bei →Grateful Dead.

Godflesh Langsamer →Death-Metal ab 1988, aus Birmingham. Drumcomputer verleihen einen monotonen →Industrial-Touch.

Godley & Creme kamen 1976 von →10 cc um einfachen, geraden Pop zu fertigen, der, alledrings oft unbemerkt, entlegenste Einflüsse und kunstvoll-satirische Texte einband; ideenreiche Video-Produzenten.

Goethes Erben Elektronischer →Dark Wave mit deutschen Texten in den 90ern.

Goisern, Hubert von Zuerst (1988) nur spärlich instrumentiert, mischte der österreichische Sänger und Gitarrist deftigen Rock mit alpenländischer →Folklore und erntete Anfang der 90er großen Erfolg ("Koa Hiatamadl" 1992); 1995 legte er eine andauernde Pause ein.

Goldberg, Barry (v, g, k) →Rhythm & Blues Mitte der 60er bis Mitte der 70er in Nachahmung des →City-Blues.

Golden Earring aus Holland sind seit 1966 mit einfachem →Hardrock unterwegs und konnten nach Heulern wie "Eight Miles High" (1969), "Buddy Joe" (1972) und "Radar Love" (1973) auch in die 80er hinein überleben.

Goldene Zitronen Deutsche →Punk-Band á la →Toten Hosen mit Prolo-Texten ("Porsche, Genscher, HSV") bis Mitte der 90er, danach wenig gefragte Wende zu düster-schrägem →Image.

Goldie Britischer Musiker, der 1995 mit "Timeless" durch Mischung von →Jungle und →Ambient-Sounds zur führenden Figur der "Drum`n'Bass"-Bewegung wurde.

Gong Als der Australier Daevid Allen 1967 mit der Band →Soft Machine nicht mehr nach England einreisen durfte, gründete er Gong (erste LP 1973). Sein kollektives, leicht →jazziges Dauerimprovisations-Konzept krautete, teilweise eigenständig, knapp ein Jahrzehnt.

Goodman, Benny Weißer →Big Band-Leader und Klarinettist des amerikanischen →Swing (mit Schlagzeuger Gene Krupa), der, Schwarze integrierend, den heißen Sound der späten 30er salonfähig machte ("Carnegie Hall Concert" 1938). Auch in kleinen Besetzungen ernst zu nehmen.

Goombay Dance Band Deutsches "Karibik"→Disco-Projekt der 70er ("Sun of Jamaica").

Gorefest Holländischer harter und schneller →Death-Metal (erste LP 1991), mit →Akustik-Gitarren-Einlagen auf dritter LP (1994).

Gorky Park wurden Ende der 80er mit melodiösem (teils hymnenhaftem) →Hardrock und z.T. russischen Einflüssen zur international bekanntesten Band Russlands.

Gospel Die geistliche Musik der Schwarzamerikaner: kräftig-inbrünstige, leidende oder jubilierende Stimmen, die beispielsweise im →Soul aufgegriffen werden.

Gotthard Schweizer Band, die mit dem Herunterbeten althergebrachten →Hardrocks erstaunlichen Erfolg in den 90ern hat.

Gothic Gothic-Wave, Gothic-Doom-Metal, Gothic-Death-Metal etc. siehe →Dark Wave.

Graham Central Station sind die 1973 vom amerikanischen Ex→Sly and the Family Stone-Bassisten Larry Graham übernommenen "Hot Chocolate" (nicht mit der britischen Band zu verwechseln) und waren mit hartem →Funk-Rock schnell erfolgreich, doch schon Mitte der 70er ging es wieder bergab, und Graham macht seit den 80ern solo weiter.

Gramm, Lou Sänger der amerikanischen →Hardrock-Band →Foreigner. Startete seine Solokarriere 1987 mit dem Hit "Midnight Blue" und bekanntem →Hardrock-Sound zu hoher, heiserer Stimme. Nach einem kurzlebigen Projekt "Shadow King" stieg Gramm Mitte der 90er wieder bei Foreigner ein.

Grand Funk Railroad Das Trio trat 1969 zum ersten Mal beim Atlanta Pop Festival vor großem Publikum auf, war die erfolgreichste amerikanische →Hardrock-Formation der frühen 70er, weniger an stampfendem →Blues orientiert, als am damaligen →Westcoastsound. Nach Hinwendung zu keyboardlastigem Bombast, der nicht mehr ankam, folgerichtig aufgelöst.

Grandmaster Flash konnte mit zwei (später drei) Plattenspielern →Breakbeats nahtlos ineinander übergehen lassen oder in einen Rhythmus eine beliebige Begleitung hineinspielen (oder →scratchen) und ist daher einer der Begründer des →Hip Hop Mitte der 70er ("The Adventure of Grandmaster Flash on the Wheels of Steel", 1981). Früh wurde mit der Band "The Furious Five" ge→rappt; 1982 "The Message"; 1984 Trennung der Band und 1987 Reunion.

Grandmothers (of Invention) Ehemalige Musiker von →Zappas "Mothers of Invention" spielen seit den 80ern vor allem dessen Material nicht ganz so ausgeflippt wie früher.

Grant, Amy Erfolgreicher Hitparaden-Pop der 90er aus Amerika ("Baby Baby").

Grant, Eddy Hochkommerzielle Schnulzen in den 80ern und 90ern von einem auf der →Reggae-Erfolgswelle schwimmenden Pseudo-Dreadlock→Rasta (vormals Sänger der →Equals); "I don't wanna dance".

Grappelli, Stephane Französischer →Jazz-Geiger ab den 20ern; zusammen mit →Django Reinhard (g) unübertroffen.

Grateful Dead 1965 zunächst von →Blues und →Folk-Rock inspirierte Hippie-Band aus San Francisco um "Pig Pen" (Ron McKernan, heulende →Blues-Stimme, Orgel und Mundharmonika, gestorben 1973), Jerry Garcia (zerbrechliche, hohe Stimme und "einfühlsamster Gitarrist aller Zeiten" - enorm vorsichtig und sparsam), Bob Weir (rauhe Stimme und "Rhythmus"- Gitarre) und Phil Lesh (b, v). Anfangs viele kostenlose Konzerte, Acid(LSD)-Tests (→psychedelische Phase mit endlos nudelnden Dauer→Improvisationen, z.B. "Dark Star"). Ab 1973 jazziger mit Keith Godchaux (k, v). Ab 1978 wieder rockiger. Unzählige Einflüsse (→World-Music, →Jazz, experimentelle Musik...), 2 eigene Lyriker. Intelligente Musik durch 5-8 Musiker und verschiedenste Gäste (→Bob Dylan, →Branford Marsalis (s) u.v.m.). Zahllose Neben- und Soloprojekte (Garcia spielte (u.a.) →Bluegrass mit David Grisman; Mickey Hart (d, perc) unterhält ein eigenes World-Music-Label; Bob Weir rockte z.B mit →Billy Cobham). Unübertroffen in →live-Konzerten: größte Menschenmengen (u.a. eigene mitreisende →Fangemeinde, Dead-Heads), seit Mitte der 80er stets in den Top Ten der umsatzstärksten Live-Acts in den USA. Nach dem Tod von Jerry Garcia 1995 aufgelöst, ohne daß ein Ende der unglaublich vielfältigen LP-Veröffentlichungen abzusehen wäre.

Grauzone Die Schweizer hatten Anfang der 80er mit der düsteren →Neue Deutsche Welle-Nummer "Eisbär" einen Hit.

Gravenites, Nick Amerikanischer →Blues-Musiker (g, v). Spielte in den 60ern bei →Paul Butterfields Blues Band und →Electric Flag; schrieb Songs für u.a. →Janis Joplin und veröffentlichte später Solo-Platten.

Gravy Train konnten sich 1970 -`74 in England nicht recht zwischen →Hardrock und →Art-Rock entscheiden und klingen deshalb auch etwas unentschlossen und verkrampft.

Grease Band Ex-Begleitband von →Joe Cocker in den 70ern; Rock mit zwei Keyboards und Gitarren; →Chris Stainton (k) machte solo weiter.

Great Society →Jefferson Airplane.

Great White 1982 in Los Angeles gegründete →Hardrock-Band, bei der →Blues und eine hohe gepreßte Stimme eine große Rolle spielen (Erfolg 1987 mit der LP "Once bitten").

Green, Al Farbiger →Soul-Sänger aus Arkansas. 1967 und 1970 erste Hits mit "Back up Train" und "I can't get Next to You"; auch in den 90ern noch gut im Geschäft.

Green Day Das amerikanische Trio löste 1994 mit schnörkellosem melodiösen →Punk eine neue Punk-Welle aus; großer Durchbruch mit der LP "Dookie" und den Hits "Basket Case", "Longview" und "When I come around".

Green Jelly Amerikanische Fun→Heavy-Metal-Band, die Anfang der 90er u.a. mit einer Version ("Three Little Pigs") eines Disney-Film-Songs und einer Kindervariante der Mutanten-Bühnenshow von →Gwar auf sich aufmerksam machten.

Green, Peter ersetzte →Eric Clapton in →John Mayalls "Bluesbreakers" an der Gitarre, gehörte 1967 zu den Mitbegründern von →Fleetwood Mac und verschwand 1970 problembeladen erst einmal von der Bildfläche. Ab Ende der 70er immer noch stark →Blues-beeinflußt ("In the Skies" 1979) mit entspannten LPs wiederauferstanden: immer länger, immer instrumentaler, immer zurückhaltender.

Green River Band aus Seattle, die Mitte der 80er mit ihrer Mischung aus →Hardrock und →Punk Vorläufer der →Grunge-Bewegung wurden; einige Musiker waren später Mitbegründer von →Mudhoney und →Mother Love Bone.

Greenslade Britisches Rock→Blues-Quartett mit →Jazz- und →Klassik-Anleihen des Ex→Colosseum Keyboarders Dave Greenslade, das 1973 -`79 stilsicher und einigermaßen erfolgreich aufspielte.

Gregorianische Gesänge Zum ersten Mal in großem Umfang wurde Ende des 6. Jahrhunderts unter Papst Gregor kirchliche Musik (in damaliger Noten-Schrift) erfaßt; deshalb sind diese (Mönchs-) Gesänge erste nachvollziehbare Zeugnisse europäischer Musikkultur. Das einfache Konzept damaliger Pentatonik (Fünfton-Notensystem) darf man jedoch nicht mißverstehen: auch damals gab es "Solo"-Sänger, die (allerdings nicht notiert) für Abwechslung sorgten - so, wie auch der →Blues oder modale Schemata im →Free Jazz nicht unbedingt einfache Muster bilden müssen. Im Pop simpel vermarktet z.B. bei →Enigma.

Grill, Rob Kanadischer →Mainstream-Rocker der 80er ("Rock-Sugar" - als langjähriger →Discotheken-Knaller).

Grindcore (90er) ist noch schneller als der →Punk→Hardcore (verdoppelte Snare-Schläge (Blastbeats; "Snare-Core") und ähnelt somit in Geschwindigkeit und Grunzgesang dem →Death-Metal (→Napalm Death).

Grobschnitt aus Deutschland schwanken seit 1970 zwischen Rock-Stückwerk und Bombast-Konzepten mit enorm aufwendigem Theater-Shows.

Grönemeyer, Herbert Deutscher Sänger und Schauspieler, der Mitte der 80er mit der LP "Bochum" den großen Durchbruch schaffte und seine eigentümlich heiser-gequetschte Stimme seither in Balladen ("Flugzeuge im Bauch") oder heftigem Pop ("Was soll das") stetig erfolgreich zum Einsatz bringt.

Grossmann, Stefan Versierter →Akustik-Gitarrist mit häufig sehr trocken-lehrbuchhaftem →Blues, →Folk und →Ragtime; ab 1977 auf Platte.

Groundhogs fingen 1962 als Begleitband der →Blues-Legende →John Lee Hooker an und machten →Hardrock-orientiert und mit sozialkritischen Texten bis 1976 alleine weiter.

Grunge Während nach dem immensen Erfolg von →Nirvana der Begriff "Seattle-Sound" durch untypische Bands (→Pearl Jam) einerseits verwässert wurde, dehnte sich der Begriff Grunge (aus →Punk und 70er→Hardrock) über ursprüngliche Bands wie die →Melvins, →Mudhoney und →Soundgarden überregional auch auf Bands wie →Smashing Pumpkins aus.

Gruppo Sportivo Europäer mit satirischen Texten und zahlreichen Musikzitaten auf →Punk/→New Wave-Fundament; in den späten 70ern vor allem →live erfolgreich.

Guess Who Anfang der 70er mit rotzig aggressiver Stimme und meist nicht einfallsreichen Rock-Kompositionen (Gitarrist →Randy Bachmann) in Amerika erfolgreich ("American Woman").

Guitar Slim (Eddie Jones) prägte den →Blues-Gitarren-Stil der 50er und beeinflußte durch melodische Gitarrenläufe und extravagante →Riffs →Buddy Guy, →Albert Collins, →Jonny Copeland bis zu →Lonnie Brooks und →Frank Zappa; (1954 "The Things that I used to do").

Gun (I) →Hardrocktrio aus Birmingham mit enormer Lautstärke und Verzerrer- sowie Rückkopplungseffekten (1969 "Race with the Devil"), `71 aufgelöst.

Gun (II) Ende der 80er gegründete brave schottische Rock-Band; traten mit verschärftem Image und mit einer →Hardrock-Version des Cameo-Erfolges "Word Up" 1994 auf.

Guns n'Roses 1987 schafften die Mitte der 80er in Los Angeles gegründeten "Gunners" mit der LP "Appetite for Destruction" den Sprung zur erfolgreichsten →Hardrock-Band der 80er und 90er. Charakteristisch ist der hohe gepreßte, kreischend-quengelige Gesang von Axel Rose in deftig-hartem Rock mit →Image-gerechtem rotzigem Auftreten, Balladen in epischer Länge ("Estranged", "November Rain") und 1993 sogar →Punk. Schließlich megaerfolgreich starteten Mitglieder Soloprojekte (Izzy Stradlin, g, v (ausgestiegen) mit leicht bluesigem, gemäßigtem Rock; der Gitarrist Slash klingt in "Slash's Snekepit" genau wie Guns n'Roses).

Guru Guru Typisch →krautrockende deutsche Band der 70er um den Schlagzeuger Mani Neumeier.

Guthrie, Arlo orientierte sich mit nasaler Stimme an →Bob Dylan, der sich wiederum an Arlos Vater Woody (s.u.) orientiert hatte; Geradlinige →Folk-Songs, die in →Country-Rock ausarten können; auch durch einen Film bekannt: "Alice's Restaurant", 1967.

Guthrie, Woody 1912 geborener Wandersänger, der die soziale Situation Amerikas in über 1000 Songs beschrieb, die heute teils zum Volksliedgut der USA gehören (patriotisch ("This Land is your Land"), gewerkschaftlich oder einfach nur mitfühlend). In Thematik und nasalem Vortragsstil Vorbild u.a. für seinen Sohn Arlo (s.o.) und →Bob Dylan.

Guy, Buddy Seit den 60ern führender →Chicago-Bluesman und Vorbild von →Jimi Hendrix. Einzigartige Stimme, moderner tiefer Blues, blitzschnelle, manchmal →jazzorientierte dynamisch-spannungsgeladene Gitarrensoli.

Gwar Als Fun-orientierte Monster- und Splattershow präsentiert sich die amerikansiche →Heavy-Metal-Band seit Anfang der 90er mit derben, →Image-gerechten Texten, Grunzgesang und abgedreht.

Hackett, Steve trug bis 1977 zum Sound von →Genesis bei, um danach seine fülligen Gitarren-Vorstellungen mehr oder wenig aufwendig solistisch zu inszenieren.

Hagar, Sammy mit kraftvoll-gepreßter Stimme, verließ 1974 →Montrose und veröffentlichte zahlreiche Solo-LPs mit radiotauglichem →Mainstream Material ("I can't drive 55"), bis er sich Mitte der 80er →Van Halen anschloß, bei denen er 1996 wieder rausflog.

Hagen, Nina Die ehemalige Schlagersängerin aus der DDR mischte 1978 die westdeutsche Szene mit dem rockig und textlich treffsicheren ersten Album der "Nina Hagen Band" gehörig auf. Ihre schrille Stimme und ihr ebensolches, enorm erfolgreiches Auftreten ließen die frustriert in den Hintergrund gedrängte Begleitband schließlich allein unter dem Namen →Spliff weitermachen und Nina knödelte, gieckste, schrie und sang experimentierfreudig fortan in allem möglichen Sprachen und Stilen nicht mehr so erfolgreich.

Haindling Der Oberbayer Hans-Jürgen Buchner mischt seit den 80ern bayrische Blasmusi so geschickt in gekonnt minimalen Pop, daß sein monotoner Sprechgesang zu beständigen Hiterfolgen kam (z.B. "Spinn I" `83, "Du Depp" und "Lang scho nimmer g'sehn" `85).

Hair Das clever vermarktete Broadway→Musical ging nach seiner Uraufführung 1968 um die Welt. Angenehm schockierend wirkte damals dieses Hippie-Lebensgefühl mit nackten Oberkörpern, langen Haaren, Orgien- und Marihuana-Liedern. 1979 als Anti-Vietnam-Opus von Milos Forman verfilmt.

Haley, Bill konnte als korrekter weißer →Rock`n'Roll-Sänger der ersten Stunde ("Rock around the Clock", "Shake, rattle and roll") →Elvis Presley in keinster Weise das Wasser reichen, war aber bis zu seinem Tod 1981 populär.

Hall & Oates Die weißen Amerikaner hatten mit zeitgemäßem Synthesizer-verwässertem →Soul in den 70ern und 80ern einige Hits wie "Maneater", "Family Man" und "Out of Touch".

Hallyday, Jonny Der 1943 in Paris geborene Sänger und Entertainer orientiert sich, in Frankreich äußerst erfolgreich, an seinem Vorbild →Elvis Presley.

Hammer, Jan Sohn tschechischer Musiker, Anfang der 70er Mitglied →John McLaughlins "Mahavishnu Orchestras" und danach am →Keyboard adäquater

Partner →Jeff Becks, bevor er mit reinen →Synthesizer-Kompositionen Mitte der 80er vor allem für amerikanische Fernsehserien ("Miami Vice") richtiges Geld verdiente.

Hammill, Peter Der britische Sänger und Gitarrist (ehemals →Van der Graaf Generator) trägt mit sonorer tiefer Stimme in nur scheinbar minimalistischen Songs seine meist depressiven Texte vor. Obwohl seit 1972 bis heute wohl auskomponiert, wenig erfolgreich.

Hammond, Albert (v, g) Solokarriere in den 70ern mit "It Never rains in Southern California", "Free Electric Band", "I`m a Train" und ähnlich simpel-effektvollen Songs; daher auch stets Autor unzähliger Top-Hits für u.a. →Leo Sayer, →The Hollies, →Tina Turner, →Joe Cocker; Texte oft von Mick Hazelwood.

Hammond, John setzt in den 90ern gekonnt die Tradition des →Country-Blues im Stil von →Robert Johnson, →Son House und →Fred McDowell fort.

Hampton, Lionel Flotter Vibraphonist vor allem des amerikanischen →Swing. Er startete in den 30ern und ist Mitte der 90er noch aktiv.

Hancock, Herbie, der nach seiner Anerkennung bei →Miles Davis 1969 kommerziell mit →funkiger →Fusion sehr erfolgreich war ("Watermelon Man" auf dem Bestselleralbum "Head Hunters", 1974), leistet sich nur noch gelegentlich pianistische Ausflüge in den →Jazz (z.B. im Duo mit →Chick Corea).

Hannson, Bo Der Skandinavier hatte mit "Lord of the Rings" (ein einfach gestricktes Synthesizer→Konzeptalbum nach dem Buch von J.R.R. Tolkien) 1972 seinen einzigen Erfolg.

Hanoi Rocks Schwedische →Hardrockband, ähnlich →Mötley Crüe, mit schrillem Outfit in den 80ern.

Hanrahan, Kip konnte ab Mitte der 80er moderne →Jazzer und sonstige Freunde (→Jack Bruce) zu ausgefallenen →avantgardistischen Klanggebilden verleiten.

Happening Öffentliche Veranstaltung, die nicht nur Musik, sondern auch das Publikum, Video-Animationen, Computereffekte und andere künstlerische Tätigkeiten umfassen kann.

Happy Mondays Wichtige Band des →Manchester Rave ("Kinky Afro", "Wrote for Luck" 1990).

Hard Bop →Bebop.

Hardcore bezeichnet den "harten Kern" einer Musikrichtung, also eine meist schnelle pure Variante ohne Einflüsse aus anderen Richtungen. Im Hardcore→Rap also aggressiver Sprechgesang mit sparsamer, umso härterer Rhythmusbegleitung, im Hardcore→Techno knallharte superschnelle Beats mit scharfen Synthieklängen. Besonders verbreitet ist der Begriff im →Punk: extrem schnelle, aus den einfachen Gitarren-Akkorden des →Punk hervorgegangene Spielweise mit politischen Texten (→Cro Mags). Hardcore/→Heavy-Metal/→Rap-Mischungen werden zur Zeit auch gerne als "Hardcore" etikettiert (→Biohazard, →Rage against the Machine; s.a. →Crossover); →Grind-Core.

Hardin & York 1968 aus der →Spencer Davis Group hervorgegangen (Eddie Hardin, Orgel / Pete York, Schlagzeug). →Jazziger Rock-Sound ("Smallest Big Band of the World"), 1972 schon wieder Schluß.

Hardin, Tim Der sensible, von persönlichen Krisen stets bedrängte amerikanische →Folksänger war vor allem als Songschreiber (u.a. für →Rod Stewart) erfolgreich; 1980 Herointod.

Hardrock Aus dem Rock`n'Roll entwickelte, schnörkellose, oft stampfende (→Blues) Spielweise mit typisch lauter, verzerrter Gitarre als Sound-prägendem Merkmal (→Riff); von →The Who bis →AC/DC. Mit Keyboards, glatten Gesangsharmonien ab Mitte der 70er auch als →Mainstream-Hardrock. Eine Weiterentwicklung ist der →Heavy-Metal.

Hargrove, Linda Amerikanische →Countrysängerin der 70er.

Harley, Steve & Cockney Rebel hatte 1973, noch als "Cockney Rebel" gestartet, mit Glamour-Rock und gefühlvoller Stimme einige Hits, ab 1978 solo. Wurde als große Hoffnung gehandelt, schaffte aber nie den Durchbruch. Leihsänger u.a. für →Alan Parsons Project.

Harmonie Der Zusammenklang mehrerer Töne zu einem Akkord. Da unser Notensystem schon sehr alt ist, sind "erlaubte" und "unerlaubte" harmonische Abfolgen, Kombinationen und Abweichungen in der Musik(-Wissenschaft) bis ins hinterletzte ausgereizt.

Harper, Roy Britischer →Folksänger (erste LP 1967); war mit eindringlicher Stimme und poetischen Texten in den "Flower-Power"-70ern angesagt. Er sang 1975 →Pink Floyds "Have a Cigar".

Harpers Bizarre 1963 aus Kalifornien waren mit Sunshine-Pop bis 1970 unterwegs (1967 größter Hit "The 59th Bridge Song" von →Simon & Garfunkel). Ted Templeman ist seither erfolgreicher Produzent.

Harris, Emmylou Seit Ende der 60er veröffentlicht die Sängerin aus Alabama mit der zarten hohen Stimme und oft gefühlsbetonten Texten Alben, die meistens gekonnt zwischen →Country und sanftem Rock liegen.

Harrison, George Gitarrist bei den →Beatles. Solo mit meist sehr einfacher Musik; Mitglied bei den →Travelling Wilburys.

Hart, Mickey (d, perc) Eigene →Ethno-orientierte Projekte während seiner Zeit bei →Grateful Dead, danach (1996) sogar →Dancefloor-angehaucht.

Hartford, John Amerikanischer Banjo- und Fiddlespieler, der seit den 60ern in →Country, →Bluegrass und →Jazz unterwegs ist.

Hartley, Keef (Band) 1968 -`73 ein Versuch um den britischen Ex→Mayall-Schlagzeuger zwischen →Blues-Rock und →Big-Band-Sound.

Sensational Alex Harvey Band, The um den in Glasgow geborenen Sänger Alex Harvey (gest. 1982). Zwischen →Hardrock und →Psychedelik mit einer aufwendig-bizarren Bühnenshow und einigen Hits ("Faith Healer").

Harvey, P. J. Typische Vertreterin der inzwischen industriell gesteuerten →Underground-Bewegung, die in den 90ern versucht, schönen klaren Gesang etwas schräg mit heftigen Gitarren zu verpacken und zu vermarkten (→Image); ein nennenswerter Hit wurde dennoch nur der konventionelle Schmachtfetzen "Angel".

Hasselhoff, David Der durch amerikanische Fernsehserien wie "Knight Rider" und "Baywatch" bekannte Schauspieler versucht sich seit Anfang der 80er (Bierzelt-kompatibel produziert von →Jack White) als Sänger zwischen Rock-Plattheiten und Schmalzpop. Er schneidet stimmlich (tiefe Lage) gegenüber manchen Schauspielerkollegen nicht so schlecht ab und hat vor allem in Europa auch Erfolg.

Havens, Richie In New York geborener, einfacher schwarzer →Folk-Sänger und Gitarrist; hatte mit "Freedom" in →Woodstock 1969 seinen größten Erfolg; tingelt immer noch.

Hawkins, Coleman Neben →Lester Young der Urvater des (Tenor-)Saxophons im →Jazz schlechthin. Von den 20ern bis in die 50er von vorbildlicher Stilsicherheit und außerordentlichem Können.

Hawkins, Ronny Amerikanischer →Rock`n'Roll-Sänger; 1960 größter Hit mit "Mary Lou".

Hawkins, Screaming Jay gehört zu den skurrilsten und interessantesten Erscheinungen des amerikanischen →Blues; eine Stimme wie eine Kettensäge und eine Bühnenshow, die beginnt, wenn er aus einem Sarg steigt ("Put a Spell on You" wurde unzählige Male ge→covert).

Hawkwind, 1969 in London gegründet, verbanden Zwei-Akkord-Stücke mit harten Rock-Gitarren, sphärisch/experimentellen Keyboard-Einlagen und Science-Fiction-Texten in →psychedelischen Bühnen- und Licht-Shows. In den frühen 70ern Erfolge in England ("Silver Machine"); 1977 Auflösung nach Besetzungswechseln und schlechten Platten; ab 1979 wieder mit ihrem einzigartigen Sound unterwegs.

Hayes, Isaac Songwriter und Produzent aus Amerika, der 1971 mit der →funkigen Filmmusik zu "Shaft" den Durchbruch erzielte und auch später mit einer Mischung aus Funk und →Disco erfolgreich war.

Hayward, Justin Der Keyboarder der →Moody Blues versuchte sich ab 1977 auf Solo-Platten vergeblich in →Fusion, →Blues etc..

Haza, Ofra Israelische Pop-Sängerin, die ganz leicht →Ethno angehaucht (in jüdischer Jemenite-Tradition) 1988 einen Hit erzielte: "Im Nin' Alu"; 1992 als Gastsängerin bei den →Sisters of Mercy ("Temple of Love").

Hazelwood, Mick textete vor allem für →Albert Hammond.

Head East In den 80ern war ihr konventioneller →Hardrock-Titel "If You knew me Better" ein →Discotheken Hit.

Head, Murray Der britische Schauspieler, Sänger und Komponist veröffentlichte 1972 seine erste LP, wurde als Judas in "Jesus Christ Superstar" (→A. Lloyd Webber) mit nasaler, unterkühlter Stimme bekannt, komponierte für namhafte Kollegen und hatte seinen größten Hit mit dem "Chess"-Musical-Titel "One Night in Bankok" (→ABBA).

Head Pins Kanadischer →Mainstream→Hardrock der 80er.

Healy, Jeff Blinder amerikanischer →Blues- und →Hardrock-Gitarrist ab Mitte der 80er mit ordentlichem Material und eigenartiger (→Slide-)Spielweise.

Heart In Seattle Anfang der 70er gegründete →Hardrock-Band um die Sängerin Annie Wilson und ihre Schwester Nancy; konnten mit immer seichterem →Mainstream Mitte der 80er Erfolg verbuchen.

Heartbreakers Vom Ex→New York-Dolls-Gitarrist Jonny Thunders Mitte der 70er gegründete, sehr frühe amerikanische →Punk-Band, die u.a. mit den →Sex Pistols auf Tour waren (nicht zu verwechseln mit →Tom Pettys Hausband).

Heaven 17, 1981 in Sheffield gegründet, verbanden elektronischen Pop mit →Soul und →Funk-Elementen: bombastischer emotionsloser Chorgesang in griffigen und dennoch blutleeren Songs (1982 "Temptation", 1988 "The Ballad of Go, Go Brown").

Heaven Ein einziges bläsersattes →Funk-Album (1971) aus Amerika.

Heavy-Metal Der Begriff setzte sich bei Journalisten in den 70ern durch, weil die ohnehin verzerrten Gitarren des →Hardrock bei Bands wie →Black Sabbath oder später →Judas Priest einen donnernden massiven Soundteppich ergaben, der an heißes zähfließendes Metall denken ließ. Leider nahmen die Kritiker dieses "Lava-Sounds" bis Mitte der 80er oft nur die mißverständliche →Image-Seite wahr: vermeintlich sexistisches Gebaren oder gewaltverherrlichende Texte und Motorrad-Rocker-haftes Auftreten in enorm lauten Konzerten täuschen darüber hinweg, welches auch musikalisch differenzierte Potential in dieser Musik oft steckt. In Melodieführung und Arrangement erheblich an europäischer Musiktradition orientiert, tritt der →Blues in den Hintergrund. Speziell über den →Thrash-Metal (→Metallica) haben sich zahlreiche Strömungen ergeben (→Death-Metal).

Heckstall-Smith, Dick → Jazz-angehauchter britischer Saxophonist, u.a. bei →Colosseum, der bei verhaltenem Können auf der Bühne bis in die 90er durch gelegentlich gleichzeitiges Spielen zweier Blasinstrumente auffällt.

Heller, André Vor allem in den 70ern hatte der österreichische Poet mit undurchsichtiger melancholischer und fast gesprochener Lyrik in leisen Liedern seine größten Erfolge.

Hellhammer →Black-Metal-Vorgänger der →Celtic Frost.

Helloween Zu Beginn der 80er als Speed-Metal-Band (→Thrash-Metal) in Hamburg gegründet; anfangs dominiert vom melodiösen hohen und kreischenden Gesang des Gitarristen Kai Hansen, ging es mit Sänger Michael Kiske gesanglich in Richtung →Queensryche und etwas langsamer zu. Nach Schwierigkeiten mit der Plattenfirma verließ Hansen die Band (zu →Gamma Ray), und mißverstandene Experimente der frühen 90er (Saxophon-Einsätze) verhinderten das großangelegte Comeback. Nach dem Rausschmiß von Kiske und der Verpflichtung des Ex→Pink Cream 69-Sängers Andy Derris befahren Helloween jetzt wieder die gemäßigte →Heavy-Metal-Schiene.

Helmet Eigentümlich abgehackte Gitarren→Riffs, dem Schlagzeug-Beat gegenläufig, garniert mit emotionslosem oder aggressiv herausgebrülltem Gesang; →Hardcore→Punk/→Heavy-Metal-Band aus Amerika, in den 90ern.

Henderson, Fletcher Mit seiner 1923 gegündeten Band, genialen Arrangements und Kompositionen und hervorragenden Solisten der "Erfinder" der Big Band (→Swing), der als Schwarzer erst bei →Goodman anerkannt wurde und dem der verdiente Ruhm im →Jazz somit versagt blieb.

Hendrix, Jimi wurde 1966 in London zum Superstar aufgebaut. Seine exzentrische Spielweise ließ den Zuhören den Mund offenstehen (nicht nur sein gekonnter Umgang mit →Feedback war neu - er spielte auch mit der Zunge oder auf einer brennenden Gitarre), und die Welt war, auch in seiner Heimat Amerika, nicht mehr wie zuvor. Daß er ausgezeichnet improvisierte und musikalisch ausgefallen dachte, war nach seinem bis zum Erbrechen ausgeschlachteten Tod (in London 1970) fast schon Nebensache. ("Electric Ladyland" als Studio- und "Monterey International Popfestival" als →Live-Beispiel.)

Henley, Don (d, v) rockte einigermaßen erfolgreich nach der Auflösung der →Eagles im →Mainstream ("Dirty Laundry" 1982, "The Boys of Summer" 1985).

Hensley, Ken Melodiesicherer Keyboarder von →Uriah Heep, der solo ab 1973 →Mainstream-Pfade beschritt.

Herd, The Rockband um →Peter Frampton Ende der 60er.

Hermans Hermits (1964 -`69 aus Manchester) landete mit oft belächeltem Brave-Buben-Image und eingängigen Pop-Songs ("I`m into Something Good") etliche Hits - ihren größten 1967: "No Milk Today".

Hernandez, Patrick lebte in den 70ern einzig von seinem →Disco-Megahit "Born to be Alive".

Heroes de Silencio Spanische Band zwischen →Underground-Anleihen und →Hardrock. Mit pathetischem Knödelgesang und spanischen Texten Durchbruch europaweit mit "Entre dos Tierras" Anfang der 90er.

Heron, Mike Schottischer Multiinstrumentalist, Mitglied der →Incredible String Band; Solo→Folk-LPs in den 70ern.

HI-NRG (High Energy) ist der Nachfolger des →Disco im Untergrund der 80er. Elektronische, völlig abwechslungslose schnelle Beats und minimale synthetische

Sounds klangen so künstlich, daß die hinzugemischten →Soulgesänge umso sehnsuchtsvoller wirkten ("Shoot your Shot" von Divine).

Hiatt, John Amerikanischer Gitarrist aus dem →Ry Cooder-Umfeld, der mit einfachem, geraden Rock Mitte der Siebziger begann und nach einer Drogenkrise 1987 noch einmal konzentriert zu Werke geht.

Hillage, Steve Der Londoner Ex→Gong-Musiker veröffentlichte 1975 seine erste Solo-LP mit wabernden Keyboard-Klängen und langer, virtuoser Gitarrenarbeit; 1983 auch Produzent (→Simple Minds).

Hine, Rupert Produzent z.B. für→Tina Turners "Private Dancer" oder →Fixx; als Keyboarder und Sänger bei →Camel (1973) und "Quantum Jump".

Hip Hop Mitte der 70er in amerikanischen Ghettos entstandene Musikform, in der auf zwei (später mehr) Plattenspielern →Breakbeats (wuchtig und etwas schleppend) aneinandergereiht und durch →Scratching oder beliebige andere Musikpassagen garniert werden (hier ist die Auswahl der verwendeten Vinylschallplatten natürlich von besonderer Bedeutung); →Grandmaster Flash. War der →Rap sehr schnell Bestandteil des Hip Hop, kamen jede Menge Elektronik (z.B. synthetisches Schlagwerk) Anfang der 80er mit den ersten Plattenveröffentlichungen hinzu. Mitte der 80er wurde mit →Samples auch z.B. Rock integriert (→Beastie Boys) und die ungehemmte Ausschlachtung sämtlicher Musikstile wurde Programm. Die frühe Partyorientierte Schule ("Old School") wurde durch das massive Vordrängen der Rapper zu einer aggressiven, sozialkritischen "New School".

Hippie Ab Mitte der 60er Bezeichnung für chaotische anarchische Langhaarige mit friedlicher "Flower-Power"-Naivität, zuerst an der amerikanischen Westküste.

Hipsway In den 80ern kleinerer Hit mit der typischen →Dance-Pop-Nummer "The Honeythief".

Hirsch, Ludwig Der Österreicher mit düsterer Sprechstimme hat seit Mitte der 70er eine Vorliebe für makabere und dunkle Lieder, die entweder elegisch ("I lieg am Ruckn" `78) oder flott und tanzbar einherkommen ("Das Geburtstagsgeschenk" `79).

Hit Kommerziell erfolgreiches Musikstück. Aufgrund des Zwangs zu Kürze und unmittelbarer Eingänglichkeit ist er eher auf primitive Effekte angewiesen, als auf musikalischen Gehalt. Dennoch entscheidet oft nur ein Hit-Erfolg oder -Mißerfolg wegen des hohen Kostendrucks in der Industrie über das Schicksal eines Künstlers/einer Band.

Hocculta Die italienischen →Scorpions in den 80ern.

Hodgson, Rodger Sänger mit hoher weinerlicher Stimme und Gitarrist der →Supertramp. Nach seinem Ausstieg 1983 solo poppiger und bei weitem nicht so erfolgreich.

Hoelderlin Sanfte und romantische deutsche Rockband der 70er mit einigem Erfolg, in bescheidenem Maße sogar international.

Hole Ende der 80er entstandene amerikanische Gitarren→Alternative-Band. Sängerin Courtney Love machte vor allem als Frau und Witwe von →Nirvanas Kurt Cobain von sich reden. Die Band spielt von sanft-akustisch bis brutal-verzerrt und wird von den eingängigen Melodien und dem oft hysterischen Geschrei der Sängerin bestimmt.

Holiday, Billie (1915 -1959). Rhythmisch autonome →Jazz-Sängerin mit unerreicht eigenwilligem Timbre.

Hollies, The 1962 in Manchester gegründete →Beat-Band mit bravem, von perfekt arrangiertem Chorgesang dominierten Pop-Sound; hatten in den 60ern zahlreiche Hits. 1972 Auflösung; 1974 Comeback mit ihrem größten Hit "The Air that I breathe".

Holly, Buddy Sänger und Songwriter aus Texas, mit biederem Aussehen ein Kontrast zu den anderen →Rock`n'Roll-Stars seiner Zeit; bis zu seinem Tod 1957 zahlreiche Hits, z.B. "Peggy Sue" oder "Oh Boy!".

Holmes, Rupert Langsamer Pop aus Amerika Mitte der 80er ("Pinacolada").

Holocaust Schleppender, düsterer →Heavy-Metal seit den 80ern ("The Small Hours").

Holt, John Einer der ganz Großen des Lovers→Reggae, seit Anfang der 70er aktiv. Erstklassige Hits wie "Let your Love flow", "Bend my Love", "Ghetto Queen", "I can't stop loving You" und Cover-Versions von →Kris Kristoffersons "Help me make it through the Night" oder →Stevie Wonders "Ain't gonna stand for it".

Holy Moses Anfang der 80er gegründete, deutsche →Thrash-Metal-Gruppe, die sich durch klischeehafte einfallslose Kompositionen und derben Grunzgesang der Sängerin(!) Sabrina Claasen auszeichneten. Versuchen sich heute, ohne Sabrina, erfolglos als Nachahmer aktueller Trends.

Hooker, Earl Ein →Bluesgitarrist, der durch seinen einfühlsamen Stil viele Bluesgitarristen in den 50ern und 60ern beeinflußte.

Hooker, John Lee 1917 in Clarksdale, Mississippi geboren, war einer der wenigen →Blueser, dem früh der Sprung aus dem Ghetto gelang. Charakteristisch sind sein Stil, auf die Gitarrensaiten zu hämmern, sein Takt-Klopfen mit dem Fuß und seine kräftige Stimme mit bedeutungsvollem Nachdruck. Beim späten, ganz großen Durchbruch ab Ende der 80er ("The Healer") stets von namhaften Rock- und Bluesgrößen unterstützt.

Hooters Eingängiger Pop-Rock, gekonnt mit →Folk-Elementen und Instrumenten aufgefrischt; damals in Amerika einzigartig und mit zahlreichen Hits in den 80ern ("And we danced", "All You Zombies" oder "500 Miles").

Hootie and the Blowfish Amerikanische Band, die mit bravem, melodiösen Gitarrenrock (wie entschärfte →R.E.M.) Mitte der 90er (LP "Cracked Rearview") den ganz großen Durchbruch in den USA schafften.

Hopkins, "Lightning" Sam Der Meister der akustischen Gitarre und der →Improvisation beeinflußte u.a. →John Lee Hoker und →Jimi Hendrix. Einer der ersten →Blues-Stars, mit über 30-jähriger Karriere aus Texas (1982 gestorben).

Hopkins, Nicky Studio-Pianist u.a. für →The Who, →The Rolling Stones oder →John Lennon; Soloplatten mit entsprechend prominenten Gästen ab 1969.

Hopper, Hugh Bassist der →Soft Machine von `68 -`73; ange→jazzte Solo-LPs.

Horace, Andy International bisher kaum bekannter →Reggae-Sänger in den Sparten →Roots und →Dancehall, obwohl er regelmäßig seit Anfang der 70er Jahre erstklassige Alben lieferte und neuerdings mit Produktionen der Dance-Floor-Band →Massive Attack aufhorchen läßt.

Horn, Trevor Produzent von →Frankie goes to Hollywood, →ABC, →Seal u.a., nachdem er Anfang der 80er das Elektronic-Pop-Duo →Buggles aufgelöst und ein kurzes Gastspiel bei →Yes gegeben hatte.

Hornsby, Bruce Mitte der 80er zunächst erste Erfolge mit der Begleitband "The Range" im Pop→Mainstream. 1990 -`92 Mitglied der →Grateful Dead, seither anspruchsvollere Plattenprojekte u.a. mit →Jazzern wie →Pat Metheny oder →Branford Marsalis.

Horny Horns Die Bläser-Sektion der schwarzen Amerikaner Maceo Parker (s), Fred Wesley (trombone) und Pee Wee Ellis (s) begann ihre Karriere bei →James

Brown und zeichnet dort für →funkig-scharfe Einlagen und einige Hits verantwortlich. Die bis heute gefragten Musiker (von →Van Morrison, →Bootsy Collins, →Material bis zum →Hip Hop) trumpfen auf Soloprojekten mit schweißtreibendem Funk, aber auch reinem →Jazz auf. Fred Wesley feierte mit "House Party" sogar einen internationalen →Dancefloor-Hit.

Horslips Irische Band (1972-`80) mit hartem Rock und Einflüssen aus →Psychedelic und irischem →Folk.

Horton, Peter →Sigi Schwab.

Horton, "Big" Walter Mundharmonikavirtuose des →Blues, der seit 1951 als Begleitmusiker verschiedener Bands Platten einspielte und neben →Little Walter und →Sonny Boy Williamson II zu den wichtigsten Vertretern seines Instruments gehört.

Hot Chocolate Die britische Band mit →Funk und →Soulballaden zur etwas gepressten Stimme des Schwarzen Erroll Brown hatte von 1970 -`87 zahlreiche Hits ("You Sexy Thing", `75 oder "You win Again", `77) bevor Brown die Band verließ. Kurzes Comeback Anfang der 90er ("Every 1`s a Winner").

Hot Tuna 1969 gegründetes →Jefferson-Airplane-Nebenprojekt von Jorma Kaukonen (g, v) und Jack Casady (b), stark im →Blues verwurzelt (mit Geiger Papa John Creach), später auch etwas heftiger rockend. Seit Ende der 80er wieder zumeist →akustisch im Quartett mit Mike Falzarano (g, v) und Pete Sears (k).

Hothouse Flowers Flaue britische Band ab den 80ern mit schwülstigem Pop und gefühlsschwangerem Gesang.

House Von schwarzen →DJs in Amerika Mitte der 80er entwickelte Tanzmusik (ähnlich dem →Hip Hop, jedoch ohne →Rap), bei der einem Rhythmusfundament aus →Funk und →Disco entweder dichte Instrumentalpassagen oder →Soulgesang hinzugemischt wurden ("Deep House", "Garage House"). Auch in Großbritannien wurden die treibenden Rhythmen schnell stilübergreifend (mit →Samplern etc. allerdings wesentlich technikorientierter) zu neuen Songs umgeformt (→Acid House, →Techno).

House of Lords Amerikanisches →Hardrock-Quintett mit →Mainstream der späten 80er.

House, Eddie "Son" 1902 geborener →Bluesgitarrist und Sänger aus dem Mississippi-Delta, der mit Bottleneck-Technik (→Slide) und eindringlicher Stimme viele junge Blueser beeinflußte (1930 "Preaching the Blues").

Housemartins, The Britischer Gitarren-Pop; mit simplen bis raffinierten, eingängigen Songs in den 80ern erfolgreich ("Caravan of Love"). Nachfolgeband: →Beautiful South; Norman Cook ging zu →Beats International und →Freak Power,

Houston, Whitney Mit perfektem kraftvollen Gesang, eingängig arrangierten Songs und makellosem Aussehen schaffte die amerikanische Schwarze bereits mit ihrer ersten LP 1985 den Sprung zur absoluten →Soul-Queen. 1992 Debut als Schauspielerin in "Bodyguard" und dazugehöriger Hit mit "I will Always love You".

Howe, Steve →Yes-Gitarrist mit verspielt-belangloser Virtuosität auf Soloalben seit `77.

Howling Wolf (Chester Arthur Barnet) Mit Kettensägen-Stimme und "heavy" Songs ein Paradebeispiel für den →Chicago-Blues; unzählige Hits: z.B. "Spoonful", "Sitting on the Top of the World", "Killing Floor", "Little Red Rooster" (geschrieben von →Willie Dixon); ge→covert von u.a. den →Rolling Stones, →Steve Winwood, →Eric Clapton.

Hubert Kah Die deutsche Band hatte Anfang der 80er im Zuge der →Neuen Deutschen Welle mit poppigen Songs zwei große Hits: "Rosemarie" und "Sternenhimmel".

Hughes, Glen Später →Deep Purple-Sänger/Bassist, dessen Stimmspektrum hohen weinerlich-melodiösen Gesang sowie ein sehr hohes aggressives Kreischen einschließt; startete Anfang der 90er (nach Drogenproblemen) diverse Soloprojekte zwischen →Blues und →Mainstream.

Hull, Alan Ex→Lindisfarne Musiker (v, g, perc, k) mit erster Solo-Folk-LP 1973.

Human League 1977 in Sheffield gegründete Pop-Band, die sich mit karger elektronischer Instrumentierung und weiblichem Chorgesang zwischen →New Wave und schmalzigem Pop bewegt (Hit `81: "Being boiled").

Humble Pie mit →Peter Frampton (g, v) von "The Herd", Steve Marriott (v, g) von den →Small Faces, Greg Ridley (b, v) von →Spooky Tooth und später für Frampton Clem Clempson (g, v) von →Colosseum gaben `69 ihr Debut auf Platte. Was man von solch versierten und inspirierten Musikern erwarten durfte, klappte mit lebendigem und vielgestaltigem Rock (vor allem →live) hervorragend - oft →bluesig-getragen von satten Gitarren und Orgel. 1974 war trotzdem Schluß.

Humpe, Annette Sängerin der 80er u.a. bei →Ideal, "DÖF", "Humpe und Humpe" (zusammen mit ihrer Schwester); als Produzentin in den 90ern u.a. für die →Prinzen aktiv.

Humphries, Les (Singers) Die Hamburger Vokal-Truppe hatte in den 70ern mit Songs zwischen →Disco und schlappem →Soul einige Hits ("Mexico").

Hunt, Marsha Farbige Amerikanerin, die Ende der 60er ihre Karriere als →Musical-Sängerin startete (1969 "Keep the Customer satisfied").

Hunter, Ian machte nach seinem Ausstieg bei →Mott the Hoople 1974 mit →bluesbetontem →Hardrock solo weiter. Auch als Produzent (z.B. für →Generation X) unterwegs; mußte krankheitsbedingt immer wieder längere Pausen einlegen.

Hunter, Robert Wichtigster Texter der →Grateful Dead (vor allem für →Jerry Garcia); sehr →Country-nah solo unterwegs.

Hurt, John Ein Vertreter des Finger-Picking auf der Gitarre, beeinflußt vom →Ragtime und der →Folk-Bewegung der 60er, die den glänzenden Gitarristen aus dem →Mississippi-Delta entdeckte; (1966 gestorben).

Hüsker Dü 1979 in Minneapolis gegründete →Hardcore→Punkband, die früh Pop-Melodien und -Harmonien einbaute. Vielseitig und experimentierend gelten sie als Vorreiter der →Alternative-Bewegung (→Grunge); `88 aufgelöst.

Hutto, J. B. Bis in die 60er direkter Nachfolger von →Elmore James und →Robert Johnson in Gesang und →Slide-Technik ähnlich (allerdings elektrisch verstärkt); Hits mit "Things are so Slow", "Too Late".

Hype sind aufgeblasene, bedeutungslose Werbesprüche, mit denen die Industrie versucht, Trends zu setzen; →Liner Notes.

Hypnotics →Roots-Reggae der 90er aus Prag mit Sänger aus Senegal.

I-Roy Trotz qualitativ ebenbürtiger DJ→Toasting-Kunst stand er im Schatten seiner Kollegen →U-Roy, →Yellowman und →Big Youth, mit denen er sich mittels seiner Texte gerne anlegt; als einziger übrigens in grammatikalisch korrektem Standard-Englisch statt des für europäische Ohren schwerverständlichen jamaikanischen "Padois"-Slangs.

Ice T Farbiger amerikanischer →Rapper, der als einer der wichtigsten Vertreter des Genres dem →Hip Hop seinen Stempel aufdrückte, indem er als einer der ersten über Gewalt, Verbrechen und Rassismus rappte und somit zu den Begründern der "New School" gehörte. 1991/'92 startete er das umstrittene (weil musikalisch klischeehafte und textlich infantil-gewalttätige) aber sehr erfolgreiche →Heavy-Metal/Rap→Crossover Projekt →Body Count, wobei er hier teilweise versucht, richtig zu singen.

Icehouse Australische Pop-Band ab 1977, die mit blasiertem Gesang auf Synthesizer-Basis Anfang der 80er außer einem Hit ("Hey Little Girl") nur mäßigen Erfolg hatte.

Ideal Anfang der 80er Rockband der →Neuen Deutschen Welle zwischen →Punk und etwas →Reggae, schrägen Keyboards und dem aggressiven Gesang von →Annette Humpe. Trocken auf den Punkt produzierte Hits wie "Blaue Augen" (ursprünglich von den "Neonbabies") oder "Monotonie". Ab 1983 war Annette in diversen Projekten zu hören (u.a. bei "DÖF", "Humpe & Humpe").

Idol, Billy Der Ex-Sänger von →Generation X ging 1982 nach Amerika und startete mit Gitarrist Steve Stevens eine sehr erfolgreiche Pop/Rock-Karriere. Seine tiefe, ordinäre Stimme und sein comic-haftes Auftreten bestimmen das →Image. 1993 kommerzieller Reinfall mit elektronischer LP ohne Stevens.

Ihre Kinder Frühe (1968) deutsche, sehr steife Pop-/Rockband mit den ersten deutschen Texten.

Image Plattenfirmen verpassen ihren Musikern gerne ein werbewirksames, mindestens also auffallendes, oft künstliches Erscheinungsbild: ob extrem brav oder fürchterlich rebellisch ist nur eine Frage der →Marketing-Strategen. Als Musterbeispiel lebensfremden Schwachsinns hat →Madonna wohl alle denkbaren, teilweise völlig gegensätzlichen Trends durchlaufen. Im Gefolge soll sich der →Fan mit irgendwelchen aufgesetzten Attributen identifizieren und vor allem: kaufen. Die unerfahrenen, oft jugendlichen Musiker (und ihre Fans) flüchten, von dieser unechten Rolle überfordert, häufig in eben jenes z.B. drogenkonsumierende, rüpelhafte, sexbesessene Benehmen, das ihnen zuvor angedichtet wurde und schon unzählige Idole vor ihnen "auszeichnete". Musiker, die dieser Politik durch Kollaps (→Jimi Hendrix, Jim Morrison von den →Doors) oder Selbstmord (Kurt Cobain bei →Nirvana) erliegen, lassen sich in musikalischer oder anekdotischer Übertreibung grenzenlos ausschlachten, da sie sich nicht mehr wehren können. Nichts ist zu blöd für einen neuen Trend!

Impressions 1957 gegründete, amerikanische farbige →Soul-Gesangsgruppe um →Curtis Mayfield; einige Hits in den 60ern (`83 kurze Reunion).

Improvisation Eine aus dem Stehgreif erfundene Interpretation der gerade gespielten Musik, über deren Zusammenhänge allerdings große Vorkenntnisse nötig sein dürften, um derart "spontan" reagieren zu können. Vor allem in der Rock-Musik ist eine "Improvisation" wegen dieser Schwierigkeiten schlicht ein auskomponiertes →Solo.

Inchtabokatables Berliner Band der 90er zwischen →Punk und irischer →Folklore.

Incredible String Band 1965 aus Glasgow. →Folklore in mystischer →psychedelischer Mischung (mit unzähligen Instrumenten, anfangs ohne Schlagzeug); nach ständigen Besetzungs- und Stilwechseln 1974 aufgelöst.

Independent / Indie (unabhängig) Kleine unabhängige Plattenfirmen unterstützten oft experimentelle Bands, die im Gegensatz zum →Mainstream fast immer etwas schräg klingen und häufig verschiedenste Musikstile uminterpretieren. Von →Punk und →New Wave bis →Grunge und →EBM umspannt der Begriff jede eher ungewöhnliche Musik, solange ihre Verbreitung gering bleibt. Ob die Plattenfirma "independent" ist, weil sie es einfach nicht schafft, →Hits zu produzieren, oder ob sie gerne und freiwillig die Vorauswahl für die große Industrie leistet, ist oft nicht ganz klar. →Alternative und →Underground sind da ähnlich.

Industrial Inspiriert von Klang und Rhythmik industrieller Maschinen wurde auf Metallschrott und mit Heimwerkergeräten Musik gemacht (→Einstürzende Neubauten), mit →Samples und Synthesizern realisiert (→Throbbing Grisle) oder mit →Heavy-Metal versetzt (→Ministry in den 90ern); s.a. →EBM, →Techno.

Ink Spots, The Farbige amerikanische Gesangsgruppe der 30er und 40er; zu ihrer Zeit erfolgreich mit Pop-Songs (→Gospel-beeinflußte Schmuse-Balladen).

Inner Circle Jamaikanische →Reggae-Band der kommerzielleren Richtung. Spielten Ende der 70er Jahre mit dem begabten und populären Leadsänger Jacob Miller lokale Erfolge ein. Nach seinem Tod 1980 sind die Songs der Band inzwischen auch international erfolgreich (1993 Mega-Hit mit "Sweat / A-la-la-la-la-long").

Inspiral Carpets Wichtige Vertreter des →Manchester Rave ("She comes in the Fall", 1990).

Invisible Limits, The Ab Ende der 80er deutscher Elektronik-Tanzpop mit düsterem Gesang in Nähe →Dark Wave ("Push"). **The Invincible Spirit** ist ein Ableger mit ähnlichem Sound.

INXS Australische Band, 1979 gegründet. Zwischen harten Rock-Gitarren und tanzbaren Rhythmen blitzen bis heute musikalische Einfälle, neben dem Frauenliebling Michael Hutchence (v) ("Suicide Blonde").

Irie, Tippa sorgte mit erfrischender Stimme und gelungenen Songs Ende der 80er Anfang der 90er Jahre für frischen Wind in der englischen →Reggae- und →Toaster-Liga.

Iron Butterfly 1966 in Detroit gegründet hatten mit →psychedelisch angehauchtem, keyboardlastigem Sound und harten Gitarren in Richtung →Hardrock vor allem durch "Inn-A-Gadda-Da-Vida" (1968) Erfolg; 1971 aufgelöst.

Iron Maiden Polternde, oft sehr schnelle Schlagzeugbeats, der melodiös-kraftvolle Gesang von →Bruce Dickinson (bis `94), bombastischer Chorgesang, eingängige Refrains und vor allem die charakteristischen zweistimmigen Gitarrenläufe machten die 1978 gegründete →Heavy-Metal-Band ("New Wave of British Heavy-Metal") vor allem in den 80ern immens erfolgreich. Eine kompakte Horror-Bühnenshow um das gezeichnete Monster "Eddie" (stets auf den Covern abgebildet) runden das Gesamtkunstwerk ab.

Isaacs, Gregory Der faszinierende →Reggae-Sänger mit sanft-klagender Stimme, eingängig-subtilen Melodien und unerreicht sinnlicher Coolness startete 1973 international mit "Love Overdue". Weitere Höhepunkte: "Soon Forward", "Lonely Lover", "My Number One". Ab 1976 selbstproduzierte Klassiker wie "Night Nurse", gefolgt von einer rasanten Schaffensphase Mitte der 80er (zeitweise zwei Alben pro Monat!). Selbst im →Ragga-Muffin noch erfolgreich ("Rumours" 1988); durch Kokainmißbrauch in den 90ern stark nachlassend.

Isaak, Chris Der kalifornische Sänger orientiert sich optisch an Vorbildern des →Rock`n'Roll und schmalzt →Country und Balladen mit sanfter Stimme ab 1985 ("Wicked Game" aus der Filmmusik "Wild at Heart").

Isley Brothers, The Die drei Brüder aus Ohio hatten mit →Gospel-beeinflußtem →Rhythm & Blues ab Ende der 50er Hits wie "Shout" oder "Twist and shout" und waren noch in den 80ern erfolgreich, bis `86 einer der Brüder starb.

Israel Vibration Die Stimmen der drei körperbehinderten, sich nur mit Krücken fortbewegenden jamaikanischen Sänger sind das Geld wert - sowohl →live als auch auf Platte: →Roots-Reggae par excellence!

It`s a Beautiful Day Sonnenschein→Folk-Musik der amerikanischen →Westküste (Gesang von Pattie Santos und David LaFlamme, der auch Geige spielt und Solo-

LPs aufnahm) Anfang der 70er; schwebend und makellos sagen die Einen - total langweilig die Anderen.

Jacks, Terry hatte 1974 einen weltweiten Hit mit der Schmacht-Tragödie "Seasons in the Sun" (von Jaques Brel).

Jackson Five →The Jacksons.

Jackson, Janet Die kleine Schwester →Michael Jacksons, die etwas weiblicher klingt und nur wenig anders aussieht, bewegt sich ab den 80ern zwischen →Dancefloor und Schmalz→Soul (und sogar →Hardrock in "Black Cat").

Jackson, Jermaine Mitglied der →Jacksons und ab 1972 auch solo. Mitte der 80er Hit ("When the Rain begins to fall") zusammen mit Pia Zadora in tanzbarem Synthie-Pop.

Jackson, Joe Der englische Komponist, Sänger und Pianist mit dem Charme eines Buchhalters und bemühter, gepreßter Stimme entstammt mit aufdringlichen Pop-Harmonien hörbar der →New Wave-Bewegung (erste LP 1979), lehnt eine Einordnung allerdings zurecht ab, da er es durchgängig versteht, seine Musik durch →Swing-, →Ethno- und →Latin-Anleihen oder symphonische Ausflüge stilsicher und kompetent produziert an neue Klangwelten anzunähern: bis heute solides musikalisches Handwerk.

Jackson, La Toya aus der →Jackson-Familie, mußte mehr schlecht als recht natürlich auch Platten aufnehmen.

Jackson, Mahalia (1911-`72) machte den →Gospel populär und ist somit auch Vorbild für Interpreten des →Soul.

Michael, Jackson Der Kinderstar der →Jackson Five setzte 1979 mit "Off the Wall" und 1982 mit "Thriller" (wie auch "Bad" 1987 von →Quincy Jones hervorragend produziert) unter Zuhilfenahme perfekt gestylter Videos kommerzielle Maßstäbe ("Thriller" mit den Hits "Billie Jean" und "Beat it" wurde über 40 Millionen mal verkauft). Der explosive →Dancefloor-Rock lebt von vielschichtigen elektronischen Tricks, die seinen im Grunde genial einfachen Titeln die nötige Tiefe verleihen. Sein oft weinerliches →Disco→Falsett kann schlagartig in gepreßt-aggressive Töne umschlagen oder hymnenhaft schwelgen. Zuletzt verstärkt auf ein Kinder-Publikum zielend, verstrickte sich der immer weißer werdende Multimillionär (übrigens ein hervorragender Tänzer) in peinlich-pubertäre Eskapaden, wobei nie ganz klar wird, ob er jetzt endgültig spinnt oder nur seine Plattenumsätze ankurbeln möchte.

Jackson, Millie In den 70ern erfolgreiche, amerikanische →Soul-Sängerin mit kraftvoll-aggressiver Stimme; 1985 Duett mit →Elton John "Act of War".

Jackson, Wanda Amerikanische →Rock`n'Roll-Sängerin, bekannt geworden durch das quäkende "Let`s have a Party" (60er).

Jacksons, The (Zuerst: "The Jackson Five") Von →Diana Ross für →Motown entdeckt, waren "die" →Soul- und Tanz-Unterhaltungs-Familie für schwarze Amerikaner in den 70ern. Der klug geplante kommerzielle Erfolg durch perfekte Abstimmung von Gesang, Superstar-Show, Sound und Rhythmus führte folgerichtig zu Solokarrieren der Brüder (→Jermaine Jackson, →Michael Jackson), denen auch die Schwestern nicht nachstehen wollten (→Janet Jackson, →La Toya Jackson).

Jade Amerikanisches Mädchen-Trio mit →Dance→Soul ("Don't walk Away" 1993).

Jade Warrior Ruhige britische Rock-Band, die schon 1971-`78 fernöstliche und afrikanische Folklore einband.

Jagger, Mick Immer noch erstaunlich verärgert klingender Sänger der →Rolling Stones, der ab 80ern auch solistisch in verschiedenen Rock-Stilen hervortrat ("She`s the Boss").

Jah Shaka Mischpult-Könner des →Roots Reggae und →Dub der 90er ohne den großen Durchbruch.

Jam, The 1974 vom Sänger/Komponisten/Gitarristen →Paul Weller gegründet, oft zu Unrecht dem →Punk zugerechnet. Eher eine Gitarren-Rock-Band mit Wurzeln in den 60ern; textlich sozialkritisch. 1982 gründete Weller →Style Council.

James, Bob Keyboarder, Komponist und seit den 70ern Produzent für →Soul von u.a. →Dionne Warwick und vor allem poppig leichten →"Jazz" von →Groover Washington und Konsorten.

James, Elmore war der "Master of the →Slide-Guitar" und mit eindringlicher Stimme und seinem kraftvollen Spiel einer der Urväter des modernen →City-Blues, der bis heute Generationen von Musikern beeinflußt. Mit →Robert Johnsons "Dust in my Broom" leitete er die "Heavy-Metal-Ära" des Blues ein (sehr harter Blues). 1963 gestorben.

James, Etta Gewaltige farbige "Queen of →Soul" mit ersten Erfolgen in den 60ern und nach persönlicher Krise auch wieder ab den späten 70ern, jedoch mit sehr langen Pausen zwischen den Alben.

James Gang →Hardrock ab 1966 aus Ohio mit Star-Gitarrist →Joe Walsh; später mit →Tommy Bolin etwas →souliger; 1976 aufgelöst.

James, Nehemia "Skip" (1902-`69). Seine hohe Stimme und der ungewöhnliche Klang seiner akustischen →Blues-Gitarre machten ihn zum Lehrmeister vieler junger Bands und Rockgitarristen ("Superfreak").

James, Rick Ende der 70er bis Mitte der 80er war der farbige amerikanische Sänger ein →Funk-Star. Neben diversen Drogen- und Sexualdelikten in letzter Zeit nur als Produzent des schlapp intonierenden Schauspielers Eddie Murphy auffällig.

James, Tommy & the Shondelles Die Amerikaner hatten ab 1966 mit Happy-Pop wie "Hanky Panky" oder "Crimson and Clover", einige Hits.

Jamiroquai Um den Sänger "Jay Kay" wandte sich die britische 90er-Band den 70ern zu. Die Instrumentierung (z.B. E-Piano, Schlagzeug) erinnern an →Fusion, der treibende Baß, quäkende Gitarren und Synthesizer ebenso wie die oft heftige →Falsett-Stimme an →Funk ("Emergency on Planet Earth"). 1996 sind trendgerecht →Breakbeats angesagt.

Jan & Dean Mit eingängigem Happy-Pop (Surfen, Sonnenschein) und Songs von →Brian Wilson Vorläufer der →Beach Boys.

Jane 1971 mit einfachem Rock noch etwas überfordert, verhalfen zunehmende Synthesizer-Sphärenklänge und nicht ganz verstandene →Heavy-Metal-Riffs den Deutschen ab Mitte der 70er zu einigem Erfolg.

Jansch, Bert Sehr leise-zurückhaltender Gitarrist und Sänger der englischen →Folk-Gruppe →Pentangle.

Jarre, Jean Michel Synthesizer-Tüftler der mit bis dato ungewohnten Klängen ab 1976 zuerst erfolgreich war und dann immer mehr in der Versenkung verschwand. In Frankreich konnte er mit monumentalen Bühenshows in den 90ern noch für Aufsehen sorgen.

Jarreau, Al Der Schwarzamerikaner feierte seine ersten Triumphe 1975 in Hamburg. In Amerika wurde er erst Jahre später mit guten Verkaufszahlen belohnt, als er seinen höchst trickreichen Gesangsstil mit abrupten Wechseln zwischen erstaunlich hoher und tiefer Lage und kunstvoll geschmeidigen Wendungen zugunsten glatt-gekonnten →Souls aufgegeben hatte. Schade um das Stimmwunder.

Jarrett, Keith →Jazz-Pianist, der seit den bis heute gigantisch verkauften "Köln-Concerts" (1975) schwelgerisches Geklimper oder Standard-Interpretationen auf unzählige Platten pressen läßt.

Jazz Musikalisch extrem entwickelte, hauptsächlich non-verbale, →improvisationsreiche hohe Schule des musikalischen Könnens mit harmonischen und →rhythmischen Feinheiten, die seit der →Klassik nicht erreicht werden konnten. Wirklich →populär von 1920 -`60 (und heute im Radio zwischen $23.^{00}$ und $4.^{25}$ Uhr). Aufgrund von Komplexität und gesellschaftlichem Ursprung im schwarzen Amerika zwar bewundert, aber im Rock selten erreicht. Als "jazzig" gilt heute, wenn mindestens ein Saxophon trötet (wird`s wirklich kompliziert, spricht man fälschlich sofort von →"Free Jazz").

Jazz-Rock →Fusion.

Jazzmatazz Die experimentelle Mischung zwischen →Hip Hop und →Jazz mit tollen Solisten ergibt eigenständigen →Dancefloor der 90er.

Jefferson Airplane Die Sängerin →Grace Slick mit ihren mitgebrachten Songs von "Great Society", Paul Kantner (g, v), Jorma Kaukonen (g, v) und Kollegen hoben 1967 auf ihrer zweiten LP "Surrealistic Pillow" in der San Franciscoer Szene ab. Die eisige, ungemein mächtige Stimme der Sängerin (neben dem Sänger Marty Balin) und die oft sehr experimentellen und immer höchst komplexen Töne prägten die oft chaotische Gruppe. Im →Westcoast-Sound eine der frühesten und wichtigsten des →psychedelischen Rock. Nach diversen Umbesetzungen Anfang der 70er umbenannt in **Jefferson Starship** rissen sich die Musiker zu gekonntem, allerdings wesentlich kommerziellerem Rock zusammen und hatten schlußendlich mit schunkeltauglichen Mitsing-Weichspülern sogar noch Hit-Erfolge ("We built this City..." 1985). Ende der 80er war bei den **Starship** kein Original-Mitglied mehr an Bord, diese versuchten sich noch einmal als Jefferson Airplane.

Jeffreys, Garland Rhythmusbetonter (→Latin, →Reggae) amerikanischer Pop mit →souligem Gesang; eingängige Hits wie "Matador" (Ende der 70er) oder "Hail Hail Rock`n'Roll" (frühe 90er).

Jennings, Waylon startete seine Karriere in Amerika Anfang der 60er mit →Country-Hits wie "Heartaches by the Number". Ende der 60er kamen Rock-Einflüsse hinzu, und er gilt seither als einer der wichtigsten Vertreter seines Genres, ohne daß ihn das konservative Flair des Country umwehte. Nebenbei für andere Künstler komponierend (z.B. →Billy Joel), beteiligte er sich an diversen Projekten wie z.B. "Highwaymen" mit →Kris Kristofferson, →Willie Nelson und →Jonny Cash.

Jeremy Days Deutsche Band zwischen →Funk und Pop ab Ende der 80er; Balladen-Hit "She`s my Brandnew Toy".

Jesus and the Mary Chain Englische →Underground-Band ab Mitte der 80er mit äußerst derben Gitarren-Verzerrungen, melodiösem Gesang und →Dark Wave-Outfit. Die Band mäßigte sich unter Einsatz von Drum-Computern und →akustischen Gitarren.

Jesus Jones Wichtige Band des →Manchester Rave ("Right Here, Right Now", 1990).

Jesus Loves You →Boy George.

Jethro Tull 1969 im Londoner →Hardrock-Umfeld gegründet und stets geprägt von Ian Andersons nasalem Vibrato-Gesang, seiner aggressiven Querflöten-Technik und seinen →Folk-beeinflußten Musikideen (ab der zweiten LP ist der Gitarrist Martin Barre das einzig ständige Mitglied). Zur Blüte im →Art Rock kam die Band 1971-`75, mit verschrobenem →Image, eigenartiger Lyrik und abwechslungsreichen Kompositionen von teils beachtlicher Komplexität und Länge (z.B. im →Konzeptalbum "Thick as a Brick" 1972, einem 40-Minuten→Gesamtkunstwerk mit dazuerfundenem Skandal und mehrseitigem Zeitungs-Cover). Als sich der einzig musikalisch und im furiosen Bühnengebaren gleichberechtigte Freund Andersons und Bassist Jeffrey Hammond Hammond zurückzog, war Jethro Tull allein mit Ian Anderson gleichzusetzen. Stets virtuos begleitet entfernte er sich anbiedernd mit Elektronik- oder →"Heavy-Metal"-Versuchen immer weiter von seinen Wurzeln und mit merklich geschwächter Stimme gelingt es ihm kaum noch, das alte Feuer aufblitzen zu lassen.

Jett, Joan Die amerikanische Sängerin mit der rauchig-kratzigen Stimme hatte 1982 mit der Hitparaden-kompatiblen →Hardrock-Nummer "I love Rock`n'Roll" ihren einzigen größeren Erfolg. (→Runaways).

Jingle Sekundenkurze Melodie als Erkennungszeichen in Radiosendungen (oft auch mit Text unterlegt).

Jingo de Lunch Deutsche Band zwischen →Heavy-Metal und →Underground mit weiblichem Gesang, ab Ende der 80er.

Jo Jo Gunne Geradliniger, harter →Blues-beeinflußter Rock von Ex→Spirit und Ex→Blue Cheer-Mitgliedern `71-`74.

Jobson, Eddie spielte (u.a.) bei →Curved Air, →Jethro Tull, →King Crimson, →Roxy Music, →Zappa Keyboards und manchmal Geige.

Joel, Billy 1949 geborener, amerikanischer Sänger, Songwriter und Pianist. Mit gefühlvollem Songwriting, poetischen Texten und einer kraftvollen, klaren Stimme erspielte er sich schnell einen Platz unter den Top-Verdienern des US-Showgeschäfts (erste LP 1972, vorher bei "Attila"). Zuerst eher im Piano-Gewand, öffnete sich Joel später Einflüssen aus →Rhythm & Blues/→Soul ("Uptown Girl"), →Gospel ("River of Dreams") oder kraftvollem Rock ("Pressure") und konnte sich bis in die 90er fernab aller Trends in den Hitlisten halten.

John, Elton ist als Sänger, Songwriter (und Pianist) seit seiner ersten LP 1969 bis heute einer der erfolgreichsten Rock- und Pop-Stars (zusammen mit seinem langjährigen Ideal-Texter Bernie Taupin); anfangs noch mit recht hoher Stimme, einer extremen →Rock`n'Roll-beeinflußten Show und trickreichen Kompositionen mit gekonnter Melodie- und Rhythmusführung, Ende der 70er mit kurzem Tief, in den 80ern etwas geglättet und inzwischen in mittlerer klarer Stimmlage, aber immer noch mit Ohrwurm-Kompostionen am laufenden Band. Daß nach so vielen Jahren der Neuigkeitswert beträchtlich nachgelassen hat, ist verständlich. (Hits u.a. "Rocket Man" und "Crocodile Rock" in den 70ern, "Nikita" 1985).

Johnson, Holly Nach der Auflösung 1987 von →Frankie Goes to Hollywood machte deren Sänger solo weiter und konnte mit poppigerem Material und →Image Hits landen ("Americanos").

Johnson, Jimmy Genialer, international gefragter →Blues-Gitarrist und -Sänger der 90er aus Chicago mit frischer Mischung aus Blues, →Jazz, →Funk und →Soul.

Johnson, Linton Kwesi Bekanntester Vertreter der →Dub-Poetry. Ursprünglich intellektueller Lyriker und ehemaliger Stadtteil-Bürgermeister in London, der den →Reggae als Basis eindringlich für seine politisch und sozial engagierten Slang-Texte verwendet ("Inglan is a Bitch", "Street `66", "Forces of Victory", "Making History"). Auch →live mit →Dennis Bovells Dub-Band ein eindrucksvolles Ereignis.

Johnson, Lonnie Mit souveräner, klarer Gitarrentechnik Vorbild für viele →Blues- und →Jazz-Gitarristen in den 50ern und 60ern; kreative und abwechslungsreiche Songs.

Johnson, Robert Er war durch seine Ausstrahlung und musikalischen Fähigkeiten die zentrale Figur des →Mississippi-Blues und ein Bluesman der Superlative. Seine Stimme und sein rhythmisches →Slide-Gitarrenspiel gehören zum besten, was der Blues hervorgebracht hat, und seine Stücke finden sich im Repertoire unzähliger Bands ("Dust my Broom", "Walking Blues", "Crossroads", "Hellhound on my Trail", "All my Love in Vain"). →Muddy Waters und →Elmore James waren seine Schüler.

Jon & Vangelis →Vangelis.

Jones, Grace Die in Jamiaca geborene Sängerin verkaufte mit schrägem Aussehen und →Image sowie bizarren Videos ihre tanzbaren Mischungen aus →Disco, →Funk und Pop ("Pull up to the Bumper", "La Vie en Rose", "Slave to the Rhythm"); anfangs (1977) noch erfolgreich.

Jones, Quincy Der farbige Amerikaner begann in den 50ern als talentierter →Jazz-Trompeter, mutierte enorm seichtelnd und enorm erfolgreich zum kommerziellen Wunderwesen, und trotz wenig Jazz, →Funk und →Soul kommt manche gediegen produzierte LP gut an. Als Produzent ebenso erfolgreich (u.a. für →Michael Jackson).

Jones, Rickie Lee Die Sängerin aus Amerika mit der zarten Stimme klingt durch superbe Technik und feinsinnige Arrangements trotz eines gewissen Understatements ausgesprochen ausdrucksstark. Anfang der 80er recht erfolgreich, ist es ruhiger um die Songwriterin geworden.

Jones, Tom Der walisische Sänger war in den 60ern neben →Elvis Presley einer der erfogreichsten Entertainer. Seine gewaltige →Soul-Stimme in Schmacht- und Schmalz-Pop war ebenso wie sein männliches Sex-Appeal hart an der Grenze zum Kitsch, aber sehr erfolgreich ("Green Green Grass of Home", "Delilah" u.v.m.). Ende der 80er Comeback mit dem →Prince-Song "Kiss", unterstützt von →Art of Noise.

Jonny & the Hurricanes Witziger Orgel- und Saxophonbetonter Tanz-Rock Ende der 50er/Anfang der 60er aus Ohio ("Red River Rock").

Joplin, Janis Die Sängerin von schier unglaublicher Explosivität wurde an der amerikanischen Westküste schon 1966 -`68 mit "Big Brother and the Holding Company" berühmt. Die Veröffentlichung ihres zweiten Solo-Albums "Pearl", 1970, einem Klassiker der Rockgeschichte, erlebte sie aufgrund exzessiven Lebenswandels schon nicht mehr. Mit heiserer Stimme schrie, nuschelte, quietschte und röhrte sie mühelos stilsicher über mehrere Oktaven derart kraftvoll und eindringlich, daß ihr als Gegensatz ("Fire & Ice") nur noch Grace Slick (von →Jefferson Airplane) zur Seite gestellt wurde und sie an Eigenständigkeit bloß mit (der allerdings völlig anders gearteten) →Billie Holiday verglichen werden kann. →Live bis zur Raserei tobend sang sie jederzeit alle an die Wand: die unbestrittene Königin der Rockmusik.

Joplin, Scott Schwarzer Komponist und →Ragtimepianist (1868 -1917).

Jordan, Lonnie (k, perc, v) 1978 und `82 →Rhythm & Blues und →Soul von einem →War-Musiker.

Jordan, Louis Farbiger Amerikaner mit eingängigen Songs zwischen →Jazz und →Blues ab 1938; wichtiger Einfluß auf die →Rock`n'Roll-Szene der 50er (z.B. →Bill Haley); starb 1975.

Jordan, Sass Seit den 90ern singt sich die Amerikanerin mit gepreßter, kräftig-rauchiger Stimme zuerst durch Folk-Rock und dann recht heftigen →Mainstream, ohne rechten Erfolg.

Journey Erst als der Sänger Steve Perry 1978 zu der 1973 in San Francisco gegründeten Band stieß, ging die Erfolgs-Reise los. Der hohe, gekonnt modulierte Knödelgesang, starker Keyboard-Einsatz (Gregg Rolie) und eingängige Songs bestimmten den Sound bis zur Auflösung 1987. Perry und der Gitarrist Neil Schon (→Bad English) versuchten sich solistisch ebenfalls im →Mainstream-Fahrwasser ("Only the Young").

Joy Division Der depressiv-monotone Gesang von Jan Curtis, düstere Gitarren- und Baß-Läufe und dunkel-bizarre Texte machten die `77 gegründete Band zu den wichtigsten Vertretern des →Dark Wave. Nach dem erschreckend →imagegerechten Selbstmord des Sängers löste sich die Band kurz vor Veröffentlichung des zweiten Albums "Closer" auf; Mitglieder formierten später →New Order.

Judas Priest, 1974 in Birmingham gegründet, gelten mit dem schneidend hohen Gesang von Rob Halford, sägenden Gitarren→Riffs und einem ausgeprägten Leder-, Nieten- und Biker→Image als der Inbegriff des →Heavy-Metal der 80er. Nach großen Erfolgen bis in die frühen 90er verließ der prägende Halford die Band und gründete →Fight.

Juicy Lucy Satter Rock mit →Blues der frühen 70er, ständigem Personalwechsel und zwei (→Cover-)Hits: "Who do You love" und "Pretty Woman".

Jungle Um 1994 in England als Ableger der →Acid House-Szene entstandene Strömung. Zeichnet sich durch ge→sampelte →Ragga-Muffin-Beats, die mit etwa doppelter Geschwindigkeit abgespielt werden, ebenfalls von Ragga-Platten gesampelten, sehr schnellen →Raps (und anfänglich sogar Andeutungen von Buschtrommeln und Tarzan-Jodlern), äußerst tiefe Bässe und eine spärliche (wenn überhaupt) Instrumentierung aus (→M-Beat). Mit →Ambientelementen versehen, entsteht "Drum`n'Bass" (→Goldie).

Jungle Brothers →Hip Hop-Formation aus dem Umfeld von →De La Soul mit seit Ende der 80er seltenen, allerdings sehr gefragten Veröffentlichungen (kein "Gangsta→Rap" sondern "politisch korrekt").

Jupp, Mickey Londoner Songwriter zwischen erdigem →Rock`n'Roll und melancholischen Balladen. Obwohl von →Robin Trower oder →Godley & Creme (1979 "Long Distance Romancer") hochkarätig produziert, ein ewiger Geheimtip.

K. C. & the Sunshine Band Amerikaner zwischen fröhlichem →Disco-Sound ("Miami Sound") und →Soul, zuerst als Begleitband von →George McCrae, der ab 1974 auch mit eigenen Platten erfolgreich war ("Give it up").

Kadison, Joshua komponiert Mitte der 90er sehr melodiös wie →Elton John in seinen besten Tagen und singt und klingt auch so ("Jessie"). Er hat allerdings keine Rock-Vergangenheit, sondern einen guten Produzenten.

Kamoze, Ini Hinter diesem japanisch anmutenden Namen verbirgt sich der dunkelhäutige jamaicanische Dreadlock-Troubadour und stimmlich hochpotente →Dancehall-Senkrechtstarter der 90er →Ini Kamoze.

Kansas starteten 1975 mit bemüht konstruiertem Rock, der allerdings durch verschachtelte Vokalharmonien, abrupt wechselnde Stile und eine seltene Elektrogeige (Robbie Steinhardt) auffiel. Eine nur langsam ansteigende Erfolgskurve kulminierte im untypischen Akustikgitarren-Balladenhit "Dust in the Wind" (1977) und nach →Mainstream- und →Hardrock-Versuchen war Mitte der 80er Schluß, obwohl →live durchaus angedeutet wurde, welches musikalische Potential in der Band steckte (→Art Rock). Kenny Livgren (g, k) konnte mit peinlich-religiösen Texten solistisch nicht anknüpfen; Anfang der 90er wurde ein blutleeres Comeback gestartet.

Kanté, Mory, aus Guinea, hatte in Afrika schon 1981 Erfolg, ging nach Paris und war mit Synthesizer-betontem Tanz-Pop zu afrikanischem Gesang und traditionellen Rhythmen und Instrumenten im Rahmen der →Ethno-Welle europaweit präsent. Vor allem →live auch ein ernstzunehmender Vertreter der afrikanischen Tradition.

Kantner, Paul (v, g), von →Jefferson Airplane, veröffentlichte arg abgedrehte Solo-Scheiben.

Karat Deutsche (DDR) Band der 70er und 80er mit eingängig-leichten radiotauglichen Pop/Rock-Songs zwischen Sozialkritik ("Der blaue Planet") und melancholischer Piano-Ballade ("Über 7 Brücken").

Karthargo In den 70ern →Blues-beinflußter Rock aus Berlin.

Kaukonen, Jorma 1940 geborener amerikanischer Sänger und Gitarrist. Der Ex→Jefferson Airplane- und →Hot Tuna-Musiker startete 1974 eine Solokarriere mit sanftem →Blues- und →Country-Stücken.

Kay, John Kraftvoller Sänger und Mastermind der →Steppenwolf.

Keaton, Michael →Bluesgitarrist der 80er an der Grenze zum →Hardrock.

Keel →Steeler (I).

Kelly Family Angeblich irische Familien-Band im Zigeuner-Look. Nach langen →"Folk"-Anfängen, Öffnung zu "Rock" und Pop und dank Baby- bis Oma-tauglichem →Image mit großem Erfolg in den 90ern in Deutschland (LP "Over the Hump").

Kershaw, Doug Seit den 60ern bekannter →Cajun-Geiger und -Sänger.

Kershaw, Nick Synthesizerbetonter, eingängiger (manchmal hymnenhafter) Pop um den nasal-weinerlichen Sänger mit Erfolg \`83/\`84 ("Wouldn\`t it be Good", "The Riddle").

Keyboard Tasteninstrument; meist sind →Synthesizer (anfänglich "Moog"), elektrische Orgeln u.s.w. gemeint; aber auch: Klavier, Spinett, Kirchenorgel etc.. Die elektrischen Instrumente reichen klanglich vom warmen, satten Sound der Hammond-Orgel über quiekende oder zirpende Klänge des →Synthesizer bis zur Nachahmung menschlicher Stimmen oder anderer Instrumente und Nicht-Instrumente (Donner und Topfdeckel). Üblich sind jedoch entfernt an Streicher oder Bläser erinnernde Klänge zur Melodie-Unterstützung (typisch für →Disco- oder →New Wave-Pop) oder Füllung und Glättung (z.B. des →Hardrock).

Khan, Chaka startete (1978 noch neben →Rufus) in Amerika als Solo-Act, der vom →Soul und →Funk immer gesichtsloser zu →Disco und →Dancefloor mutierte. In den 90ern versucht sie mit ihrer weichen und dennoch enorm kraftvollen Stimme ein →jazzorientiertes Comeback.

Khan, Steve Seit den 70ern vor allem Studiogitarrist für unzählige →Fusionprojekte.

Khin, Greg (aus Baltimore) singt mit hoher Stimme ab 1976 zu traditionellem, erdigem Rock ("Jeopardy" 1982 allerdings eher im →Disco-Gewand).

Kid Creole & the Coconuts →Pop-Ensemble um den Sänger Coati Mundi zwischen →Disco, →Latin und Anleihen aus der Tanzmusik der 20er- und 30er-Jahre. 1980 in New York gegründet. 1982 einzig nennenswerter Erfolg mit "Stool Pigeon" und "Annie, I`m not your Daddy".

Kidjo Angelique Seit den 80ern ist die →jazzgeschulte Sängerin aus Benin international unterwegs (u.a. mit →Pili Pili) und wurde zunehmend bekannt mit an afrikanischer →Folklore, →Funk oder →Dancefloor orientierten Soloplatten.

Killing Joke Die 1979 um den Sänger Jas Coleman gegründete Band gilt als eine der einflußreichsten des britischen →Undergrounds. Sie begannen als →Punk→Heavy-Metal-Kreuzung, kamen über eine →Dark Wave-Phase zum Pop. Nach längerer Pause sind sie heute zeitgemäß im →Heavy-Metal/→Industrial-Stil unterwegs.

Kimball, Bobby Der →Toto-Sänger mit der hohen, melodiösen Stimme verließ die Band 1984 und startete eine Solokarriere (und war bei →Far Corporation zu hören).

Kin Pin Meh →Krautrock aus Mannheim (70er).

King Albert Einer der großen →Bluesgitarristen der 70er und 80er (LP "San Francisco" `83, Hits "Born under a Bad Sign", "Crosscut Saw", "Laundromat Blues"). Er spielt härter, geradliniger als sein Vorbild →B.B.King und singt kräftig, aber nicht so flexibel.

King, B. B. gilt als der Altmeister und einer der Giganten des modernen →Blues. Durch seine virtuose Gitarrentechnik und seine mächtige Stimme schaffte er es ab 1952 ("Three O'Clock Blues", "Please love me"), Ohrwürmer zu schreiben, die auch die Top Ten erreichten ("Every Day I have the Blues", "Sweet Little Angel", "It`s my own Fault", "You upset me, Baby", "Don't answer the Door", "The Thrill is gone"). Hervorragend: "B.B. King Live at the Regal", 1964.

King, Ben E. Farbiger →Rythm & Blues-Sänger (ehemals bei den →Drifters) mit "Spanish Harlem" und dem Dauerhit "Stand by me" (beide aus den 60ern).

King, Carole war im Songwriterteam zusammen mit ihrem damaligen Mann Gerry Goffin für Kollegen (und auch mit kleinen eigenen Hits) Anfang der 60er erfolgreich. Ihr Mega-Seller "Tapestry" war mit kompaktem Soft-Rock 1971 Höhepunkt der ansonsten eher flachen Karriere (Ausnahme: "Hardrock Cafe").

King Crimson starteten 1969 mit Greg Lake (b, v) und dem Texter Pete Sinfield und einem auffallenden →Art Rock-Epos: "In the Court of the Crimson King", abwechslungsreich in Sound, Instrumentierung und Komposition; stets melodiös und lyrisch. Nach Lakes Weggang (→Emerson, Lake & Palmer) und spätestens nach dem Rauswurf Sinfields 1972 richtete sich die Band an dem vielschichtigen und experimentellen Gitarristen Robert Fripp aus. Dessen manchmal verschrobene Ideen fanden auch in zahlreichen Soloprojekten Ausdruck. Nach vorübergehender Auflösung Mitte der 70er tönt und experimentiert die Band ab 1981 wieder, Mitte der 90er sogar mit sehr hartem Sound.

King Curtis Der farbige amerikanische Saxophonist war als Begleitmusiker für →Elvis Presley, →Bill Haley und vor allem →Aretha Franklin bekannt, bevor er in den 60ern →Jazz-geschult rhythmisch feurige →Soul-Hits unter eigenem Namen veröffentlichte (1971 erstochen).

King Diamond →Mercyful Fate.

King Freddie beeinflußte in den 60ern und 70ern als →Bluesgitarrist der Spitzenklasse (mit Elementen der Rockmusik) Blueser (→Magic Slim) wie Rocker (→Eric Clapton) und ist trotz seines Todes 1976 wichtig für den Blues der 80er; ("Have You ever loved a Woman", "Hide away", "The Stumble").

King Jammy →Prince Jammy.

King Tubby Urvater in Sachen →Dub-Reggae. Mit seiner Haus-Band "The Aggrovators" und dem Produzenten Bunny Lee kreierte er Ende der 60er bis Mitte der 70er Jahre einen unverwechselbaren Dub-Sound. Diese Sound-Revolution setzt sich bis in die 90er in der internationalen Musikszene fort. Eine der wahren Größen hinter dem Mischpult.

Kingdom Come Das deutsch-amerikanische →Hardrock-Projekt (ab Mitte der 80er Jahre) konnte sich dem naheliegenden Vorwurf, →Led Zeppelin-Epigonen zu sein, nicht entziehen. In den 90ern nur noch mäßig erfolgreich.

Kingfish Unter Mithilfe von Bob Weir (→Grateful Dead) gegründete Band, die ab Mitte der 70er mit mehreren sanften Gitarren, ausgefeilten Harmonie-Gesängen und leichtem →County-Einschlag musiziert.

Kings X Ab Mitte der 80er spielte das amerikanische →Heavy-Metal-Trio drastisch geschrubbte rhythmische Gitarren und sang gerne melodiös im Chor oder gab akustische Einlagen; in den 90ern versuchte die Band mit langsameren →Black Sabbath-ähnlichen Gitarrenriffs weniger harte Rhythmik zu zeigen.

Kingston Trio, The 1958 hatte die kalifornische →Country- und →Folk-Band mit der üblichen Cowboy-Romantik den Hit "Tom Dooley".

Kinks 1963 um Sänger/Songwriter Ray Davies in London gegründet und schon in den 60ern mit vielen großen Hits wie z.B. "You Really got me". Sie sind durch ihre brachialen Gitarren wichtige Wegbereiter des →Hardrock. Die Band, auch geprägt von der lässig-nasalen Stimme Davies, experimentierte mit verschiedensten Stilformen des Pop (bis zu satirisch gelungenen →Konzeptalben) und hatte weiter große Hits wie "Apeman", "Sunny Afternoon" und "Lola". Stets simplen und eingängigen Songs verpflichtet, gab es in den 80ern noch einmal einen (Comeback-)Hit mit der Pop-Nummer "Come dancing".

Kinsey, Big Daddy (geb. 1927) trägt als Erbe →Muddy Waters' mit Gitarre und Gesang den →City-Blues in die 90er (LP "Ramblin Man" 1993).

Kinsey Report Eine der Sensationen des →Blues der 90er, bestehend hauptsächlich aus Söhnen des →Big Daddy Kinsey; moderner Blues mit Rock, →Funk und →Soul.

Kirk, Roland Eigenwilliger →Jazzer (1977 gest.), der bis zu drei Blasinstrumente gleichzeitig spielte und über 50 weitere Instrumente beherrschte.

Kiss Einfacher, gerader →Hardrock mit noch einfacheren Mitgröhl-Refrains und die alles in den Schatten stellende Monster-Schmink-Show machten die 1973 in New York gegründete Band immens erfolgreich (auch mit dem →Disco-Klassiker "I was made for loving You" `79). 1983 gaben Kiss ihr Masken-Image auf und drifteten in Richtung →Mainstream ab, um sich nach entsprechendem Tief Anfang der 90er musikalisch wieder auf ihre Wurzeln zu besinnen ("Revenge"). 1996 in Originalbesetzung auf Tour mit der alten Schminkshow.

Kitaro Japanischer →New Age-Künstler; unter Einbeziehung von Synthesizer, Naturgeräuschen, Orchester-Arrangements und fernöstlicher Folklore nicht zu unrecht einer der erfolgreichsten seines Fachs.

Klaatu Kanadische Band, die melodiösen Soft-Rock, futuristische Raumfahrt-Texte und mehrstimmigen Gesang verband; 1976 bis in die 80er.

Klassik meint eigentlich die Wiener Klassik (ca. 1770 -1830) um Beethoven, Mozart und Haydn, wird heute jedoch für alles verwendet, was mindestens hundert Jahre alt ist (→J.S. Bach ist als Barockmusiker um 1700 der mit "Klassik" wohl meistfehlinterpretierte "Klassiker"). Auch wenn in moderner Musik viel gegeigt und wenig geschlagzeugt wird, heißt das "Klassik"; wenn opernhaft gesungen wird oder eine populäre Melodie aus alten Zeiten vorkommt, handelt es sich mindestens um "Klassik-Rock". Auf dem Pop-Markt hat "Klassik" nur grotesk vereinfacht eine Chance; wenn`s kompliziert wird, nennen wir`s →"Jazz".

KLF (Kings of the Low Frequencies) Britisches →Dancefloor/→House-Projekt mit Hits wie "3 a.m. Eternal" Anfang der 90er; Vorreiter des →Techno.

Klugh, Earl Der Gitarrist veröffentlichte nach Gastspielen, u.a. bei →George Benson, teilweise sehr sanfte →Fusion-LPs seit den späten 70ern.

The Knack "My Sharona" war der einzige Hit der `78 in Los Angeles gegründeten →Mainstream-Band mit 60er→Beat-Anleihen.

Knight, Curtis Der amerikanische Gitarrist und Sänger zwischen →Blues und Sprechgesang war ein früher Förderer von →Jimi Hendrix, dessen Gitarren-Spiel wiederum ihn nachhaltig beeinflußte.

Knight, Gladys (& the Pips) 1958 entstandene amerikanische →Rhythm & Blues/→Soul-Band um die farbige Sängerin Gladys Knight; 1967 erster großer Hit "I heard it through the Grapevine" und über zwanzig Jahre später noch einmal mit dem Titelsong zum Bond-Film "License to kill" erfolgreich.

Knopfler, Mark Sanfter Gitarrist und Sänger der →Dire Straits; solo ab den 80ern u.a. mit entspannten Film→Soundtracks oder Mitte der 90er exakt wie in der Band klingend.

Koda, Cub machte im amerikanischen Underground mit rauh-gequälter Stimme und direktem, leicht →Punk entlehntem Rock in den 80ern nur bei Insidern Furore.

Konzeptalbum meint eine Schallplatte, die nicht nur einfach Titel an Titel reiht, sondern ab Ende der 60er, als sich die →LP vor allem im Rahmen des →Art Rock neben der →Single etabliert hatte, ein Gesamtkonzept, das Covergestaltung, Texte und Musik unter ein Thema stellt (die Selbstfindung eines gewissen "Real" auf der LP "The Lamb lies down on Broadway" von →Genesis, 1974) oder sogar nur einen einzigen Titel enthält (mit "Thick as a Brick" erfand Ian Anderson für →Jethro Tull 1972 nicht nur die Memoiren eines Achtjährigen sondern auch noch einen geschickt inszenierten Medienrummel dazu: ein Gesamtkunstwerk also). →Rock-Opern wie "Tommy" von den →Who sind ebenso eine Spielart dieser Idee wie z.B. klanglich einheitliche Spielweise bei →Pink Floyd oder dem frühen →Mike Oldfield.

Kool & the Gang verbanden, 1969 in Ohio gegründet, unter Einsatz von Bläsern →Funk, →Rhythm & Blues sowie →Jazz und hatten mit pumpenden Tanz-Nummern (u.a. "Ladies' Night", "Celebration", "Victory") und Schmalz-Balladen ("Cherish") einige Hits.

Kooper, Al Der New Yorker Gitarrist und Keyboarder (Produzent für u.a. →Lynyrd Skynyrd, →The Tubes; Mitbegründer von →Bluesprojekt, →Blood Sweat & Tears, →Supersession) bemühte sich um die Integration von →Blues und →Jazz in den Rock und leistete ab 1969 auf Solo-LPs mit Geräuschcollagen, Orchester- und Chor-Arrangements lange Zeit Pionierarbeit.

Korgis Süßlicher britischer Pop Anfang der 80er ("Everybody`s got to learn Sometime").

Korner, Alexis Der Urvater des weißen britischen Blues. In seiner Band wuchsen Stars wie →Mick Jagger, →Jack Bruce, →Eric Burdon, →John Mayall, →Ginger Baker und viele andere heran. Trend- und Kultfigur der →Blues- und Rockmusik der 60er/70er. 1984 gestorben.

Kossoff, Paul Gitarrist der →Free; ab `72 in diversen (Solo-)Projekten und `76 gestorben.

Kottke, Leo Ab 1970 wandelte sich der hochvirtuose →Country-beeinflußte Gitarrist mit der tiefen Stimme von (z.B.12-Saiten→Slide-)Gewirbel über schlichte Songs zu einem ausgefuchsten Liedkomponisten mit inzwischen etwas zurückhaltenderen Ausflügen in vormalige Akrobatik.

Kraan Ab 1971 aus Deutschland mit hartem Rock und allen möglichen Experimenten. Bassist Helmut Hattler ist ab 1977 solistisch unterwegs und zuletzt bei →Tab Two.

Kraftwerk Deutsche Band ab Anfang der 70er; Pioniere des elektronischen Pop, da als erste mit Synthesizern, Drum-Maschinen und androgynem Styling (Mensch/Maschine) in der →Avantgarde musizierend. 1974 "Autobahn", Anfang der 80er "Das Modell" im Zuge der →Neuen Deutschen Welle; Einfluß auf →Techno, →EBM, →Industrial u.v.a..

Krautrock Von britischen Journalisten geprägter ungenauer Begriff, der in erster Linie die musikalisch-technisch unbedarfte Spielweise deutscher Rockmusiker zwischen uninspiriertem Gedudel und kantiger Freudlosigkeit meint; manchmal auch nur eine Herkunftsbezeichnung (Krauts = Deutsche).

Kravetz, Jean Jaques Keyboards (Hammond-Orgel) für →Inga Rumpf, →Peter Maffay u.a..

Kravitz, Lenny Der amerikanische Sänger/Songwriter orientiert sich stark am Rock und Pop der 60er/70er und darf daher als erfolgreichster Retro-Künstler der 90er angesehen werden; zahlreiche Hits wie "Are You gonna go my Way" (→Hendrix-orientiert) oder die Pop-Ballade "Stand by my Woman".

Kreator Deutsche →Thrash-Metal Band mit kreischendem Gesang und Anfang der 80er mit →Death-Metal naher Brutalität.

Kreolische Musik entsteht im Pop und Rock in erster Linie durch Beimischung afrikanischer und französischer Einflüsse im "New Orleans Sound" (aber auch darüberhinaus wie in Haiti). Eine eigentümliche Stimmung ("Voodoo") findet sich z.B. in geringem Maße bei →Fats Domino oder →Mink deVille, rhythmisch vertrackt sind die →Little Feat. Zwei rundherum typische Vertreter sind →Dr. John und die →Neville Brothers.

Kristofferson, Kris Texanischer →Country-Sänger; mit tiefer, melancholischer Stimme eine feste Größe im Genre. Auch als Schauspieler tätig; vor allem in den 60ern als Songwriter erfolgreich (z.B. für →Janis Joplin); erste eigene LP 1970.

Krokodil Schweizer →Bluesband mit etwas →Rock und →Psychedelic (frühe 70er).

Krokus Schweizer →Hardrock-Band ab 1978 bis Mitte der 80er; erst in Richtung →AC/DC und dann immer weiter in Richtung harmlosen →Mainstreams.

Kronos Quartet →Avantgardistisches Streichquartett, das neben modernen →Klassik-Kompositionen auch Rock-Vorlagen verarbeitet (z.B. von →Jimi Hendrix).

Kruder & Dorfmeister Die zwei →DJs mischen von Wien aus die europäische →Dancefloorszene mit neuen Ideen auf; 1 LP 1996 "DJ Kicks" mit →Remixen in Richtung →Drum`n'Bass, →Trip Hop, →Dub u.s.w..

Krupa, Gene Legendärerer (30er, 40er, 50er) Schlagzeuger des →Swing, u.a. bei →Benny Goodman.

Krupps, Die Fingen Anfang der 80er Jahre im Zuge der →Neuen Deutschen Welle (mit deutschen Texten) als →Industrial-Band auf reiner Synthesizer-Basis an. Nachdem es Ende der 80er einige Zeit still um die Band wurde, schaffte sie deutlich →Heavy-Metal orientiert ein Comeback. Mit englischen Texten gelten die Krupps in den 90ern weltweit als eine der wichtigsten Vertreter des neuen Industrial, wobei sie melodiöser als die Konkurrenz aufspielen.

Kuti, Fela Anikulapo Nigerianischer Saxophonist, begann seine Karriere schon Mitte der 50er; in den 70ern wurde seine Mischung aus brodelnder afrikanischer

Tanz→Folklore, Pop und Bläsern mit kurzen →Jazz-Improvisationsansätzen bekannter (und textlich politischer); im Rahmen der 80er→Ethno-Welle politisch immer fragwürdiger und mit stetig steigenden Verkaufszahlen.

Kyuss Amerikaner, die in den frühen 90ern 70er→Heavy-Metal (→Black Sabbath) mit →Psychedelic mischten.

LA Guns Amerikanische →Hardrocker um den →Guns n'Roses-Mitbegründer T.Guns (g) in den 80ern.

Label (Klebeetikett) meint: Plattenfirma.

Labelle, Patti Die farbige Amerikanerin hatte 1975 unter dem Gruppennamen "Labelle" den →Disco-Hit "Lady Marmelade" (Text: "Voulez vous coucher avec moi, ce soir") und 1986 im Duett mit Michael McDonald den US-Erfolg "On my own".

Lacrimosa Deutscher elektronischer →Dark Wave (Gothic) der 90er-Jahre.

LaFarge, Peter Im Rahmen der 60er-Folk-Bewegung beachteter indianischer Sänger.

LaFlamme, David →Folk-Sänger und Geiger; →It`s a Beautiful Day.

Laibach Jugoslawische Dröhn-Aktivisten (→Heavy-Metal-Gitarren und Orchesterparts) zwischen →Industrial und leicht mißzuverstehendem Nazi→Image ab Ende der 80er. Kriegsbedingt in den 90ern Hinwendung zu politisch unverdächtiger Satire.

Lake, aus Deutschland, spielten ab 1973 melodiösen →Hardrock (mit Bläsersätzen); später zurückhaltenderen, keyboardbetonten Rock.

Lang, K. D. Vor allem in ihrer Heimat Amerika erfolgreiche Pop-Sängerin der 90er.

Lanois, David (g, v) Kanadischer Produzent mit Wohnsitz in New Orleans, der u.a in den 80ern erfolgreich für die →Neville Brothers, →Bob Dylan oder →Emmylou Harris tätig war und sehr eigenwillige atmosphärische LPs herausbrachte.

Last Exit Bis Ende der 70er eine leicht ange→jazzte Band mit →Sting als Sänger.

Last Poets Mit der Aggressivität des →Free Jazz und radikalen politischen Texten artikulierten vier Schwarze Anfang der 70er zu Congabegleitung

Selbstbewußtsein. Ihr teils heftigster Sprechgesang wurde im Rahmen des →Rap Ende der 80er zunehmend als Vorbild gewürdigt.

Laswell, Bill (b) wurde ab Mitte der 70er vom →Rythm & Blues kommend, mit elektronischen Experimenten (Bands: →Material, "Praxis") zum →jazzigen →Avantgarde-Katalysator und Studiohelfer für unzählige Kollegen.

Latin Music bezeichnet die Einbeziehung vielfältigster lateinamerikanischer (→Bossa Nova) oder spanischer und portugiesischer Stilelemente wie z.B. Samba oder Flamenco, die sich zumeist in der →Rhythmik (und ihrer Instrumente) niederschlägt. Im →Jazz (→Dizzy Gillespie oder →Stan Getz) sowie im Rock (→Santana) muß also dazugesagt werden, welcher Einfluß genau gemeint ist. →Salsa (Soße) meint ähnliches, jedoch ohne genaue Definition.

Latin Quarter Mitte der 80er formierte sich um den Multiinstrumentalisten und Sänger Steve Skaith (zerbrechliche, leicht weinerliche und modulationsfähige Stimme, oft im Duett mit einer Gastsängerin) in Großbritannien eine zart instrumentierte Rock-Gruppe mit leisen Melodien und politischen Texten. Offensichtlich zuwenig aufregend für den großen Erfolg.

Lauper, Cindy Mit schrillem Pop, quietschender Stimme, buntem Outfit und quirligem Auftreten gelang der amerikanischen Sängerin 1983 mit "Girls just wanna have Fun" ihr erster Hit. Nach weiteren Erfolgen sank ihr Stern ab der zweiten LP 1986 schon wieder beträchtlich.

Leadbelly Auch: Huddie Ledbetter (aus Amerika, 1885 -1949). Der selbsternannte König der 12-Saiten-Gitarre war auch ein vielseitiger Songschreiber und spielte Cowboy- und Kinderlieder, aber vor allem den →Blues; er ist für das amerikanische →Folk-Revival der 60er nicht unwichtig.

Led Zeppelin, aus London, gehören ab 1968 zu den Wegbereitern und wichtigsten Vertretern des →Hardrock (und werden wegen ihrer enormen →live-Lautstärke oft dem →Heavy-Metal zugeordnet). Die hohe wandlungsfähige, beinahe kreischende Kopfstimme →Robert Plants, die schweren Gitarren→Riffs →Jimmy Pages (von den →Yardbirds), die tragende Grundierung von Baß oder Keyboard des Studio-Profis John Paul Jones und die satten Schlagzeug-Beats von John Bonham schufen einen unverwechselbaren Sound. Stark →Blues-beeinflußt integrierten sie kunstvoll (→Art Rock) Elemente keltischer oder arabischer Folklore und waren in balladesken →Akustik-Stücken ebenso sicher wie in →psychedelischen Soundeffekten ("Physical Graffiti" '75). Immens erfolgreich, nicht zuletzt durch geschickte →Marketing-Strategien, löste sich die Band 1980 nach dem Tod Bonhams auf; Page und Plant musizieren vereinzelt noch gemeinsam.

Lee, Albert trat ab 1966 in England als Begleit-Gitarrist von →Chris Farlowe oder →Eric Clapton auf und veröffentlichte ab 1978 Solo-Platten zwischen →Country und →Rock`n'Roll, auf denen er mit brüchiger Stimme singt.

Lee, Alvin Gitarrist und Sänger der →Ten Years After mit Soloplatten ab 1973.

Lee, Brenda Die amerikanische Sängerin hatte 1960 den →Rock`n'Roll-Hit "Sweet Nuthin`s".

Lee, Bunny Wichtiger →Dub-Produzent u.a. für →King Tubby.

Leer, Thijs van (k, f, v) Nach →Focus ab 1974 mit Pseudo→Klassik unterwegs.

Legs Diamond Amerikanischer →Hardrock der 80er.

Leiber/Stoller Aus dem amerikanischen →Rhythm & Blues zimmerten die Produzenten und Songschreiber in den 50ern millionenschwere Erfolge für →Elvis Presley ("Hound Dog" (zuvor für →Big Mama Thornton ein Hit), "Jailhouse Rock", "King Creole"), →The Coasters, →Ben E. King ("Spanish Harlem"), →The Drifters, →Carol King und unzählige andere. Ihre Vorliebe für →Jazz und →Blues und die zahlreichen selbstkomponierten →Musicals ("On Broadway") führten zu ungewöhnlichen und stilprägenden Streicher-Arrangements oder unüblichen Instrumental-Begleitungen in ihren Kompositionen. Noch Mitte der 60er waren ihre Hits Standard-Repertoire aller einschlägigen Rock- und Pop-Musiker (→Rolling Stones); auch in den 70ern unentbehrlich (z.B. für das Musical "Grease").

Lemonheads Mitte der 80er in Amerika gegründet, melodiöser →Alternative-Gitarren-Pop. Vom sanften Gesang Evan Dandos getragen, hatten sie mit der →Simon & Garfunkel→Cover-Version von "Mrs.Robinson" `92/`93 ihren größten Hit.

Leningrad Cowboys Große finnische Ulk-Rocktruppe, erstaunlich vor allem im experimentellen und schrägen Bereich. Stets witzig mit →Cover-Versionen bekannter Rock-Klassiker und bekannt geworden durch Filme von Kaurismäkii ab 1980.

Lennon, John konnte nach der Auflösung der →Beatles 1970 zwischen Schwierigkeiten mit seiner aus der New Yorker →Avantgarde-Szene entsprungenen Frau Yoko Ono und Publicity-trächtigen Aktionen immer wieder mit engagierten Texten seinen Ruf als "Intellektueller" der Beatles festigen ("Imagine" 1971). Fundament waren meist einfache Rhythmik und seltener aufwendige Arrangements oder auffallende Melodik. 1980 wurde er erschossen.

Lennox, Annie Kraftvolle, unterkühlt →soulige Sängerin der →Eurhythmics ab 1992 auf weniger inspirierten, aber ungebrochen erfolgreichen zwei Soloalben.

Lenoir, J. B. (1929 -`67) gehörte zur ersten Garde des →Chicago-Blues; →Jimi Hendrix und →Frank Zappa waren beeindruckt. Er verwendete rhythmische Elemente afrikanischer Musik, sang mit hoher Stimme und spielte Gitarre mit →swingendem Rhythmus; Hit in den 50ern "Mama talk to your Daughter".

Level 42 1980 in London gegründet und seither mit Schmalz, →Funk und →Jazz-Anleihen perfektionistisch im Pop-Geschäft unterwegs (Top-Hits in den 80ern, z.B. "Running in the Family"). Typisch der virtuose Slap→Baß und die knarzige Stimme Mark Kings.

Levellers Gitarrenorientierter →Folkrock aus England mit ambitionierten Texten seit Beginn der 90er.

Levy, Barrington Das Mitglied der →Dancehall-Bewegung hatte mit "Herbsman hustling" und "Under me Sensi" zwei Hits in den 80ern und fungierte ansonsten gerne als Gastsänger bei den alternativen Reggae-Richtungen, etwa bei →Rebell MC oder im neuen →Jungle-Style.

Lewis, Huey (& the News) Drei Jahre vorher in San Francisco gegründet, schaffte die Band 1983 mit einer Mischung aus →Rhythm & Blues, →Soul und →Mainstream-Rock den Durchbruch (LP "Spots"), bis es Ende der 80er still wurde um die Band des kraftvoll-souligen Sängers Huey Lewis. 1994 versuchten sie ein halbherziges Comeback mit Coverversionen von Soul- und Rock-Standards.

Lewis, Jerry Lee →Rock`n'Roll-Sänger aus Louisiana, der ab Ende 1957 einige große Hits hatte. Wildes →Image und eine Bühnenshow, in der er sein Klavier mit allen möglichen Körperteilen spielte, waren nicht unmaßgeblich beteiligt ("Great Balls of Fire"). 1958 wuchs sich der Skandal um die Heirat mit seiner minderjährigen Kusine zum herben Karriereknick aus. Seithin Versuche im →Country-Gewerbe.

Lewis, Ramsey Der farbige amerikanische →Jazz-Pianist hatte vor allem in den 60ern zahlreiche →Soul-durchwachsene Hits im Pop-Genre und ist trotz über 30 LPs fast vergessen.

Life of Agony Gefühlvoller und melodiöser Knödelgesang auf →Hardcore→Punk bzw. →Heavy-Metal-Fundament; aus den USA in den 90ern.

Lifetime →Fusion der 70er mit →Tony Williams, →Jack Bruce, →John McLaughlin u.v.a..

Lightfoot, Gordon Männlich-herber kanadischer Gitarren-Barde der frühen 70er mit Lagerfeuer-Songs.

Lighthouse Kanadische →Fusion Band (erste LP 1969); mangels Erfolg Mitte der 70er aufgelöst.

Lindenberg, Udo Der 1946 in Gronau geborene Musiker ist einer der Vorreiter und erfolgreichsten Vertreter des →Deutschrock. Er startete 1957 als Schlagzeuger diverser →Jazz-Bands (u.a. bei →Klaus Doldingers "Passport") und veröffentlichte ab 1972 als Sänger/Songwriter Alben in Deutsch; als Sänger betrachtet liegt er näselnd und nuschelnd eigentlich völlig daneben, aber genau so entwickelte er seinen eigenen charmanten Stil. Textlich von witzig-ironischem Unterhaltungswert und oft anklagend sozialkritisch. Musikalisch vom →Hardrock bis zum Synthesizer-Pop, driftet er mit zunehmendem Alter in seichtere Gefilde.

Lindisfarne vertraten die ganzen 70er hindurch eine Mischung aus Rock und britischer →Folk-Musik, oft leise und mit vielen typischen Folklore-Instrumenten (vln, banjo, h).

Lindley, David (g) Virtuoser amerikanischer →Blues-Rocker mit ausgefeilter →Slide-Technik und Erfolgen in den 80ern.

Liner Notes Nachdem →Jazz-Schallplatten oft mit kennerhaften, langen Kommentaren versehen wurden, die den Hörer über musikalische Zusammenhänge aufklären konnten, verkam diese Sitte im Pop und Rock zu aufgeblasenem, nichtssagendem →Hype. Im Zeitalter der →CD verstärken sich allerdings erneut fundierte musikalische Überblicke, vor allem auf Wiederveröffentlichungen einst maßgeblicher Produktionen.

Little Feat genossen um Lowell George (v, g) ab 1970 den unerquicklichen Ruf einer der meistunterschätzten Bands des Rock. Satte, vielschichtige Arrangements mit ungeheuer →funkigen und verschachtelten Rhythmen zu frechen Texten waren zwar stets auf allerhöchstem Niveau und vor allem →live überragend, doch der kommerzielle Erfolg blieb, unverständlicherweise, aus. Klar, daß sich keiner der (mindestens sechs) Hauptakteure solistisch annähernd so hervorheben konnte, und so kam es 1987 zum willkommenen Comeback. Aber jetzt fehlt, trotz weiterhin erheblichen Könnens, schmerzlich der verstorbene Lowell George.

Little Richard Der in Georgia geborene farbige →Rock`n'Roll-Sänger und -Pianist hatte ab 1956 einige große Hits wie "Good Golly Miss Molly" oder "Long Tall

Sally", war als Schauspieler unterwegs und vermarktete seine musikalische Vergangenheit bis in die 80er immer wieder erfolgreich.

Little River Band Seit 1975 flotte →Mainstream-Rock-Band aus Melbourne, die in den 70ern weltweit gute Erfolge verbuchen konnte und durch ständig kommende und gehende (→John Farnham) Musiker neue Akzente setzte.

Little Walter (Walter Jacobs) Lange Zeit Mitglied der →Muddy Waters Band und mit allen Techniken des Mundharmonika-Spiels gesegnet: vom langsamen Rhythmus bis zum ekstatischen Solo; seine größten Erfolge "Mean Old World" und "Blues with a Feeling" zwischen 1952 und 1967.

live Konzert bei dem zumindest nur in geringem Umfang Tonbandeinspielungen verwendet werden (z.B. anstelle kostspieliger Streicher). Schallplatten-Einspielung, die bei einem Konzert mitgeschnitten wurde und dann gar nicht oder manchmal völlig überarbeitet wird (→Overdubbing).

Live wurde vor allem in Amerika 1994 mit "Selling the Drama" (aus der zweiten LP) bekannt: gefühlvoller Rock mit ausgefeilten Melodien, →R.E.M.-ähnlicher Gesang und Ausflüge in →Grunge-nahe Krachorgien.

Livgren, Kenny →Kansas-Keyboarder mit peinlich konstruiertem Christus-Rock ab Mitte der 80er.

Living Colour Auch →Heavy-Metal sei letztlich aus schwarzer Musik hervorgegangen, beschlossen 1988 vier Schwarzamerikaner und lieferten zündenden →Hardrock mit getragener →Soul-voller Stimme; 1994 aufgelöst.

Lloyd Webber, Andrew "Jesus Christ Superstar" wollte Ende der 60er niemand haben, und so entschloß sich Webber zu einer LP-Produktion mit gefragten Studio- und Band-Musikern (Yvonne Elliman, →Ian Gillan). Der nachfolgende →Musical- und Film-Erfolg ermöglichte weitere Produktionen wie "Evita", "Cats", "Starlight Express", "Phantom of the Opera". Musikalisch immer ärmer, dafür umso geschickter auf den Effekt bedacht und so kommerziell uferlos erfolgreich (Platten-Verkauf und →Musical-Vermarktung). Texte häufig von Tim Rice.

Lofgren, Nils Gitarrist, Pianist, Sänger und Songwriter aus Chicago, bekannt für erdigen, versiert gespielten melodiösen Rock. (1969 bis 1975 in der Gruppe "Grin"); Anfang der 70er Musiker in →Neil Youngs Begleitband "Crazy Horse"; ab 1984 auch bei →Bruce Springsteen.

Loggins, Kenny Der amerikanische Sänger (mit hoher markanter Stimme), Gitarrist und Songwriter veröffentlichte ab 1972 (bis 1977 zusammen Mit →Jim Messina unter dem Namen "Loggins & Messina") eingängigen anfangs →Folk-beeinflußten →Mainstream-Rock ("Hardlight", "Footloose", "Danger Zone").

Londonbeat Englisches Quartett mit eingängigem Pop, das 1990 mit "I`ve been thinking about You" den größten Hit hatte.

Lopez, Trini hatte in den 50er/60ern einige →Latin-beeinflußte →Beat-Hits wie "If I had a Hammer" oder "Lemon Tree".

Lord, Jon Der →Deep Purple-Organist spielte 1969 ein Werk mit der Band und einem Symphonieorchester ein. Auch später versuchte er sich, nicht immer so aufwendig, an ähnlichen Machwerken ("Gemini Suite" 1971). "Sarabande" (1976) hatte sogar einen gewissen Hit-Status.

Lords 1959 in Berlin gegründete, etwas ruppige →Beat-Band; war neben den →Rattles die erfolgreichste deutsche und hatte zahlreiche Hits (1965 "Poor Boy").

Lords of the New Church Die englisch/amerikanische 1981 gegründete Band lieferte rotzige, schnelle und gitarrenlastige →Punk-Nummern, abgehobene Balladen und keyboardlastige Popnummern. Im Vordergrund die Stimme Stiv Bators zwischen sanft melodiös und aggressiv atonal (Anfang der 90er gestorben).

Los Lobos fanden 1974 in Los Angeles zusammen und hatten mit ihrer flott-fröhlichen Mischung aus mexikanischer Volksmusik und Rock 1987 ihren größten Erfolg mit der Filmusik zu "La Bamba".

Louisiana Red (geb. 1936). Ein gesellschaftskritischer →Bluesman und einer der wenigen, die noch mit →akustischer Gitarre spielen. Sein Spiel und scharfer Gesang lassen an →Muddy Waters denken.

Lounge Lizards Die New Yorker Band um John Lurie (s) und Arto Lindsay (g) klingt seit 1979 mit Mustern aus dem Baukasten des →Jazz eher kopfbetont-schräg als kompliziert.

Love 1965 bis `70 zeitgemäßer und angesehener →Psychedelic-Rock mit etwas →Folk und →Beat, allerdings ohne große Umsätze; frühe Versuche mit sehr langen Stücken und mit Orchester.

Love and Rockets Nachfolgeband von →Bauhaus Ende der 80er ("So Alive").

Loverboy Ab Ende der 70er →Mainstream→Hardrock-Band aus Kanada, die in den 80ern weltweit große Erfolge verbuchen konnte. Charakteristisch war der kraftvolle (etwas weinerliche) Gesang ("Turn me Loose").

Lovers-Reggae "Schmuse-Version" des →Reggae.

Lovich, Lene, aus Detroit, hatte 1978 mit "Lucky Number" ihren einzigen großen Hit. Mit buntem Hexen→Image und zumindest gesanglich schrillem Pop mit →New Wave-Anleihen unterwegs.

Loving Spoonful, 1965 in New York entstanden, waren mit unbeschwertem, eingängigem →Folk-Rock die Antwort auf den britischen →Beat und hatten in den 60ern vor allem in Amerika großen Erfolg ("Summer In The City").

Lowe, Nick Englischer Sänger, Komponist und Produzent, der sich seit Mitte der 60er mit wechselndem Erfolg in diversen Projekten am →Rock`n'Roll der alten Schule versucht.

LP (LongPlayer/LangspielPlatte) Nach der Vorherrschaft der →Single wurde die Veröffentlichung einer, besser mehrerer LPs zum Beleg künstlerischen Durchhaltevermögens. Im Zeitalter der analogen Vinyl-Scheibe meist ca. 40 Minuten lang, mit der CD oft auch 60 und mehr; →Art Rock.

Lucifers Friend Deutsche Gruppe, die sich in den frühen 70ern zwischen →Mainstream→Hardrock und →Black Sabbath→Riffs versuchte.

Lucky Dube In Frankreich beheimateter →Rasta-Man, der seit Anfang der 90er Jahre sauber produzierte →Roots-Reggae-Alben auf den Markt bringt und auch live zu überzeugen weiß.

Luftgitarre meint das kindische Nachahmen des oft affektierten Gitarrenspiels ihrer Stars durch junge →Fans, ohne dabei eine Gitarre in Händen zu halten; besonders im →Heavy-Metal→Fankreis verbreitet.

Lunch, Lydia versuchte in den 80ern mit schrillem →New Wave-Gegickse, einigermaßen witzig gegen blutleere Acts wie →Madonna anzukämpfen, aber so ideenreich war sie auch nicht, daß es schließlich nicht ähnlich harmlos geklungen hätte.

Lynch Mob Anfang der 90er Soloprojekt des Ex→Dokken-Gitarristen George Lynch, mit dem er deren →Mainstream-Pfade (wenig erfolgreich) weiterzuverfolgen versuchte.

Lynn, Loretta Eine der erfolgreichsten amerikanischen →Country-Sängerinnen, 1935 geboren. Musikalisch konservativ, jedoch textlich gegen das brave-Mädchen→Image emanzipatorisch, rauh und nasal-gefühlvoll vorgetragen.

Lynyrd Skynyrd waren Mitte der 70er →Blues- und →Country-angehaucht mit trickreichem Rock und dem beherrschenden Klang dreier Gitarren zunehmend erfolgreich ("Sweet Home Alabama", "Free Bird"), bis 1977 bei einen Flugzeugabsturz die halbe Band ums Leben kam. 1980 startete für zwei Jahre die ähnlich klingende "Rossington-Collins Band" aus verbliebenen Mitgliedern und verstärkt um die kraftvolle Stimme der Sängerin Dale Krantz. Ab 1987 belebte sich die Band langsam wieder, jetzt mit dem Bruder des verstorbenen Ronnie van Zandt, Jonny, als Sänger; spieltechnisch virtuoser, aber leider etwas uninspiriert.

M Walking on the Water Deutsche →Folk-Band ab den 80ern auf internationalem Niveau und mit zahlreichen musikalischen Anleihen.

M/A/R/R/S 1987 erschien "Pump up the Volume" in dem →House, →Hip Hop und →Disco vermischt den Anstoß für die →Acid House-Bewegung ergaben.

M-Beat 1993 entstand in England zusammen mit dem schnellen →Rapper General Levy der erste Hit der →Jungle-Bewegung "Incredible".

M.O.D. Ab Mitte der 80er die Band des Ex→S.O.D-Sängers Billy Milano; musikalisch ebenso schneller →Thrash-Metal/→Punk, textlich oft als rechtsradikal kritisiert.

M.S.G. →McAuley-Schenker Group.

MacAlpine, Tony Typischer amerikanischer Gitarrenzwirbler der 80er mit synthetischer →Hardrockbegleitung.

Machine Head 1994 mit der LP "Burn my Eyes" erfolgreiches Debut in →Heavy-Metal-Kreisen; stark an →Pantera angelehnt.

Macka B Bestes Pferd aus →Mad Professor's Stall. Der farbige englische →DJ →toastet sich seit Anfang der 80er mit vom o.g. →Dub-Meister ausgezeichnet produzierten Musikstücken und anspruchsvollen politischen und sozialkritischen Lyrics konsequent nach oben.

Mad Professor Überaus produktiver →Dub-Alchemist ("Dub Encounter Part 1 - 12") aus England, für den Sparsamkeit bei den Dub-Effekten ein Fremdwort ist. Produziert zahlreiche Kollegen wie →Macka B, →U Roy, →Ranking Ann; Zusammenarbeit mit →Lee "Scratch" Perry.

Madness, The Der populären britischen →Ska/Gitarren-Pop-Combo gelang humorvoll-skurril in den 80ern des öfteren der Sprung in die kommerziellen Charts ("Our House").

Madonna Die 1960 in Detroit geborene Sängerin stellt die erfolgreichste →Pop-Interpretin der 80er dar. Zwischen tanzbaren eingängigen Songs und Balladen-Sound fand die Sängerin mit der etwas piepsigen Stimme stets einen Weg, den Nerv der Zeit zu treffen ("Like a Virgin" `84, "Material Girl" `85). In den 90ern kann allerdings selbst das extrem schwachsinnige Sex→Image dieses archetypischen Pop-Produkts den Karriere-Knick nicht verhindern, auch wenn ihr gekonntes Songwriting noch für kleinere Hits wie "Take a Bow" gut ist.

Madredeus Die seit einem Jahrzehnt musizierenden Portugiesen mit typischer leicht kindlicher Sängerin und kammermusikalischer →Folklore wurden 1995 durch einen Film von Wim Wenders zunehmend bekannt ("Ainda").

Maffay, Peter Deutscher →Schlagersänger, der sich ab Mitte der 70er vergeblich um das →Image eines Rockers bemüht und immer aufwendig produziert wird.

Magic Sam (Sam Maghett) Seine hohe Stimme und sein aggressives Gitarrenspiel machten ihn bis zu seinem Tode 1969 zum →Blues-Star in →Chicago; ("All your Love", "Easy Baby", "Everything`s gonna be Allright").

Magic Slim Der gefragte →Chicago-Blueser versteht sich mit rauhem Gitarren-Stil und intensiver Stimme als Nachfolger seines Freundes →Magic Sam.

Magma ist ab 1969 ein ausuferndes Konzept von Christian Vander aus Frankreich mit selbsterfundener Sprache, seltsamen Experimenten und kruder Mystik.

Magna Carta Sanfter und leichter Pop→Folk der 70er aus England.

Magnum 1978 in England gegründete Band, die mit sehr konventionellem →Mainstream-Rock vor allem Mitte der 80er in Deutschland Erfolg haben konnte; Abschiedstour 1996.

Mahal, Taj Dem →City-Blues nahestehender Einzelkünstler mit eher kopflastigem Beziehungen zum Blues und Publikum aus dem Rock- und →Soulbereich ab den 60ern.

Mahavishnu Orchestra →Fusion um den Gitarristen →John McLaughlin in den 70ern.

Mahogany Rush →Mainstream-Trio um Frank Marino (g) in den 80ern.

Mainstream (Vorherrschende Richtung) Im Bestreben eingängiger zu klingen und somit größere Kundenkreise anzusprechen, legen manche Bands oder Musiker ihre charakteristischen Stilmerkmale ab und ersetzen sie durch zeitgemäß-üblichen Sound. Der Begriff ist meist abwertend gemeint, da der ursprüngliche Liebhaber z.B. der harten Gitarren im →Heavy-Metal durch verwässende Keyboards verprellt wird, oder sich der Kenner feiner Frauenstimmen nach der →Grungewelle plötzlich selbst in Balladen mit harten Gitarren konfrontiert sah. Im Allgemeinen sorgen Keyboards, Chorgesäusel und einfachste →Dancefloorbeats für den guten Durchschnit im Stile von "Kaufhausberieselung".

Makeba, Miriam Schon 1954 begann die Südafrikanerin (z.T. in afrikanischen Sprachen) afrikanische Musik mit westlichem Pop zu mischen. Musikalisch eher konventionell, ist sie bis heute die politisch erste Stimme Afrikas - nicht zuletzt durch zeitweilige Wohnsitznahme in den USA ("Pata Pata" war `67 dort zuerst ein Hit).

Malicorne Bretonische →Folkband der 70er und 80er mit teils altertümlichen Instrumenten und Texten.

Malmsteen, Yngwie Der extrem schnelle schwedische Gitarrist versuchte sich Anfang der 80er relativ erfolglos als Mitglied der amerikanischen →Hardrock-Bands →Steeler und →Alcatrazz und gründete neben "Yngwie Malmsteens Rising Force" diverse Formationen, deren Material völlig neben den ellenlangen Solo-Eskapaden des Meisters unterging.

Mama Bea Französische →Chansonette, die mit kantig eingesetzten Rock-Elementen und ihrer lasziven und gleichzeitig unglaublich explosiven Stimme Mitte der 70er nur in Frankreich Kultstatus erreichte, bis sie in den 80ern in das konventionelle Chanson zurückfiel.

Mama's & the Papa's waren vor allem im Amerika der "Flower-Power-Hippies" 1966 -`68 Superstars mit →Folk-beeinflußtem Pop-Gesang in teilweise vertrackten und dennoch wunderschönen Harmonien ("California Dreamin'", "Monday Monday"). Die Sängerin Cass Elliott hatte mit "Dream a Little Dream of Me" 1968 einen Millionen-Seller. Diverse Comeback-Versuche.

Mama's Boys Irisches →bluesbetontes →Hardrock-Trio der 80er ("Needle in the Groove").

Man Walisische Band mit präzisem →Blues- und →Country-beeinflußtem Rock von 1968 -`76. Vor allem in Deutschland erfolgreich und leider nur →live wirklich ein großer Genuß.

(Manchester) Rave In England von 1989 bis `91 sehr populäre Richtung, bei der →House→DJs in Zusammenarbeit mit Gitarren-Popbands verschiedenste Einflüsse verbanden (mit →Samples, →Toasting usw.). Wichtigste Vertreter waren die →Charlatans, "EMF, "The Farm", "Happy Mondays", "Inspiral Carpets", "Jesus Jones", "Soup Dragons" und die →Stone Roses.

Mandel, Harvey Der Detroiter Gitarrist spielte bei →Paul Butterfield, →Canned Heat und einmal bei den →Rolling Stones; ab 1969 Solo-Platten mit →bluesbetontem Rock.

Manhattan Transfer Gepflegtes Gesangsquartett zwischen →Swing und →Latin, 1971 in New York gegründet.

Manic Street Preachers Englische Band der 90er, bringen eine Mischung aus melodischem →Punk und →Hardrock-Anleihen, aber auch deutlich Pop-orientierte Balladen.

Manilow, Barry Amerikanischer Sänger und Entertainer mit 23 Millionen verkauften LPs 1975 -`80 zwischen aufgeblasenem Pop (z.B. "Copacapana" mit →Latin-Einschlag) und sauber berechneten Balladen ("Mandy").

Mann, Herbie Vor allem als Flötist einer oft harmlosen →Fusion in den 70ern bekannt geworden.

Mann, Manfred Der 1940 in Südafrika geborene Keyboarder und Komponist versuchte sich Anfang der 60er in diversen englischen →Jazz- und →Blues-Gruppen, bis er unter eigenem Namen mit simplem, eingängigem →Beat-Pop Mitte der 60er einige Hits hatte "Do Wah Diddy Diddy", "Mighty Quinn" (von →Bob Dylan). 1971 gründete er **Manfred Mann's Earth Band**, die bis weit in die 80er mit Songs wie "Blinded by the Light" (von →Bruce Springsteen) zwischen melodiösem →Hardrock und Synthesizer-Pop sehr gefragt war.

Mano Negra Ab den späten 80ern hektischer →Folk/→Punk/→Rock aus Frankreich.

Manowar Überzogenes Helden- und Krieger→Image gepaart mit der Arroganz, den einzig wahren →Heavy-Metal zu spielen, und eine immense Lautstärke verhalfen der 1982 in New York formierten Band zu großen Erfolgen in der Szene der 80er; geprägt von bombastischen Arrangements und der ein beachtliches Tonspektrum abdeckenden Stimme von Eric Adams.

Manzanera, Phil Gitarrist der →Roxy Music, der sich ab 1975 mit seinen Solo-Platten zwischen distinguiertem Pop und unerklärlich feinsinnigen Carl-Orff-Adaptionen bewegt; Produzent u.a. für →Split Enz.

Manzarek, Ray Keyboarder der →Doors, mit mäßiger Resonanz auf eigene, handwerklich solide, etwas →jazzige oder orchestrale Werke ab 1975 (in den 70ern u.a. mit Band "Night City").

Marbles, The →Soulorientierte Band um →Graham Bonnet.

Marillion hatten ab Anfang der 80er mit stark an die frühen →Genesis erinnernder, epischer Musik und der ebenfalls an →Peter Gabriel erinnernden Stimme von Sänger →Fish Erfolg. Ohne Fish versuchen sie sich im →Mainstream Mitte der 90er zeittypisch etwas härter.

Marino, Frank Typischer amerikanischer Gitarren→Mainstreamer der 80er.

Mark / Almond Zarte, ruhige, aber nie als langweilig bezeichnete LPs von den aus der britischen →Blues-Szene stammenden John Almond (s, k, perc, v, f) und Jon Mark (v, g, b, perc); 1971 bis in die 80er mit wechselnden, kompetenten Gastmusikern.

Mark `Oh Deutscher →Technointerpret mit zahlreichen Hits in den 90ern.

Marketing bezeichnet die Aktivitäten der Plattenfirmen, mit auffälligem Cover, Werbe-Tourneen, Anzeigen u.s.w. ihre Platten in den Verkauf zu bringen. Die Musik ist dabei oft Nebensache oder gleich am Reißbrett passend zur Marketing-Kampagne entworfen; (→Image). Oft werden völlig artfremde Artikel wie T-Shirts, Aufkleber, Zigaretten, Mützen, Kalender und inzwischen sogar Autos in diesen Werbe- und Verkaufsrummel einbezogen.

Markus hatte mit gequälter Stimme Anfang der 80er den →Neue Deutsche Welle-Hit "Gib Gas, ich will Spaß" zum Mitstampfen und vertrat spätestens mit der Ballade "Kleine Taschenlampe, brenn" (zusammen mit Nena) den Ausverkauf der Bewegung.

Marky Mark Amerikanischer →Rapper mit Bodybuilder→Image. In den 90ern einige Hits zwischen →Hip Hop und Tanzpop: "Happy People" oder "Good Vibrations".

Marley, Bob (v, g) Der unumschränkte König des →Reggae wurde 1945 auf Jamaica geboren, wo er bereits 1959 seinen ersten öffentlichen Auftritt hatte und wo Anfang 1962 erste Songs der Gruppe "The Teenagers" bzw. "The Wailing Rudeboys" (früh schon mit →Peter Tosh) entstanden. Ein früher Produzent war →Lee "Scratch" Perry: herrliche Songs (auf den LPs "Soul Revolution I & II") unter Mithilfe der populären Perry-Band "The Upsetters", deren tragende Musiker Marley abwarb. Ende 1971 veröffentlichte CBS die Single "Reggae On Broadway", der jedoch kein Erfolg beschieden war, die jedoch Kontakt zum Besitzer von Island Records, Chris Blackwell, herstellte. Unter seiner Regie wurden in Jamaica Rock- und →Soul-Elemente zu Reggae-Klängen abgemischt und so den internationalen Hörgewohnheiten angepaßt: die Kritik war aus dem Häuschen (1972 LP "Catch a Fire"). Dem internationalen Durchbruch folgte "Burnin'", und →Bunny Wailer und Peter Tosh starteten Solokarrieren. 1976 folgte mit der Veröffentlichung des Albums "Rastaman Vibration" der größte Verkaufsschlager; weitere Alben wie etwa "Survival" und weltweit äußerst erfolgreiche →live-Tourneen (Doppel-LP "Babylon By Bus") folgten.Bob Marley starb 1981 in Miami an Lungen- und Gehirn-Tumor.

Marley, Rita Noch vor dem großen Erfolg ihres Mannes eine begehrte Solo- und Backgroundsängerin in Jamaica. Versuchte nach dem Tod ihres Gatten mit mehreren Soloalben das Erbe weiterzuführen und agiert derzeit als dessen Nachlaßverwalterin sowie als Mentorin ihres Sohnes →Ziggy Marley.

Marley, Ziggy Seit Ende der 80er schickt sich der Sohn →Bob Marleys an, das musikalische Erbe des Vaters zu bewahren und zu erneuern. Anfangs mit der Band "Melody Makers", jetzt unter eigenem Namen erspielt er sich mit zum Teil stark kommerziellem Einschlag stetigen Erfolg, ohne aber in die Fußstapfen des Papas treten zu können.

Marriott, Steve Britischer Gitarrist und Sänger mit kräftiger, angerauhter Stimme. Nach den →Small Faces und →Humble Pie ab 1976 solo (1991 gestorben).

Marsalis Vater Ellis (p) & Söhne, im →Jazz aktiv; Branford am Saxophon spielt auch mit Rock-Bands und mit dem Jazz→Hip Hop-Projekt "Buckshot Le Fonque", Wynton als Wundertrompeter niemals.

Marshall Tucker Band lieferte ab 1973 typisch amerikanischen →Country-Rock in wechselnder Verpackung.

Martha & the Muffins 1977 in Toronto gegründet; Pop/→New Wave komplex instrumentiert; 1979 Hit "Echo Beach".

Martha and the Vandellas Amerikanischer schwarzer →Soul zum Tanzen in den 60ern (1964 "Dancing in the Streets").

Martin, Moon (John) blieb von 1978 bis in die 80er mit verhaltenem Rock, klarer wehleidiger Stimme und sauberer Gitarrenarbeit ein Geheimtip aus Amerika ("Bad Case of lovin' You" wurde für →Robert Palmer zum Hit).

Martyn, John Schottischer Barde (v, g), der mit brüchig-knödelnder Stimme und wechselnder Rock- oder Pop-Band seit 1967 seine Texte vertont.

Marusha Berliner →Techno-Queen ("Somewhere over the Rainbow") in den 90ern.

Mas, Carolyne konnte ab Ende der 80er mit einigermaßen kraftvollem →Folk-orientiertem Rock und passend angestrengter Stimme von New York aus bescheidenen Erfolg erzielen.

Masekela, Hugh Ramapolo Kommerzieller seichter →Fusion-Sound - aber auch heiße afrikanische →Folklore gehören zum Repertoire des südafrikanischen Trompeters, der auch bei →Paul Simon, →Harry Belafonte, →Herb Alpert u.a. aushalf.

Mason, Dave Der englische Sänger, Bassist und Gitarrist spielte u.a. bei der →Spencer Davis Group, →Traffic und →Eric Clapton; ab 1967 gibt es solide Rock-Soloplatten ohne große Erfolge.

Mason, Harvey Vor allem →Fusion-Schlagzeuger; u.a. bei →George Benson, →Dee Dee Bridgewater, den →Brecker Brothers, →Stanley Clarke, →Deodato, →Herbie Hancock, →Lee Ritenour, aber auch bei →Carol King oder →Santana; solo ab Mitte der 70er.

Massacre Gefeuerte →Death-Musiker nahmen Anfang der 90er unter altem Bandnamen altes Material aus den Anfängen des →Death-Metal auf; schnell, geradeaus und unkompliziert.

Massive Attack Eine der richtungsweisenden →Housebands der 90er mit der Sängerin →Nicolette, zahlreichen Gastmusikern und Einflüssen: dem →Roots-Reggae-Sänger →Horace Andy, Tracy Horn von →Everything but the Girl und →Tricky (Megahit Anfang der 90er: "Unfinished Sympathy"). Ihr `94er Album "Protection" wurde nach Bearbeitung durch →Mad Professor als "No Protection" auch in der →Dub-Szene gefeiert. →Live ist die untypisch vielschichtige →Dancefloorband ebenfalls nicht zu unterschätzen.

Masterboy →Dancefloor der 90er aus Deutschland mit weiblichem Gesang und männlichem →Rap.

Matchbox Englische →Rock`n'Roll-Formation mit einigen Hits Anfang der 80er ("Midnite Dynamos").

Matching Mole Ein Ableger der →Soft Machine Anfang der 70er.

Material Projekt von →Bill Laswell, das sich Mitte der 90er in Richtung →Dancefloor orientiert. Die Einflüsse spiegeln sich in den Besetzungen wieder: →Jazzer wie →Herbie Hancock, →Funkgrößen wie Bootsy Collins und →Reggae Stars á la →Sly & Robbie; daneben auch →Hip Hop- und →Rap-Vertreter wie die →Jungle Brothers.

Matt Bianco Manchmal →Latin-ähnlich und dem flotten Tanz-Rhythmus des →New Wave verbunden, war Anfang der 80er der bläserverstärkte Sound mit monoton gepreßtem männlichem und getragenem weiblichem Gesang gefragt ("Half a Minute").

May Blitz waren 1970 eine →Hardrock-Band aus England, die für die Zeit untypisch weit weg vom →Blues einen eigenartigen Weg gingen - vielversprechend, wäre 1971 nicht schon wieder Schluß gewesen.

May, Brian Der Gitarrist ist nach dem Ende von →Queen Anfang der 90er zwischen →Mainstream und hartem Gitarren-Rock unterwegs.

Mayall, John Schüler von →Alexis Korner und einer der Väter des britischen →Blues. Der Gründer der legendären "Bluesbreakers" brachte viele neue Talente hervor (z.B. →Eric Clapton); über 40 Alben (1968 "Blues from Laurel Canyon", 1993 "Wake up Call").

Mayfield, Curtis war bis 1970 Mitglied der "Impressions" (1983 kurze Wiedervereinigung). Der farbige Sänger, Songwriter und Produzent war mit hoher Kopfstimme und sozialkritischen Texten einer der wichtigsten →Soul-Künstler seiner Zeit, rhythmisch versiert und sparsam arrangiert.

Maytals, The waren mit ihrer Nummer "Do the Reggay" nach der Ära des →Rock Steadies die Taufpaten des →Reggae. Auf Jamaica nur mäßig erfolgreich, konnten sie unter den Namen "Toots & The Maytals" (nach ihrem Sänger Toots Hibbert) überregional Erfolge einspielen.

Maze Amerikanischer →Soul der 80er bis Anfang der 90er.

MC / Master of Ceremony In Jamaica ist der MC der "Zeremonienmeister" über seine technische Anlage (das "Soundsystem" aus baßlastigem Lautsprecher und Plattenspieler etc.) und zugleich →toastender Sänger. In Amerika versteht man unter einem MC meist nur den →Rap-Sänger, der im →Hip Hop den →DJ unterstützt.

McAuley-Schenker Group (M.S.G.) Ende der 70er vom Ex→Scorpions und →U.F.O-Gitarristen Michael Schenker als "Michael Schenker Group" gegründet. Mit dieser Band konnte der Deutsche an alte Erfolge im →Hardrock-Lager anknüpfen und sich weiterhin als virtuoser Gitarrist beweisen. Mit dem Einstieg des →Far Corporation-Sängers McAuley änderte sich der Name und der Stil in Richtung →Mainstream bis zur Auflösung 1994.

McCann, Les Eingängiger →Soul-voller →Jazz-Pianist, der 1964 in Montreux mit "Compared to what" einen großen Hit landete.

McCartney, Paul zeigte nach der Auflösung der →Beatles zuerst mit seiner Band "Wings" ("Band on the Run", 1974), ab den 80ern unter eigenem Namen sein Können als Popinterpret ohne besonderen Tiefgang - jedoch stets mit Sinn für umwerfend verkaufsträchtige Melodien ("Mull of Kyntire").

McCrae, George Amerikanischer →Disco-Sänger mit hoher Stimme und dem 74er-Hit "Rock You Baby".

McDonald, Country Joe →Country Joe.

McDonald, Kathy blieb Backgroundsängerin (u.a. für die →Rolling Stones oder →Quicksilver Messenger Service), da die undankbare Aufgabe, →Janis Joplin 1971 bei "Big Brother & the Holding Company" abzulösen, und ein prominent unterstütztes Soloalbum 1974 ihrer kräftigen Stimme nicht zum Durchbruch verhalfen.

McDowell, Fred Weiße →Blues-Fans entdeckten den religiösen Vertreter des →Country-Blues und Meister der →Slide-Gitarre Anfang der 60er. Er spielte vornehmlich Spirituals und →Gospel-Songs; 1972 gestorben.

McFerrin, Bobby debütierte 1982 mit →Wynton Marsalis als →Jazz-Sänger, der rhythmisch und klanglich mühelos Gitarre oder Trompete nachahmen konnte. Seine unglaublichen stimmlichen Fähigkeiten, die den ganzen Körper benutzen und zwischen höchsten Obertönen und tiefstem Baß vertrackt wechseln, versucht er seither in Gesangs-Sessions ("Vocal Summit" 1983) oder kommerziell ("Don't worry, be Happy" 1988, auf dem er sämtliche "Instrumente" singt) auszuloten.

MC Five, aus Detroit (erste LP 1969), waren mit rotzigem, hartem, →Blues-beeinflußtem Rock Vorreiter des →Hardrock und →Heavy-Metal. Ihre Texte (um Drogen, freie Liebe und Rebellion) und ihre chaotischen →Live-Konzerte sorgten für Krawalle und Kontroversen und machten sie schließlich auch zu Vorbildern des späteren →Punk; Sänger Rob Tyner starb 1991, Gitarrist Fred "Sonic" Smith 1994.

McGregor, Freddie Seit den 80ern ein fleißiger Schmuse- und →Roots→Reggae-Sänger der Extraklasse mit größter Beliebtheit besonders in seiner Heimat Jamaica.

McGuinn, Roger Der Chicagoer Gitarrist und Sänger war bis 1973 Mitglied der →Byrds und veröffentlichte anschließend Solo-Platten im bewährten →Folk-Stil.

McGuire, Barry →Folksänger aus Oklahoma, 1965 mit dem angedunkelten Hit "Eve of Destruction".

McKee, Maria Die amerikanische Sängerin (Ex-"Lone Justice") mit kraftvoller emotionsgeladener Stimme war Anfang der 90er stilistisch nicht festgelegt (Rock mit leichten →Country- und →Soul-Anleihen, "Show me Heaven") und versucht sich Mitte der 90er zeittypisch in härterer Gangart.

McKenzie, Scott lieferte 1967 amerikanischen Hippie-Kitsch mit "San Francisco (be sure to wear some Flowers in your Hair)", der allerdings erschreckend wörtlich genommen wurde, und stieg 1987 bei den reformierten →Mama`s and Papa`s ein.

McLaren, Malcolm machte ab 1976 als ausbeuterischer Manager u.a. der →Sex Pistols, →Adam Ants oder von →Bow Wow Wow von sich reden und setzte auf wenig bemerkenswerten eigenen Platten ab 1983 auf jeweils aktuelle Trends wie →Hip-Hop oder Vogueing ("Tanz"-Stil in Fotomodell-Posen).

McLaughlin, John Schottischer Gitarrenvirtuose, begann in London bei →Brian Auger, →Graham Bond u.a., wurde bei →Miles Davis und →Tony Williams in den USA berühmt und gründete in den 70ern die →Fusion-Gruppe "Mahavishnu Orchestra" (im Verhältnis zu anderen Bands dieser Zeit dem →Jazz noch am nächsten). Pendelt beständig zwischen Elektrik und Akustik; häufig mit lästigem Hochgeschwindigkeits-Spiel.

McLean, Don New Yorker →Folk-Sänger, 1945 geboren, 1971 größter Hit mit "American Pie".

McNeely, Big Jay Saxophonist des →Rhythm & Blues der 60er/70er im allerbesten Sinne des Wortes.

McPhatter, Clyde kam u.a. von den →Drifters, als er sich ab 1958 mit eindrucksvoller, hoher Stimme auf eigenen →Soul-Platten zu Gehör meldete. Erfolgreich (u.a. "A Lover's Question", "Lover Please"), aber dem Business nicht gewachsen starb er 1972.

MC Saar and the Real McCoy Projekt der →Dancefloor-Bewegung mit einigen Hits in Deutschland 1994 und als "Real McCoy" in den USA mit dem Hit "Another Night".

MC Solaar Französischer →Rapper ab Anfang der 90er.

McTell, Ralph 1974 hatte der englische →Folk-Sänger und Songwriter mit der Ballade "Streets of London" seinen einzig nennenswerten Hit.

Meatloaf Der schwergewichtige Amerikaner trat zum ersten Mal in der →Rocky Horror Picture Show mit seiner immergleichen, simplen Melodik vor ein größeres Publikum. Erst sein Album "Bat Out of Hell"(1977) in Zusammenarbeit mit dem Komponisten →Jim Steinman und dem Produzenten →Todd Rundgren machte seinen bombastisch produzierten →Mainstream→Hardrock megaerfolgreich. Stimmliche Probleme und ein zwischenzeitliches Zerwürfnis mit Steinman führten erst 1994 zum gemeinsamen Comeback "Bat Out Of Hell II".

Mecano Spanische Band seit Anfang der 70er mit Riesenerfolgen in Lateinamerika; von tanzbarem →Folk bis zu →Disco und politischen, sozialkritischen Texten und Balladen ("Hijo de la Luna" 54 Wochen in den Charts).

Medicine Head Leichtverdaulicher britischer Pop 1970 -`76.

Megadeth starteten 1983 um den Ex→Metallica-Gitarristen Dave Mustaine als virtuose →Thrash-Metal-Band zu großem Erfolg im Genre. Anfang der 90er gemäßigter und mit großem Durchbruch (LP "Symphony of Destruction") im →Mainstreamlager.

Meisner, Randy Amerikanischer Bassist und Sänger; zunächst bei →Poco (ab 1968), dann ab 1971 bei den →Eagles und ab 1978 auch Solo-LPs ebenfalls mit →Country-Rock.

Mekong Delta Deutsches →Progressive-Metal-Projekt ab Mitte der 80er. →Klassik-Adaptionen (Mussorgsky) und →Konzeptalben weisen auf deutliche Nähe zum →Art Rock hin.

Melanie Die in New York geborene Sängerin war vor allem Ende der 60er, Anfang der 70ern sehr erfolgreich mit Auftritten (u.a. in →Woodstock) und Songs wie "What have they done to my Song, Ma?", "Ruby Tuesday" (von den →Rolling Stones). Besonders hervorzuheben sind weder ihre Texte noch ihre Liedauswahl - allein ihre gellend-weinerliche Vortragsweise mit sich fast überschlagendem Vibrato ist einzigartig; es schieden sich die Geister, und heute hört ihr trotz gereiften Materials kaum noch jemand zu.

Mellencamp, John "Cougar" Teenie-Rocker der späten 70er, der sein selbstgewähltes →Image und den Namen Cougar (Puma) mit ambitionierterem Rock in den 80ern loswurde und in Amerika bis Mitte der 90er recht erfolgreich ist ("Jack & Diane").

Mellow Fellows, (Big Twist (Larry Nolan) & The...) Sehr moderne →Chicago-Blues-Variante: Nolans mächtige Stimme, der Bläsersatz, treibender Rhythmus und der technisch perfekte Gitarrist Pete Special verhalfen der Band 1983 mit dem Album "Playing for Keeps" zum Durchbruch.

Melody Makers Ende der 80er Begleitband von →Ziggy Marley.

Melvins Wenige Bands pflegen einen derart einzigartigen, unverwechselbaren und unnachahmlichen Stil wie die Melvins aus Aberdeen in der Nähe von Seattle. Mit ständigem, manchmal länger als 15 Min. dauerndem meditativen Wiederholen eines einzigen →Riffs, gewichtiger Schlagzeug- und zäher Gitarren-Arbeit kommen sie im perfekten Zusammenspiel der Musiker ultimativem →Heavy-Metal weit näher als manche Medienlieblinge. Die Melvins, die seit Anfang der 80er agieren und erst 1996 kommerziell wirklich durchstarteten, müssen als wichtiger Einfluß auf den "Seattle-Sound" (→Grunge) und gleichzeitig dessen extremste Vertreter gelten.

Memphis Slim (John L. Chatman) Einflußreicher und virtuoser →Blues- und →Boogie-Pianist aus Chicago, der 1962 in Paris berühmt wurde ("Life is Like That", "Rocking the Blues", "Blues and Women", "Legacy of the Blues").

DiMeola, Al Akrobatischer 70er→Fusion- und Flamenco-Gitarrist auf extrem schwankendem Niveau, der ab Ende der 80er verstärkt →Ethno-Einflüsse verarbeitet.

Merchant, Natalie Die Sängerin der →10.000 Maniacs verselbstständigte sich Mitte der 90er ("Carneval").

Merciful Fate Anfang der 80er; dänische →Heavy-Metal-Band um die variantenreiche Stimme des Sängers King Diamond (okkulte Texte und schwarz/weiße Schminke) mit virtuosem, schnellen Gitarrenspiel. Nach vorübergehender Auflösung besteht die Band wieder (neben dem Soloprojekt "King Diamond").

Mercury, Freddie (gest. 1991) Sänger von →Queen; schmachtete sich mit seinem opernhaften Stil ab 1986 durch zwei Soloalben ("Barcelona" mit der Operndiva Montserrat Caballe und "Mr. Bad Guy", das auch in →remixter Form vorliegt).

Mersey-Beat In der englischen Industrie- und Hafenstadt Liverpool (an der Mündung des Flusses "Mersey") sammelten sich Einflüsse des amerikanischen →Rock`n'Roll, →Blues und →Country und mündeten im britischen Blues-Rock (→Alexis Korner) und →Beat (→Beatles).

Merseybeats Kurzlebige →Beat-Vorläufer aus Grossbritannien Anfang der 60er.

Messer Bonzani Sächsische Combo, die sich in Sachen →Ragga-Muffin und →Dancehall→Reggae seit Mitte der 90er in Deutschland einen guten Namen erspielt.

Messiah Schweizer →Death-Metal ab Anfang der 90er Jahre.

Messina, Jim Sänger und Gitarrist aus Texas; zunächst Mitglied von →Buffalo Springfield und →Poco, dann in den 70ern mit →Loggins & Messina recht gut im Geschäft; nach dem Weggang von Loggins geriet er in Vergessenheit.

Metal →Heavy-Metal, →Black-Metal, →Death-Metal, →Thrash-Metal.

Metal-Rap Mitte der 80er begannen →Hip-Hop-Stars wie →L.L. Cool J oder die →Beastie Boys, →Heavy-Metal oder →Hardrock (Gitarren-)→Riffs zu →scratchen oder zu →sampeln oder mit entsprechenden Bands Platten aufzunehmen (z.B. →Run DMC mit →Aerosmith). Während die Hip-Hopper sich anderer Musik zuwandten, begannen nun wiederum die Metal-Bands verstärkt Hip-Hop-Elemente zu integrieren (→Anthrax, →Mordred oder →Faith No More), und es entstand langsam das, was Anfang der 90er unter →Crossover geführt wurde (→Clawfinger, →Rage Against The Machine).

Metallica 1983 in San Francisco gegründet sind Metallica die wohl einflußreichste →Heavy-Metal-Band der 80er. Durch die Vermischung von Heavy-Metal und →Hardcore→Punk-Geschwindigkeit entstand durch sie Speed- und →Thrash-Metal ("Kill `em All"). Ab Ende der 80er geben sich Metallica gebremster und melodischer, was ihnen auch Erfolg beim →Mainstream-Publikum einbrachte. Geprägt wurde der Sound der Band, die inzwischen auch vor Balladen nicht zurückschreckt, vom rauhen und aggressiven Gesang James Hatfields ("Enter Sandman"). 1996 sogar mit →Blueseinflüssen und Anbiederung an die →Alternative-Szene (→Image).

Meters, The →Kreolischer →Funk und →Soul aus New Orleans um Art →Neville (k) und später auch Cyril Neville (perc) in den 70ern und noch etwas hölzern.

Metheny, Pat Ab Mitte der 70er; amerikanischer Gitarrist des →Jazz meist der →Fusion nahe und mit einem Hit aus dem Film "The Falcon and the Snowman": "This is not America" mit →David Bowie.

Metthews, Ian Der Gitarrist und Sänger gründete nach einem Gastspiel bei →Fairport Convention die Band "Southern Comfort", die mit stimmigen Gesangsharmonien und feiner Abstimmung überzeugte und die er dennoch 1970 im Stich ließ. Stilistisch weiterhin dem →Folk verpflichtet, war sein Erfolg seither bescheiden.

Michael, George Der Ex-Sänger der →Wham führte deren Pop-Pfade erfolgreich weiter, wollte aber dann aus dem festgefahrenen, sanft-männlichen →Image ausbrechen, was ihn zwar zu einem Gastspiel als Sänger von →Queen führte, aber trotz Streits mit seiner (Millionen zahlenden) Plattenfirma keine nennenswerten Änderungen zeitigte.

Middle of the Road Schotten, Anfang der 70er mit einfachen Pop-Liedchen sehr erfolgreich ("Chirpy Chirpy Cheep Cheep").

Midler, Bette Die in New Jersey geborene Sängerin und Schauspielerin begann ihre Karriere 1965 in diversen Musicals mit einer von rauh bis sanft wandlungsfähigen, kraftvollen Stimme, fand mit komödiantisch-schriller Bühnenshow und 1980 mit Hauptrolle und Titelmusik des Films "The Rose" auch kommerziell Anerkennung; nach der →Rolling Stones→Coverversion "Beast of Burden" 1983 wurde es merklich ruhiger, und man sah sie wieder häufiger in Filmen.

Midnight Oil 1977 in Sydney gegründete Gitarren-Band zwischen →New Wave-Einflüssen (im Gesang mit sozial engagierten, sich teilweise mit der Unterdrückung der Aborigines auseinandersetzenden Texten) und simplem Rock ("Beds are burning").

Mighty Diamonds Die Edelsteine des →Roots-Reggae. Das jamaikanische Vokal-Trio spielt kontinuierlich seit Anfang der 70er Jahre mit wechselnder Background-Besetzung (etwa →Sly & Robbie oder den →Rass-Brass-Bläsern) hochwertige Produktionen ein.

Mike and the Mechanics Das Nebenprojekt des →Genesis-Gitarristen Mike Rutherford war kommerziell geschickt mit einfachem Pop-Rock ab den 80ern erfolgreich ("Word of Mouth").

Miles, Buddy Farbiger amerikanischer Schlagzeug-Könner u.a. bei den →Ink Spots, →Electric Flag, →Jimi Hendrix oder →Carlos Santana.

Miller, Glenn Amerikanischer →Big-Band-Leader der 30er und 40er mit geschliffen-eingängigem →Swing ("In the Mood").

Miller, Steve startete nach etlichen Lehr- und Wanderjahren 1966 in San Francisco seine "Steve Miller Band", die unter gleichem Namen allerdings ununterbrochen umbesetzt wurde (Lonnie Turner (b) / →Boz Scaggs (v, g) / Ben Sidran (k) / Nicky Hopkins (k) / Jim Keltner (d) u.v.m.). Zunächst →Blues-orientiert und, im Gegensatz zu anderen →Westcoast-Bands, ohne individuelle Experimentierfreude katapultierte sich die Band ab 1972 für mehr als zehn Jahre an die Spitze der LP-Verkäufe ("Fly like an Eagle"). Stilistisch in keiner Weise festgelegt ("Space Cowboy", "The Joker"), hatte die Band stets einen fragwürdig-zauberhaften ("Abracadabra") Zusammenklang auf hohem, schließlich aalglattem Niveau, ohne daß man dem geschmäcklerischen Material (auch bei nachlassenden Verkaufszahlen) seine entspannte Virtuosität absprechen könnte.

Milli Vanilli Das →Dance-Projekt von →Frank Farian flog nach großem Erfolg Ende der 80er ("Girl I`m gonna miss You") auf, als bekannt wurde, daß die beiden Schönlinge, die in den Videos rumhopsten, gar nicht singen können.

Mingus, Charles Einflußreicher Bassist des →Jazz, den →Bebop beerbend, und später Leader vieler Projekte mit jungen Nachwuchskräften.

Minimal Music Instrumental in der →Klassik beheimatet, versuchten in den 70ern Komponisten wie Terry Riley, →Philip Glass oder Steve Reich Klangmuster so oft zu wiederholen und sich so minimal entwickeln zu lassen, daß der Zuhörer erst nach dem Einschlafen eine Veränderung bemerkte; heute haben diese hypnotischen Klangteppiche schon mehr Farbtupfer.

Ministry starteten Anfang der 80er in Amerika als reine Pop-Band auf elektronischer Basis. Nach und nach integrierten sie →Samples, →Industrial-Elemente, verzerrten Gesang, sozialkritische Texte und →Heavy-Metal-Gitarren bis ihnen 1992 mit der LP "Psalm 69" der internationale Durchbruch gelang. Ministry, die auch Nebenprojekte wie die "Revolting Cocks" oder "1000 Homo DJ's" unterhalten, sind die wichtigste und erfolgreichste Band der Industrial-Bewegung der 90er.

Minott, Sugar Meistersänger des →Dancehall-Reggae; Mitte der 70er erste Platten im "Studio One" des berühmten Produzenten →Coxsone Dodds. 1979 mit "Youth Promotion" sein eigenes →Label, in dem er junge und hochmotivierte Talente fördert.

Minutemen Vorläufer der Gitarren→Undergroundband →Firehose.

Misfits, The Die erste Band des Sängers/Songschreibers →Glen Danzig Ende der 70er bis Anfang der 80er. Meist schneller →Punk mit Mitsing-Melodien ließen die Amerikaner zu den wichtigsten Punks ihrer Zeit gehören, und einige Songs sind bis heute oft nachgespielt (z.B. von →Metallica oder →Guns n'Roses).

Mission, The führten den Gothic-Wave (→Dark Wave) der →Sisters of Mercy Mitte der 80er erfolgreich weiter und sind Mitte der 90er nach Umbesetzungen und stilistischen Experimenten abgemeldet.

Mississippi-Delta(-Blues) ist die Geburtsstätte des →Blues; von hier kamen die Urväter →Robert Johnson, →Son House, →Mississippi Fred McDowell und viele andere.

Mitchell, Joni Den großen Umfang ihrer hellen Stimme nutzte die weiße amerikanische Sängerin, Gitarristin und Pianistin in eher leisen Liedern zu persönlichen Texten nicht oft, war stilistisch dafür umso mutiger. Als Songschreiberin für Kollegen bereits berühmt, startete sie 1968 →folkorientiert. Ab 1976 gelang es ihr mühelos, mit entsprechenden Musikern, →Jazz zu bearbeiten, 1982 wurde sie zunehmend rockig und ist heute zu feinen, leisen Tönen zurückgekehrt, ohne daß ihr Gesamtschaffen jemals brüchig gewirkt hätte.

Mitchell, Mitch Schlagzeuger u.a. für →Hendrix, →Bruce, →Chapman.

Mitteregger, Herwig Schlagzeuger und Sänger u.a. für →Spliff und solo.

Moby Grape San Franciscoer →Folk/→Country-u.s.w.-Rock-Band; 1967-`69 mit hohem Werbeaufwand und sinnlosen Technik-Spielereien gestartet und sofort zusammengebrochen; bis Ende der 70er einige erfolglose Comeback-Versuche.

Modern Talking Deutsches Pop-Projekt Mitte der 80er, das vom schwülstigen Gesang Thomas Anders' und der zuckersüßen Produktion Dieter Bohlens geprägt war; nach zahlreichen Hits Trennung. Anders startete eine nur mäßig erfolgreiche Solokarriere, und Bohlen war als Produzent (z.B. für Roy Black) und mit "Blue System" weiter erfolgreich.

Molly Hatchet hatten ab Ende der 70er bis Mitte der 80er mit →Hardrock (drei Gitarren) und Südstaaten-Rocker→Image Erfolg in Amerika.

Money, Eddie New Yorker Rock-Sänger mit hoher und etwas rauher Stimme zu wechselweise hartem oder sanftem Sound, stets jedoch melodiös ("Take Me Home Tonight" 1986).

Monk, Thelonious Kantiger, eigenwilliger Pianist (und Komponist) vor allem des →Bebop ("Round Midnight", "Straight no Chaser") mit wirklicher Anerkennung erst ab den 50ern.

Monkees, The, 1965 gegründet, sollten (mit eigener TV-Show) künstlich zu den amerikanischen →Beatles hochstilisiert werden (→Hype). Nach einigen Hits ("I`m a Believer" oder "Daydream Believer") lösten sie sich 1970 auf und versuchten bis in die Mitte der 80er mehrmals erfolglos Comebacks.

Monster Magnet Wabernder Gitarren-Rock (USA, 90er) mit Texten über Drogen und Weltraum, stark orientiert an den 70er→Hawkwind.

Montrose Der Studio-Gitarrist (auch im →Blues und →Jazz) Ronnie Montrose unterhielt 1974 bis `78 in Amerika seine eigene →Hardrock-Band, die zuerst mit dem kraftvollen Sänger →Sammy Hagar und harten Gitarren→Riffs daherkam. Mit neuem Sänger und immer weicherem →Mainstream wurde sein Konzept, später auch mit neuer Band "Gamma", monoton.

Monty Python`s Flying Circus Britische Komikertruppe, die in ihrer Fernsehserie oder ihren Filmen auch mitsingtaugliche Lieder mit Volksliedcharakter einbauten, bei denen eigentlich nur die Texte wichtig waren ("Always look on the Bright Side of Life").

Moody Blues Mit dem Eintritt von Justin Hayward (g, v, p, perc, k) 1967 festigte sich der Sound der Band (erster Hit 1964 "Go Now") endgültig zum typischen halbelektronischen, früh auch orchesterverstärkten Klangteppich-Rock, der zuerst für Aufsehen sorgte ("Nights in White Satin"), aber schon 1974 als wenig ausbaufähig zur Auflösung führte. Mit dem Ex→Yes-Keyboarder Patrick Moraz versuchte sich die Band 1978 kommerziell geschickter noch einmal.

Moon, Keith Der exzentrische Schlagzeuger der →Who (1978 gestorben).

Moondog (Louis Hardin) Blinder amerikanischer Pianist, Sänger und Mundharmonikaspieler, der zwischen Experimenten (oft auf Themen der →Klassik zurückgreifend) und einfachstem →Blues pendelt, in den 70ern zum ersten Mal etwas wahrgenommen wurde und seither mit seltener Konsequenz zwischen allen Stühlen sitzt.

Moore, Gary Irischer Gitarrist, Sänger und Songwriter; 1975 Mitglied bei →Colosseum II, 1977 bis `78 bei →Thin Lizzy; veröffentlichte schon ab 1973 Soloscheiben, auf denen er (etwas quäkend) auch zu singen angefangen hatte. Seine →Hardrock-LP "Victims of the Future" und das zusammen mit Thin Lizzys Phil Lynott gesungene "Out in the Fields" machten ihn populär und etablierten ihn als

Gitarrenvirtuosen. Durch nicht ganz authentische, aber anfangs einfallsreiche Hinwendung zum →Blues Anfang der 90er wurde er sogar noch erfolgreicher. "BBM" war eine Episode mit →Ginger Baker und →Jack Bruce zu Beginn der 90er.

Moraz, Patrick Nachdem der schweizer Keyboarder lateinamerikanischer Abstammung 1974 bei →Yes ausgeholfen hatte, produzierte er bis in die 80er eigene Alben einfacher Prägung (oft mit leichtem →Latin-Touch) und stieg Ende der 70er bei →Moody Blues ein.

Morbid Angel Ab Ende der 80er vergleichsweise virtuoser →Death-Metal mit okkult-satanischen Texten.

Mordred Eine der ersten Bands aus Amerika, die Ende der 80er →Heavy-Metal mit →Hip Hop-Elementen (→Scratching) verbanden, →Crossover. Ohne kommerziellen Anschluß an die Konkurrenz aufgelöst.

Moreira, Airto →Ethno-Percussionist in diversen Formationen.

Morgoth Wichtige →Death-Metal-Band aus Deutschland, in den 90ern; teilweise mit Keyboards unterlegt.

Moroder, Giorgio In Tirol geborener Produzent, Komponist und Keyboarder. Veröffentlichte Anfang der 70er wenig beachtete Solo-LPs und wurde einige Jahre später als Produzent von →Donna Summer durch seinen revolutionären Einsatz von Synthesizern und bombastischen Klangeffekten zum →Disco-Papst; in den 80ern gefragter Film-Komponist (z.B. "Flashdance", "Top Gun").

Morricone, Ennio Italienischer Filmkomponist, der ab Ende der 60er eine treffsichere Mischung aus eingängigen Melodien und charakteristischen Arrangements abliefert (z.B. für "Spiel mir das Lied vom Tod", "My Name is Nobody", "The Mission", "Once upon a Time in America" u.v.a.).

Morissette, Alanis Sanft bis schneidend aggressiv singt sich die Kanadierin mit Eigenkompositionen einschmeichelnd oder auch gitarrenbetont hart seit 1995 in die Charts (LP "Jagged Little Pill" mit den Hits "You oughta know", "Ironic" oder "Hand in my Pocket").

Morrison, Jim Charismatischer Sänger der →Doors mit theatralischem Gesang und magischer Bühnenausstrahlung; 1971 gestorben.

Morrison, Van Der Ire prägte 1965 bis 1967 mit starkem →Soul-geschultem Gesang (der in der Intonation an →Mick Jagger erinnerte) die Gruppe "Them"

("Gloria", "It`s all over Now Baby Blue") und versuchte sich anschließend mit →Rythm & Blues in Amerika. Der medienscheue Individualist wurde persönlicher und eindringlicher, wobei seine Fangemeinde langsam aber stetig wuchs. Sein Gesang wechselt jetzt mühelos zwischen genuschelter Monotonie und enorm kraftvollen Ausbrüchen, seine Texte werden feinsinniger, und seine Kompositionen halten eine oft komplexe Spannung zwischen beschwörender Stille und aufregenden Stilbrüchen. Vor allem →live ("Can You feel the Silence?") scheint es keine Musikrichtung mehr zu geben, der der kleine Mann nicht gewachsen wäre: ein Phänomen seltener Intensität.

Morrissey Britischer Exsänger von →The Smiths; führte nach deren Trennung ab 1988 seinen verhaltenen Neurosengesang solo weiter.

Morse, Steve (Band) Virtuoser und trotzdem schlapper →Mainstream-Rock aus Amerika ab Mitte der 80er. Morse bedient zur Zeit bei →Deep Purple die Gitarre.

Morton, Jerry Roll (1890 -1941) →Blues und →Ragtime im ganz frühen Jazz.

Moses, Pablo Musikalisch wie textlich ambitionierter jamaikanischer →Reggae-Musiker, dem trotz kontinuierlicher Plattenveröffentlichungen auf hohem Level bis in die 90er die internationale Anerkennung versagt bleibt.

Motels 1976 in Los Angeles von Sängerin Martha Davis gegründet; Musik zwischen →New Wave-Einflüssen und →Mainstream-Rock (→Discotheken-Dauerhit "Footsteps"); löste sich nach einigen in Amerika erfolgreichen Jahren auf, und Davis versuchte sich erfolglos solo.

Mother Earth (I) 1968 -`73 →Blues- & →Soulband aus Texas mit kraftvollem Gesang von Tracy Nelson.

Mother Earth (II) Orgel-Sound und 70er→Blues-naher Gitarren→Hardrock in den 90ern kräftig neu aufgemischt (aus London).

Mother Love Bone aus Seattle mit Musik, die sich an →Hardrock-Bands wie →Led Zeppelin, aber auch am →Mainstream der ausgehenden 80er orientierte. Nach nur einer LP 1990 verstarb Sänger Andrew Wood an einer Drogenüberdosis, und zusammen mit →Soundgarden-Musikern nahm man die Trauerplatte →Temple of the Dog auf. Der mitwirkende Sänger Eddie Vedder und die verbliebenen Mother Love Bone-Musiker wurden ab 1991 als →Pearl Jam wirklich sehr erfolgreich.

Mothers Finest Ab 1975 z.T. politisch-kämpferischer schwarzamerikanischer →Funk-Rock um Sängerin Joyce Kennedy, der sich musikalisch langsam aber sicher in Richtung →Heavy-Metal bewegt ("Baby Love").

Mothers of Invention Mitte der 60er bis Mitte der 70er die Begleitband von →Frank Zappa; →Grandmothers.

Mötley Crüe Femininer Schmink-Look, Böse-Jungs→Image und Musik zwischen →Heavy-Metal und →Hardrock zur piepsig-nasalen Stimme Vince Neils machten die Band in den 80er in Amerika erfolgreich. Nach dem Ausstieg des Sängers versuchten sie 1993/'94 ein aufgesetzt wirkendes und erfolgloses Comeback mit härterem Sound.

Motörhead, 1975 vom Ex→Hawkwind Bassisten Lemmy Kilmister gegründet, ist mit sehr lautem und hartem →Rock`n'Roll und dem rauhen, nahezu unmodulierten Gesang Lemmys dem →Punk näher als dem →Heavy-Metal, aus dessen Umfeld allerdings die meisten Fans kommen. Die Band, die bis Anfang der 80er weltweit als lauteste, schnellste und dreckigste galt, mußte u.a. durch häufigen Mitgliederwechsel immer wieder Rückschläge einstecken und hat den ganz großen Durchbruch nie geschafft, war jedoch Wegbereiter für den Speed-Metal (→Thrash-Metal).

Motors 1977 noch rauh und ungehobelt, entwickelten sich die Briten schnell in Richtung ausgefeilten →Mainstreams; Gitarrist Bram Tchaikovsky startete 1978 eine Solo-Karriere.

Motown (= Motor Town/Detroit) 1959 von Barry Gordy gegründete Plattenfirma, die mit typischem "Detroit Sound" stilprägend →Rhythm & Blues und →Soul verkaufte. In den 60ern und 70ern waren →Marvin Gaye, →The Temptations, →The For Tops, →The Supremes (deren →Diana Ross sich später in die Firma einkaufte) und später →The Jackson Five auch wirklich eine Goldgrube.

Mott the Hoople, 1969 in London entstanden, spielten erdigen Rock mit →Blues-Einflüssen, aus dem der ausdrucksstarke Gesang →Ian Hunters herausstach. Trotz Beliebtheit bei den Freunden harten Rocks Anfang der 70er führten durchschnittliches Songmaterial und häufige Personalwechsel 1977 zur Auflösung; größter Erfolg: "All the Young Dudes" (geschrieben und produziert von →David Bowie).

Mozart, Wolfgang Amadeus (1756 -1791) Bedeutende Orchesterwerke, Klavierwerke, Kammermusik, geistliche Werke, Opern ("Die Zauberflöte") u.v.m. der →Klassik. Legendenumwoben von seinen Auftritten als sechsjähriges Wunderkind bis zu seinem frühen Tod in Armut.

Mould, Bob Sänger, Gitarrist von →Hüsker Dü und →Sugar mit Soloplatten im gleichen Stil.

Mountain Ab 1968 harter →Blues-Rock aus New York mit Auftritt in →Woodstock. Das Quartett um den Sänger und Gitarristen Leslie West ruhte 1972 bis 1973 zugunsten von "West, →Bruce and Laing", formierte sich aber bis in die 80er immer wieder.

Move, The Englischer harter Rock mit Verzerrer-Sound und Pop-Elementen (hoher mehrstimmiger Gesang) von 1965 bis 1971; wilde Bühnenshow und einige Hits; übriggebliebene Musiker gründeten →E.L.O..

Moyet, Alison Leicht →soulige englische Sängerin mit kräftiger Stimme ab den 80ern; →Yazoo.

Mr. Big Amerikanische →Hardrock-Band, die vor allem mit bierzelttauglichen Balladen ("To be with You"), aber auch durch das instrumentale Können ihrer Mitglieder ab Anfang der 90er weltweit auf sich aufmerksam machen konnte.

Mr.Bungle Obwohl ihr Sänger Mike Patton 1989 bei →Faith no More Weltruhm erzielte, blieb die amerikanische Band bestehen und brachte 1991 ihr gekonnt abwechslungsreiches, witziges Debutalbum heraus: →Ska, →Thrash-Metal, →Jazz und Was-Nicht-Noch zu ironischen Texten zum Thema Sex, von Patton (hier unter Pseudonym Vlad Drac) variationsreich (von operettenhaft oder schmalzig bis zu abgestochene Wildsau) vorgetragen. 1996 mit chaotischer zweiter LP, orgelbetont und nicht so hart.

MTV Seit Ende der 80er gewinnt der auf Musik-Videos spezialisierte Jugend-Fersehsender gewaltig an Bedeutung für die Industrie und ihre Verkaufszahlen. Ohne großen Tiefgang kann hier vorgeblich jugendliches Lebensgefühl verkauft werden.

Mucky Pub Amerikanische Band, die Ende der 80er mit pubertärem Spaß-Image und der →Punk-Hymne "Hippies hate Water" einen Hit verbuchen konnte und sich heute →Hardcore→Punk-orientierter und textlich anspruchsvoller gibt.

Mud Britischer Stampf- und Glitter-Rock Anfang der 70er (bis `78), als →Slade und →Sweet erfolgreich waren.

Mudhoney Schräge Gitarren (unter massivem Einsatz von →Wah-Wah-Pedals) und rotziger Gesang von Mark Arm verhalfen der Band aus Seattle als erster zum Etikett →Grunge (1987). Nachdem sie sich voreilig aufgelöst hatten, versuchten sie zu Beginn der Grunge-Welle (1992) mit schlechtem Songmaterial vergeblich, noch ein Stück vom Kuchen abzuschneiden, den sie selbst gebacken hatten.

Münchner Freiheit Anfang der 80er noch deutlich im Fahrwasser der →Neuen Deutschen Welle ("Ich steh' auf Licht"), entwickelte sich die Band kommerziell immer erfolgreicher in Richtung →Mainstream, aus dem die aalglatten Harmoniegesänge herausragen ("Tausendmal Du").

Muldaur, Maria startete 1972 (mit noch dünner Stimme) ihre Solokarriere, ohne sich mit erheblich entwickelndem Stimmorgan in →Jazz, →Gospel oder Pop (stets gegen alle Trends) recht durchsetzen zu können (außer als Begleitsängerin).

Mungo Jerry In den 70ern britisches Quartett mit stampfendem →Beat-Pop ("In The Summertime", 1970).

Murphy, Eddy Schwacher →Soul-Singsang des bekannten schwarzen Filmkomikers, produziert von →Rick James in den 80ern, und in den 90ern mit Gaststars wie →Michael Jackson.

Murphy, Elliott James Amerikanischer Sänger, Gitarrist und Komponist z.T. mit Wahlheimat Paris, der seine Songs mit kehliger, getragener Stimme leicht Rock-orientiert, weitgehend unbeachtet, obwohl stets ideenreich, ab Mitte der 80er vorbringt.

Murphy, Peter Düsterer Ex-Sänger von →Bauhaus, solo ab Anfang der 80er musikalisch gemäßigter.

Murray, Anne Kanadische →Countrysängerin mit großen Erfolgen in den frühen 70ern.

Musical Theater-Unterhaltung mit viel Musik (vergleichbar der Operette); als eigenständige Industrie in New York spätestens ab den 30ern und für die Schallplattenindustrie ab den 70ern als Verkaufsträger erkannt; →Andrew Lloyd Webber.

Musselwhite, Charlie Amerikanischer →Blues-Musiker (v, g, h; erste LP 1967), spielte u.a. mit →Paul Butterfield.

Mutabaruka Jamaikanisches →Dub Poetry-Gegenstück zu →Linton Kwesi Johnson, in den sozial-politischen Aussagen seiner Songs mindestens ebenso radikal, besonders was das Thema Rassendiskriminierung anbelangt.

Myles, Alannah Druckvoll produzierte amerikanische Rock-Sängerin mit angerauhter Stimme, die mit "Black Velvet" (1989) einen weltweiten Erfolg landete und nach einer Pause stilistisch wechselhaft nach Anschlußerfolgen sucht.

N'Dour, Youssou Der Sänger begann seine Karriere 1977 in Afrika, eroberte Europa 1983 von Paris aus und war 1988 u.a. mit →Bruce Springsteen auf Tournee und ein Weltstar der →World Music ("Shaking the Tree" mit →Peter Gabriel). Trotz aller Pop-Nähe (Hit "Seven Seconds" mit →Neneh Cherry) blieben seine senegalesischen Wurzeln auch im zwanzigsten Album "The Guide", 1994 erhalten .

N. W. A. →Hip Hop der 80er-Jahre. Eine der ersten Bands, die sich in ihren Texten mit der Gewalt auf den Straßen auseinandersetzte (Gangsta→Rap). Nach der Auflösung der Band aus Los Angeles starteten →Dr. Dre, →Ice Cube und Eazy E erfolgreiche Solokarrieren. Der in →Sample-Sounds besonders vielschichtige Eazy E starb 1995 an Aids.

Nailbomb Nebenprojekt (1994) des →Sepultura-Sängers Max Cavalera. Sepultura-Klang mit →Industrial-Einflüssen.

Naima Bis 1994 eine für zehn Jahre in Prag für →Jazz- und Rock-Hörer gleichfalls lebendige Band.

Nannini, Gianna Italienische Rock-Röhre, die in den 80ern mit solidem Material und internationalem Neuigkeitswert (italienische Texte) großen Erfolg hatte.

Napalm Death → Grindcore-Mitbegründer Mitte der 80er durch kurze Songs, Grunzgesang, Blast-Beats (extrem schnelle Schläge) und sozialkritische Texte. Zumindest auf ihren Platten klingen sie heute etwas gemäßigter.

Nash, Graham war von 1964 bis 1968 bei den →Hollies, ab 1968 bei →Crosby, Stills, Nash & Young. Ab 1971 auch solo mit →Country- und →Folk-beeinflußtem melodiösen Pop-Rock.

Naughty by Nature Mitsingtauglicher →Hip Hop der 90er aus Amerika ("O.P.P.", "Hip Hop Hurray").

Nazareth, 1969 in Edinburgh gegründet, verbinden die charakteristisch gepreßt-kratzige Stimme Dan McCaffertys mit deutlich →Blues-bezogenem →Hardrock oder eingängigen Balladen ("Love Hurts", 1975). Obwohl mindestens auf Provinzbühnen stets präsent, wollten sie in den 80ern und 90ern mit ihren grundsätzlich eher flachen Songs nicht mehr so recht zünden.

NDW →Neue Deutsche Welle.

Nektar Von britischen Musikern 1969 in Hamburg gegründet. Lange getragene Melodien, eine einigermaßen interessante Light-Show und plötzlicher Erfolg in Amerika konnten 1976 den Mangel an Gehalt jedoch nicht mehr überdecken.

Nelson, Rick hatte ab 1957 im →Rock`n'Roll zahlreiche Hits. Der amerikanische Sänger veränderte seinen Stil Ende der 60er in Richtung →County-Rock und starb 1985.

Nelson, Sandy Kalifornischer →Beatschlagzeuger, 1959 Hit mit "Teen Beat" und der LP "Let there be Drums".

Nelson, Tracy Kraftvolle amerikanische Sängerin des →Rhythm & Blues, 1966 bis in die 80er (u.a. bei "Mother Earth").

Nelson, Willie 1933 in Texas geborener →Country-Sänger mit auffallend nasaler Stimme. Veröffentlichte ab 1962 und schrieb für viele andere Künstler (u.a. →Frank Sinatra, →Elvis Presley). Seit Mitte der 70er einer der erfolgreichsten "Country-Outlaws" Amerikas (1984 Duett mit →Julio Iglesias "To all the Girls I loved Before").

Nena hatte Anfang der 80er im Zuge der →Neuen Deutschen Welle mit bunten, einfachen Songs zwischen Rock und Pop große Hits ("Nur geträumt", "Leuchtturm" und, sogar in Amerika erfolgreich: "99 Luftballons" als "99 Red Balloons"). Nach Auflösung ihrer Band ist die Sängerin mit wechselndem Material (bis zum Kinderlied) und stark nachlassender Popularität bis in die 90er noch unterwegs.

Neonbabies →NDW-Band mit Sängerin Inga Humpe Anfang der 80er, deren "Blaue Augen" ein Hit für →Ideal wurde.

Nephilim, The →The Fields of the Nephilim.

Neue Deutsche Welle (NDW) ist die deutsche Entsprechung zum →New Wave. Durch die für Deutschland übliche Verspätung wurden erst Ende der 70er entweder Elemente des →Punk aus England (→Extrabreit) oder aktueller Pop übernommen (→Nena); besonders typisch ist jedoch die Mischung aus beidem: →Ideal, →Fehlfarben. Eine weitere Spielart entstand durch Übernahme vor allem der Elektronikklänge des New Wave aus England: →Deutsch Amerikanische Freundschaft (DAF), →Rheingold.

Neue Heimat Die Band um den Sänger →Purple Schulz hatte im Zuge der →Neuen Deutschen Welle mit einer →Punkversion des Heintje-Schlagers "Ich bau' Dir ein Schloß" Erfolg.

Neville Brothers ist seit 1977 der Name der seit Mitte der 60er verschiedentlich aufgetretenen Brüder im Zusammenklang. Hatte Aaron schon mit kehlig-eindringlicher Falsettstimme in "Over You" (1960) und "Tell it like it is" 1966 Hiterfolge, konnten die Brüder (zwei kamen von den →Meters) rhythmisch versiert - aber völlig uninspiriert produziert - nur Kollegen und Kritiker überzeugen. Mit dem herausragenden →kreolischen "Yellow Moon" (1989) schien der ganz große Erfolg zum Greifen nahe, blieb aber aus.

New Age (Neues Zeitalter) Mißverständlicher Begriff, der eine ruhige, harmonische Weltsicht (nicht immer, aber oft genug) mit musikalischer Anspruchslosigkeit verwechselt. Ernstzunehmende Vertreter sind u.a. →Andreas Vollenweider, →Kitaro, →Deuter. Oft fälschlich verwendet für →World Music.

New Kids on the Block Ab den späten 80ern eine weitere der unzähligen Teenie-Bands, bei der es auf das Aussehen der Jungs mehr ankommt, als auf den flachen synthetischen Reißbrett-Pop.

New Model Army Englische Gruppe vor allem der 80er, die kurze →Punk-angehauchte Songs mit scheppernden Gitarren und eingängiger, mitsingtauglicher Melodik in Richtung →Folk verbindet. Die sozial engagierte ruppige Band mit eingeschworener Fangemeinde hatte ihren größten Hit mit "51st State" 1986.

New Order formierte sich Anfang der 80er aus den verbliebenen Musikern von →Joy Division. Verstärkter Synthesizer-Einsatz ließ ihre →New Wave-Einflüsse ("Blue Monday") zugunsten melodiösen Pops immer mehr verschwinden - unterstützt von äußerst bravem Gesang und süßlicher Melodik.

New Orleans Sound →Kreolische Musik.

New Riders of the Purple Sage →Country Musik, ursprünglich aus dem Umfeld der →Grateful Dead, die sich in den 70ern musikalisch leicht in Richtung Rock und textlich weg vom konservativen Image des Genres bewegten.

New Romantic →New Wave.

New School →Rap.

New Seekers Australier und Briten als Nachfolgeband der →Seekers mit Mitsing-Hits in den 70ern, z.B. "Never Ending Song of Love" `71 (zahlreiche →Cover-Hits).

New Wave taucht ab 1977 für heftige Pop-Songs auf. Akzentuierter, kantiger oft trickreicher Rhythmus, kurze Synthesizer-betonte Songs und schriller Gesang beschreiben den Stil noch am ehesten, bevor er sofort auf jedwelche Richtungen ausgeweitet wurde und für neuere Richtungen des →Punk oder jedweden Allerwelts-Pop herhalten mußte. Zum Teil aus virtuos weiterentwickeltem →Punk (→Stranglers) hervorgegangen oder unter Weglassung des harten Rock→Images in seinem Gefolge entwickelt (→Gary Newman, →Talking Heads, →The Cure, →XTC). Völlig artfremde Strömungen wurden ebenfalls mindestens mit "New" oder "Wave" etikettiert; "New Romantics" mit schmalziger Nostalgie, →Dark Wave für düsteren Punk oder sogar "New Wave of British Metal" für aktuelle Strömungen des →Heavy-Metal, der nun aber wirklich gar nichts mehr mit "New Wave" zu tun hat. Ähnliche Begriffsverwirrung kennzeichnet auch →Alternative, →Independent oder →Underground.

New York Dolls, 1971 aus New York, klangen (vor allem im Gesang) nach den →Rolling Stones, spielten rotziger und gelten als einer der Vorläufer des →Punk schlechthin. Die Band mit dem Glitzer-Outfit löste sich 1975 auf, und Gitarrist →Jonny Thunders startete eine Solokarriere.

New York Rock & Roll Ensemble begannen 1966 mit neuartigem, stark →klassisch geprägtem Rock und endeten trotz Kritikerlobes und individuellen Könnens 1972 mit feinsinnig arrangiertem Rock erfolglos.

Newman, Gary Der in London geborene Newman sorgte mit seiner in Musik, Gesang und Bühnenshow völlig synthetischen und emotionslosen →New Wave-Variante um 1979/`80 weltweit für großes Aufsehen und hatte mit "Cars" und "Are Friends Electric?" größere Hits.

Newman, Randy Der amerikanische Sänger mit den hervorragenden, zynischen Texten, den ausgeklügelten, aber eher stillen Piano-Arrangements und einer mit bewegtem Timbre erzählenden Stimme brillierte ab den 70ern nur im kleinen Kreis. In eingängigen Fremdinterpretatio nen konnten seine Songs mehr Erfolg haben ("I think it`s going to rain Today" von unzähligen Interpreten und "Mama told me not to come" von den →Three Dog Night, "You can leave your Hat on" von →Joe Cocker u.v.a.).

Newton-John Olivia Die Australierin tauchte mit →Country-Songs ("Banks of Ohio", 1971), mit Schmalzballaden in Amerika (dort gewann sie zahlreiche Country-Preise), mit Filmmusik ("Grease", 1978 "Xanadu" 1980) auf und in der Kritikermeinung stets völlig unter.

Nice, The In England von 1967 bis 1970 um den exzentrischen Keyboarder Keith →Emerson (Lake & Palmer) nicht ohne Erfolg, aber unausgegoren-wild. Frühe Versuche mit teils erheblichen →Klassik-Versatzstücken, tiefgängigem Pop und Bombast-Rock. Außerdem wurden Keyboards mit dem Messer traktiert, amerikanische Fahnen verbrannt etc..

Nicks, Stevie Die Sängerin von →Fleetwood Mac war in den 80ern mit ihrer klaren, ausdrucksstarken Stimme und überzeugend produziertem Pop-Rock erfolgreich.

Nico Die deutsche Sängerin mit monoton-dramatischer Stimme war in den 60ern kurz Mitglied der →Velvet Underground, nahm Solo-Platten auf, geriet in Vergessenheit und starb 1988 an den Folgen eines Unfalls.

Nicolette Blieb das →Dancefloordebut der in England aufgewachsenen farbigen Sängerin (u.a. bei →Massive Attack) 1992 noch relativ unbeachtet, konnte ihre zweite Produktion 1996 beachtliches Aufsehen erregen. Ihre abenteuerliche Mischung aus →Billie Holiday-Ansatz und allen Varianten aktueller →Breakbeat-Tanzmusik (→Drum`n'Bass, →Jungle u.v.m.) ließ sie zum genreübergreifenden Maßstab für Fans, Insider und Kritiker werden.

Night Ranger Nordamerikanischer →Mainstream→Hardrock, in den 80ern sehr gefragt ("Sister Christian" `84).

Nine Below Zero Die Briten orientieren sich seit ihrer ersten LP 1980 an Rock- (und →Blues-)Bands der 60er wie z.B. →Rolling Stones oder →Who.

Nine Inch Nails Seit Anfang der 90er hat die Band um den Sänger und Multiinstrumentalisten Trent Renznor mit einer kraß gegensätzlichen Mischung aus →Industrial-orientierten Verzerrerorgien und Pop-Melodien (z.B. ausgedehnte Pianopassagen) vor allem in Amerika immer größeren Erfolg.

Nirvana (I) Amerikanisches Trio um Kurt Cobain (v, g, l), das mit seiner zweiten Platte "Nevermind" (1991) und vor allem der Single "Smells like Teen Spirit" einen erdigen →Underground-Rock (→Grunge) gemischt mit eingängigen Pop-Melodien kultivierte, der den Weg für unzählige Bands des amerikanischen Underground ebnete und die US→Charts nachhaltig beeinflußte. 1994 beging Kurt Cobain Selbstmord.

Nirvana (II), Großbritannien. Seichter Rock 1967 bis in die 70er (teils mit Orchester).

Nits, The 1974 in Amsterdam gegründete kantige Band, die sich in Richtung sphärischen Pops mit verklärtem Gesang und bizarren Texten entwickelte und in den 80ern mit "In the Dutch Mountains" europaweit einen größeren Hit hatte.

Nitty Gritty Dirt Band →County- und →Folk-Rock-Band, 1966 in Kalifornien gegründet; hatten mit eingängigen Kompositionen bis Anfang der 70er einige Hits; nannten sich stärker Pop-orientiert 1978 bis 1983 nur "Dirt Band" und kehrten 1983 zu altem Namen und Sound zurück.

Nix, Don Amerikanischer Saxophonist, Komponist und Produzent, veröffentlichte ab 1971 →Blues- und →Country-beeinflußte Soloplatten.

No FX Amerikanische →Punk-Band der 90er, stilistisch im Fahrwasser von →Bad Religion, die ihre spaßorientierte Musik auch mit z.B. Bläsern anreichert.

No means No Kanadische →Punkband, die seit Mitte der 80er mit hölzernem Sound sehr langsam bekannter werden.

No Wave →James Blood Ulmer.

Nomi, Klaus knödelte mit hoher Stimme operettenhaft zu Elektronik-Pop und wurde ebenso schräg aussehend wie klingend berühmt und starb Mitte der 80er (Deutschland).

Non Fiction Amerikanische Band ab Anfang der 90er um den Ex→Watchtower-Sänger Alan Tecchio zwischen →Grunge und langsamem, düsterem →Heavy-Metal (erinnert an →Soundgarden).

Normahl Deutsche →Punk-Band ab Anfang der 80er mit Spaß→Image und Sauf-Texten ("Kein Bier vor Vier").

Norman, Chris Sänger der →Smokie mit rauchiger Stimme; später solo ("Midnight Lady", 1986).

Novalis versuchten ab 1971 vergeblich, den Bombast der →Pink Floyd u.s.w. nachzumachen; Keyboard-betont und fast nur deutsche Texte.

Nucleus Kratzbürstige →Fusion-Band des britischen Trompeters Ian Carr vor allem in den 70ern.

Nugent, Ted Amerikanischer Gitarrist und Sänger, der ab 1975 vor allem in Amerika mit seiner eher primitiven und brachialen →Hardrock-Variante erfolgreich war. Ging später zu den →Damn Yankees.

Nyman, Michael Britischer Komponist, der ab den 80ern vor allem für Filme Kammermusik schrieb ("Das Piano").

Nyro, Laura 1947 in New York geborene Sängerin und Komponistin. Ihre Musik ist eine kunstvolle und emotionale Mischung verschiedener Stile zwischen →Rock und →Soul, geprägt von virtuosem, schneidendem Gesang. Verlief ihre Solokarriere eher erfolglos, war sie als Komponistin für andere (z.B. →Blood, Sweat & Tears) ungleich erfolgreicher.

O Band waren 1976 mit "Within Reach" perfekt im →Mainstream-Allerweltsrock sehr erfolgreich, aber Ende der 70er konnte die Briten schon niemand mehr hören.

O'Connor, Hazel Englische Sängerin mit kraftvoll emotionsgeladener Stimme, die Anfang der 80er mit Pop/→New Wave auf dem Soundtrack zum Film "Breaking Glass" (in dem sie auch die Hauptrolle spielte) den größten Erfolg ihrer bisherigen Karriere hatte. Zahlreiche Comeback-Versuche bis in die 90er.

O'Connor, Sinead Die irische Sängerin mit scharf klingendem, kraftvollem Organ (oft mit doppelt eingesungener Stimme), häufigen Wechseln zwischen Kopf und Bruststimme, debutierte 1987 und hatte 1990 mit dem →Prince-Titel "Nothing compares 2 U" und verletzlichem →Image den internationalen Durchbruch im Popgeschäft. Bei den Amerikanern wegen kritischer Äußerungen zu Papst und Verhütung in Ungnade gefallen.

O'Jays, The Farbige →Soul-Truppe aus Ohio, die Ende der 60er/Anfang der 70er einige Hits hatte; trotz Zuschnitts auf amerikanische Tanzböden oft mit kritischen Texten und verzwickten Arrangements.

O'Sullivan, Gilbert Der irische Sänger mit nasaler Stimme hatte Anfang der 70er eingängige Pop-Hits wie "Get Down".

Oasis Erdiger Gitarren-Pop mit näselnder Stimme Mitte der 90er aus England; →Beat-betont mit eingängigen Harmonien und sehr erfolgreich.

Obituary Ende der 80er gegründet; einer der weltweit erfolgreichsten Vertreter des →Death-Metal. Kennzeichnend ist eine im Genre eher gemäßigte Geschwindigkeit und der extreme Grunzgesang, der über weite Strecken auf Text bzw. Worte verzichtet.

Oblique Symphonische Instrumentalmusik aus Schweden Mitte der 80er, die zuviel Rock enthält, um als →New Age durchzugehen.

Ocasek, Ric Unterkühlter Sänger der →Cars, auch solo. In den 90ern ein gefragter →Produzent.

Ocean, Billy Amerikanischer →Soul- und Pop-Sänger mit gepreßter hoher Stimme, der in den 80ern einige größere Hits hatte ("Loverboy").

Ochs, Phil Mit dünner, monotoner Stimme "sang" sich der Protestliedautor durch einige Gitarren-LPs im Rahmen der →Folk-Bewegung im Amerika der 60er; bis zum Selbstmord 1976 ging's bergab.

Off Beat →Rhythmus.

Offspring Die Amerikaner sind in den 90ern neben →Green Day eine der erfolgreichsten →Punk-Bands (LP "Smash" 1994, Hits: "Keep `em Seperated", "Self Esteem").

Ohio Express hatten 1968 im Rahmen des →Bubble Gum den einfachen →Beat-Hit "Yummy, Yummy, Yummy".

Oio "Anima" hieß das abwechslungsreiche erste Album der Basken 1991 und wurde mit →Folklore-Instrumenten aus aller Welt und getragenen Melodien, Rhythmen und Chorgesängen ein bescheidener Erfolg in ganz Europa.

Oktober Einfacher Polit-Rock aus Deutschland Ende der 60er/Anfang der 70er.

Old & in the Way →Bluegrass mit Jerry Garcia (→Grateful Dead).

Old School →Rap.

Oldfield, Mike legte kommerziell mit "Tubular Bells" (1973) die Grundlage seiner Karriere und die der Plattenfirma "Virgin". Das auf unzähligen Instrumenten solo eingespielte überraschende Instrumentalwerk mit nur zwei langen, aufwendig inszenierten Stücken war gefolgt von einigen ähnlichen, bevor in den 80ern hitträchtige, kurzatmige Projekte mit Gastmusikern (→Roger Chapman) entstanden, bis trotz größten Werbeaufwandes, in den 90ern kommerziell absolut nichts mehr ging.

Oldfield, Sally half der Instrumentalmusik ihres Bruders →Mike Oldfield mit Gesang zu neuen Kundenohren und versuchte sich, neben dem langsamen Abstieg des Bruders ab Ende der 70er, nicht sonderlich aufregend und erfolgreich solo (1987 Hit mit "Silver Dagger") u.a. auch unter dem Namen **Natasha Oldfield**.

Oldie Ein Musikstück, welches der Hörer für Standard und für alt hält; ein Teenager wird also z.B. ein vier Jahre "altes" Stück als Oldie bezeichnen; ein Hundertjähriger bezeichnet dagegen ein 80 Jahre altes Stück als →Evergreen.

Omega waren, 1963 in Budapest gegründet, lange die erfolgreichste weil bekannteste Band des Ostblocks. Sie mühten sich mit aufgeblähtem →Art Rock (nach →Pink Floyd oder →Emerson, Lake & Palmer) und bombastischer Bühnenshow; ab Anfang der 80er allerdings zunehmend ungehört.

Ono, Yoko Mit schrägen Solo-Projekten nicht sehr erfolgreich; ansonsten: →John Lennon.

Onyx Mitte der 90er mit dem Song "Slam" bekannt gewordene amerikanische →Hip Hop-Gruppe (1993 Titelstück zum Film "Judgement Night" zusammen mit →Biohazard).

Opus Österreichische Band mit dem Balladenhit "Flying High" in den 70ern und dem weltweiten Mitgröhlerfolg "Life is Life" Mitte der 80er, beide geprägt durch hohen, schneidenden Gesang.

Orbison, Roy Die Markenzeichen des 1936 in Texas geborenen Sängers (und Gitarristen) waren schwarze Kleidung und Sonnenbrille, sowie seine hohe melodiöse und dramatische Stimme. Zwischen →Rock`n'Roll und →Country hatte er einige große Hits ("Only the Lonely", "In Dreams") bis er 1966 nach schweren Schicksalsschlägen fast ganz von der Bildfläche verschwand. Dafür starb er auch 1988 auf der Höhe seines Comeback-Erfolges mit den →Travelling Wilburys und einer gelungenen, getragenen Soloplatte.

Orchestral Manoeuvres in the Dark (O.M.D.) startete 1978 in Liverpool als Synthesizer-Pop-Quartett und schrumpfte, immer seichter werdend, jedoch mit beständigem Erfolg zum Ein-Mann-Unternehmen (Andy McCluskey), ("Maid of Orleans" 1981).

Oregon Ab 1970 eine kompakte akustische →Fusion-Gruppe mit großer Instrumental- und Stilvielfalt (Ralph Towner, g).

Orff, Carl Moderner Komponist (1895 -1982) mit rhythmisch dominiertem, pädagogisch ansprechendem "Schulwerk", Opern und Oratorien. ("O Fortuna" aus "Carmina Burana" hat geradezu Hit-Status.)

Organisation, The →Death Angel.

Osborne, Joan hatte mit gefälliger Rockbegleitung und leicht →bluesigem Einschlag (vor allem im emotionsbetonten Gesang) 1995 ihr erfolgreiches internationales Debut ("Relish").

Osbourne, Ozzy trampelte recht erfolgreich, aber nicht immer inspiriert, stilistisch jeweils geprägt von wechselnden Gitarristen, die Pfade der Musik von →Black Sabbath mit starker, typisch quengeliger Stimme solo weiter.

Osibisa Lange vor der →Ethno-Welle verband die 1969 in London gegründete Band afrikanische →Folklore mit einfachem Rock: anfangs noch einigermaßen glaubwürdig, in den 80ern nach diversen Umbesetzungen und Auflösungen höchstens noch Touristen- und →Disco-tauglich.

Osmonds, The Die weißen Osmond-Brüder waren neben den →Jacksons eine der ersten →Teenie-Bands. Die Amerikaner traten in Glitzer-Kostümen auf und hatten Anfang der 70er mit eingängigen Pop-Songs großen Erfolg.

Ostbahn Kurti & die Chefpartie versieht seit Ende der 80er zumindest alpenländisch zunehmend erfolgreich internationale Rock- und →Rock`n'Roll-Hits mit parodistischen österreichischen Texten.

Otis, Jonny 1921 geborener amerikanischer Multinstrumentalist, Sänger, Komponist, Manager u.s.w.. Vom →Jazz kommend wurde er in den 40er-Jahren zu einer der wichtigsten Persönlichkeiten des →Rhythm & Blues. Mit seinem größten Hit "Willie and the Hand Jive" wurde er 1958 sogar zu einer Art Vorreiter der →Reggae-Bewegung.

Ougenweide errangen mit althochdeutschen Texten und adäquater Instrumentierung in den 70ern zu Balladen und fröhlichen Tanzliedern einen Achtungserfolg.

Outfield Hymnenhafter und melodiöser Rock aus Grossbritannien seit den späten 80ern ("Loose").

Outlaws In Florida gegründete Band, die 1974 bis 1982 harten auf →Country und →Blues basierenden Rock spielten und immer noch spielen, da sie 1986 wieder zusammenfanden.

Overdubbing Im Aufnahmestudio werden (im Mehrspurverfahren) Instrumente einzeln und nacheinander übereinandergespielt. Fragwürdig ist, wenn sogenannte →"Live-LPs" in dieser Weise stark nachbearbeitet bzw. verfälscht werden.

Overkill Amerikanische →Thrash-Metal-Band ab Anfang der 80er, die sich durch den hohen nasalen Gesang des Sängers "Blitz" auszeichnet.

P.A. (Public Address) bezeichnet die bei einem Konzert auf das Publikum gerichteten großen Lautsprechertürme links und rechts der Bühne.

Pablo, Augustus Durch Einsatz einer Melodika in vornehmlich →Dub-orientierten Produktionen (u.a. mit →King Tubby) erspielte sich dieser Künstler in den 70ern und 80ern beim →Reggae-Insiderpublikum einen guten Namen.

Pablo Cruise 1963 in San Francisco gegründete Band mit eingängigem Pop-Sound; Erfolge Ende der 70er; 1983 aufgelöst.

Page, Jimmy →Hardrock-Gitarrist; →Led Zeppelin, →The Firm, →David Coverdale.

Palmer, Robert Der in England geborene Sänger und Songwriter schwankt heftig, wechselnd erfolgreich zwischen Elektro-Pop, →Big-Band-Sound und →Hardrock. Stets charakteristisch sind seine kraftvoll →soulige Stimme und sein gepflegtes Äußeres. Seine größten Hits waren "Jonny and Mary" 1980, "Addicted to Love" 1986; auch das Projekt "Powerstation" (mit →Duran Duran-Musikern) war erfolgreich: "Get it on" und "Some like it Hot".

Pantera versuchten sich in den 80ern als →Mainstream→Hardrocker mit typischem Stretchhosen/Dauerwellen-Outfit relativ erfolglos und schafften mit dem Sänger Phil Anselmo und einer seltsamen Wendung zu heftigem →Thrash-Metal mit Grunzgesang und hohem Anteil an schleppenden Parts den ganz großen Durchbruch.

Papermoon Österreichisches Duo der 90er mit zarten Melodien (Sängerin) und sanfter Instrumentierung (Gitarrist).

Parachute Club Das kanadische Pop-Septett lebte Mitte der 80er mehr von üppiger Instrumentierung als von rhythmischen oder melodischen Feinheiten (mehrere Sänger, ein Bläser, diverse Keyboards und viel Studiotechnik).

Paradise Lost Melodischer, auf Geschwindigkeitsexzesse verzichtender →Death-Metal aus England mit Gothic-Wave-Einflüssen (→Dark Wave), ab Ende der 80er.

Parker, Charlie ("Yardbird") 1920 -`55, in allen Belangen legendärer und tragischer Saxophonist des →Jazz (→Bebop). Improvisierte und komponierte (über bekannte Standards) ohnegleichen und schuf u.a. eine "Yardbird Suite" (1946).

Parker, Graham Der britische Sänger/Songwriter veröffentlichte ab 1976 Platten im →Blues/→Soul-Stil, geprägt von seiner kraftvollen Stimme.

Parks, van Dyke 1941 geborener amerikanischer Songwriter und Multi-Instrumentalist, der vor allem durch seine Zusammenarbeit mit den →Beach Boys und deren →Brian Wilson bekannt wurde.

Parliament Wüster →Funk Mitte der 60er bis Mitte der 80er mit →George Clinton.

Parsons Projekt, Alan Der Brite Alan Parsons machte sich zunächst als Tontechniker für Bands wie die →Beatles oder →Pink Floyd einen Namen. 1975 gründete er sein Projekt, das sich zwischen bombastischen Instrumental-Stücken ("Lucifer") und hitparadentauglichem, keyboardlastigem Pop/Rock ("Eye in the Sky") bewegte - oft im Rahmen von →Konzeptalben ("Tales of Mystery and Imagination - Edgar Allan Poe").

Parsons, Gram Amerikanischer Musiker, Mitglied der →Byrds und →Flying Burrito Brothers; ab 1972 solo →Country- und →Folk-beeinflußte Rock-Platten; starb 1973 an einer Drogenüberdosis.

Parton, Dolly →Country-/Pop-Sängerin und Songwriterin aus Amerika mit hoher, quiekender Stimme; größte Hits: "Jolene", "Nine to Five"; für →Whitney Houston war ihr "I will Always love You" ein Millionen-Seller.

Parzival Deutschrock mit vielschichtiger (teils mittelalterlicher) Instrumentierung in den 70ern.

Pasadenas, The Englische →Soul-Pop-Band, 1988 erster Erfolg mit "Riding on a Train", 1991 "I`m doing Fine Now"; der ganz große Durchbruch blieb aus.

Passport →Fusionband von →Klaus Doldinger.

Patton, Charlie Ein aus Mississippi stammender →Slide-Gitarrist, der über 60 Platten aufnahm (→Blues und →Gospel) und mit seiner schweren, kräftigen Stimme deutlich →Howling Wolf beeinflußte; ("Pony Blues" von 1929 wurde zur Kultplatte der Bluesszene).

Paul, Frankie Der ebenbürtige Sangeskollege von →Sugar Minott kreiert im typischen →Dancehall→Reggae-Stil gelungene Plattenwerke, die unnachgiebig auch die schüchterne Zuhörerschaft zum Tanzen verleiten.

Paul, Les Der "Erfinder" der "Les Paul E-Gitarre", eines der klassischen Rock-Instrumente. Der Gitarrist, der in den 40er und 50er Jahren mit Mary Ford zusammen einige Hits hatte, gilt auch als einer der Pioniere der Klangbearbeitung der Gitarre (Gitarren-Effekte).

Pavlovs Dog brachten 1975 und 1976 zwei sehr ähnliche Alben im Stile des →Art Rock (mit komplexen kunstvollen Songs in fast opernhaft dramatischem Aufbau) heraus. Allerdings hat man selbst die äußerst eigenwillige, sehr hohe, vibratoreiche und schneidend weinerliche Stimme David Suhrkamps seither nicht mehr vernommen.

Pearl Jam Anfang der 90er gegründete Band aus Ex-Mitgliedern der Seattle-Band →Mother Love Bone. Der Sound der Band ist eine Mischung aus Anleihen aus dem →Hardrock der 70er mit dem melancholisch-eindringlichen Gesang von Eddie Vedder. Die Anfangs fälschlich dem →Grunge zugerechnete Band gilt als eine der erfolgreichsten der 90er. Ohne Vedder kurzzeitig Backingband für →Neil Young.

Peel, David Hippie-Poet der späten 60er Jahre, die angeblichen Vorzüge des Drogen-Konsums preisend.

Pell, Axel Rudi Deutscher Gitarrist mit →Mainstream→Hardrock an der Grenze zum seichten →Heavy-Metal, in den 90ern in Deutschland recht erfolgreich.

Pendergrass, "Teddy" Ab Ende der 60er Sänger der "Blue Notes" (einige Hits, z.B. "If You don't know me by Now"). Auf seinen späteren Solo-Platten gab's →Soul mit stark →Gospel-beeinflußtem Gesang zu erotischen Texten und entsprechendem →Image.

Penguin Café Orchestra macht seit den 80ern mit abwechslungsreichem, kammermusikalischem Stilmix und vielen Instrumenten vor allem aus dem →akustischen Bereich auf sich aufmerksam. Das vielköpfige Ensemble um den kreativen Multiinstrumentalisten Simon Jeffes gehört, nicht zuletzt wegen des fehlenden Gesangs, zu den schillerndsten Übergängen von melodiösem Pop zur →Klassik.

Pentangle Stilsicher und mit Gefühl für →Jazz und →Blues setzte das Quartett Maßstäbe in der Erneuerung britischer →Folklore aus allen Landesteilen und Zeitabschnitten. Mit interessanter Instrumentierung, glasklarer weiblicher und männlicher Gesangsstimme waren sie 1967 bis 1972 weltweit erfolgreich; gelegentliche Reunions; Solo-LPs von →Bert Jansch (g, v), John →Renbourn (g, v).

Pere Ubu Experimentelle Rockmischung ab 1975 aus Ohio; anarchistische Urväter der →Alternative-Bewegung mit →Industrial-Touch.

Perfect, Christine wurde als Sängerin der →Fleetwood Mac bekannt (unter ihrem Ehenamen McVie) und veröffentlichte in den 70ern unbeachtet leicht →Blues-angehauchte Solo-Scheiben.

Perkins, Carl Amerikanischer →Rock`n'Roll-Interpret, dessen "Blue Suede Shoes" für →Elvis Presley zum Hit wurde.

Perplexer Tanzpop mit →Technobeats der 90er und u.a. mit Dudelsack.

Perry, Lee "Scratch" Eine der schillernden und genialen Figuren im →Reggae; begleitete als Produzent →Bob Marley in seiner wichtigsten Phase. Gründete mit den "Upsetters" eine von 1969 bis 1989 fleißige und populäre Studioband in Jamaica.

Er nahm Musiker wie →Dillinger, →Max Romeo und →Clint Eastwood unter seine Fittiche und machte sich mit brillanten Ideen über Jamaicas Grenzen hinaus einen Namen, z.B. in Zusammenarbeit mit →The Clash (LP "Complete Control"), →Adrian Sherwood und neuerdings →Mad Professor. Der Genius am Mischpult tritt (selten) mit krächzender, oberschräger Stimme und ausgeflippten Verkleidungen als Top→Live-Act in Sachen Reggae und →Dub auf.

Perry, Linda Sängerin und Pianistin der aufgelösten →4 Non Blondes und ab 1996 solo im Popgeschäft.

Perry, Steve Ex→Journey-Sänger mit charakteristischer hoher Knödelstimme und →Mainstream→Hardrock Ende der 80er ("Oh Sherry").

Pestilence Holländische →Death-Metal-Band ab Anfang der 90er, die sich auf ihrer letzten Platte vor der Auflösung 1994 etwas differenzierter gab.

Pet Shop Boys Englisches Pop-Duo auf reiner Synthesizer-Basis, das ab Mitte der 80er mit recht belanglosen, aber exzellent produzierten Songs einige Hits hatte ("West End Girls"), befördert auch durch geschickt auf →MTV-Klientel zugeschnittene Videos.

Peter, Paul & Mary Trotz sozialen Engagements und der Übernahme entsprechender Songs klingt das amerikanische →Folk-Trio der 60er derart glatt und harmlos, daß alle Comebackversuche bis in die 90er scheiterten.

Peterson, Lucky Ein interessanter Youngster unter den modernen →Bluesmen der 90er mit funkigem, von →Gospel angehauchtem Stil nach seinem Vorbild →Howling Wolf.

Peterson, Oscar Schneller und deshalb oft als gefühllos verschrieener schwarzer kanadischer →Jazz-Pianist (berühmt vor allem in den 60ern), dessen Virtuosität heute außer Zweifel steht.

Petra →Hardrock in den Strophen und Weichspüler in den Refrains mit christlicher Botschaft, aus Nordamerika seit Ende der 80er.

Petty, Tom & the Heartbreakers Die amerikanische Band um den Sänger Tom Petty bringt →Mainstream-Rock mit Einflüssen aus →Rock`n'Roll, →Beat, →Country und →World-Musik und hatte, ausgezeichnet durch den nasalen Gesang Pettys (s.a. →Travelling Wilburys), seit 1979 stetigen Erfolg in Amerika und Europa.

PFM boten mit virtuoser Spielkunst 1970 bis 1977 italienischen →Art Rock; nicht so umwerfend, wenn sie sich an britischen Vorbildern (→Emerson, Lake & Palmer) orientierten, deutlich witziger, wenn z.B. italienische Folklore herauszuhören war.

Phenomena Projekt aus England zwischen →Mainstream-Rock und Pop, das von Ende der 80er bis Mitte der 90er drei Alben herausbrachte.

Phillips, Anthony Der Gitarrist der ersten 69er →Genesis-LP tauchte in den späten 70ern kurzfristig mit sanft-verschrobenen, filigranen Sang- und Klangbildern aus der Versenkung auf.

Phillysound In Philadelphia (daher der Name) entstandene →Soulvariante, die mit glatten Arrangements und perfekten Streichersätzen Anfang der 70er eine Vorstufe des →Disco wurde.

Phish Seit Ende der 80er erspielt sich die amerikanische Band um Mastermind Trey Anastasio (g, v) von der Westküste aus mit kompakten Rockkompositionen, aber auch ausufernden Songstrukturen vor allem ein stetig wachsendes →Livepublikum. Selbst in Solo- oder Duopassagen ist die musikalische Komplexität und Vielfalt noch erstaunlich.

Pickett, Wilson Wichtiger amerikanischer →Soul-Sänger (1941 geboren); hatte ab Mitte der 60er eine Reihe großer Hits wie z.B. "In the Midnight Hour" oder "Mustang Sally".

Pili Pili hieß seit 1985 die →Fusionband um Jasper van`t Hof (k) bei der vor allem afrikanische Stilelemente zum Markenzeichen wurden. In den 90ern ist van`t Hof wieder verstärkt ohne feste Gruppe unterwegs.

Pine, Courtney Londoner jamaikanischer Abstammung, der nach einer Lehrzeit in →Funk- und →Reggaebands ab 1986 vielschichtigen →Jazz abliefert.

Pink Cream 69 Deutscher →Mainstream→Hardrock ab Ende der 80er. Nach Wechsel des Sängers Andy Derrys zu den ähnlich klingenden →Helloween Mitte der 90er mit neuem Sänger ohne Erfolg.

Pink Floyd aus London waren anfangs (1965) englischer →psychedelischer →Underground schlechthin. Der Vordenker →Syd Barrett (g, v) verließ die Band, die als eine der ersten Synthesizer benutzte, nach einer LP (ersetzt durch David Gilmore). Kommerziell zunehmend erfolgreich wurde das Quartett durch immer einfachere Melodien, die bombastisch und eindringlich produziert und mit auffallenden Geräuscheffekten (Uhrenticken, Kassen-Klingeln, Herzklopfen u.s.w) versehen waren ("Dark Side of the Moon" hielt sich ab 1973 700(!) Wochen in den Top-100). Lange sphärische und noch einfachere Titel auf "Wish You were Here" 1975 und aufwendige, multimediale Bühnenshows schrieben die Erfolgsstory fort. "The Wall" (1979 fast vollständig von →Roger Waters (v, b) verfaßt) setzte mit zugehörigem Film und gigantomanischer Bühnenshow Akzente (und enthielt den einzigen weltweiten Single-Hit "Another Brick in the Wall"), bevor sich die Band nach einer weiteren Platte vorübergehend auflöste. Ohne Waters sind Pink Floyd als wohlfeiles Bombast-Spektakel wieder unterwegs.

Pitney, Gene Der Amerikaner wimmerte sich in verschiedenen Ländern und Sprachen, kommerziell vor allem in den 60er erfolgreich, durch zahlreiche Pop-Nummern.

Pixies gelten zusammen mit →Dinosaur jr. und →Sonic Youth als wichtigste Vertreter des amerikanischen →Alternative-Rocks der 80er. Zwischen süßlicher Melodik, derbem, atonalem Gitarrengwitter und hysterisch kreischendem Gesang bewegte sich die Band in die 90er, bis Sänger, Komponist und Gitarrist →Frank Black und Bassistin Kim Deal (→Breeders) eigene Wege gingen.

Planet P Projekt Pop vom Keyboarder →Tony Carey.

Planxty Vor allem in den 70ern erfolgreiche irische Rockmusik mit starkem →Folkeinschlag.

Plasmatics machten Anfang der 80er mit einer brachialen Mischung aus →Punk und →Heavy-Metal auf sich aufmerksam. Sängerin Wendy O. Williams startete 1984 eine Solokarriere.

Plastic Bertrand Der Belgier hatte mit "Ca-plane pour moi" Ende der 70er im drastischen heftigen →New Wave-Gewand einen Erfolg, den seine sonstigen kantigen →Punk-Machwerke nicht hatten.

Plastic People of the Universe waren von 1968 bis 1988 eine politisch außerordentlich wichtige Rock-Band der Tschechoslowakei. Ihr ungehobelter, verschrobener Stilmix verbannte sie jedoch ebenso wie ihre Nähe zur politischen Opposition in den Untergrund.

Platters, The Farbige Gesangsformation im Amerika der 50er und 60er ("Only You").

Playback meint das Abspielen eines Musikstückes vom Tonband, während die Musiker auf der Bühne nur so tun, als täten sie etwas.

Poco Die fröhlichen →Country-Rocker, 1968 gegründet um u.a. →Jim Messina (g, v), Randy Meisner (b, v), später auch mit →Rock`n'Roll-Einflüssen, waren wohl etwas zu locker-flockig, um Erfolge wie ihre Kollegen, beispielsweise von den →Eagles, zu erspielen.

Poems for Leila Deutsche →Folk-Band (zwischenzeitlich in Prag beheimatet) ab Anfang der 90er mit düster-melodiösem Gesang und musikalischen Einflüssen u.a. aus Rußland.

Pogues Die irische Band konnte Mitte der 80er bis 1996 irische →Folklore und rebellisches →Punk-Gehabe zu dem rauh-versoffenen Gesang Shane McGowans (1993 solo) in glaubwürdig verschrobenen Songs verschmelzen.

Point Blank →Hardrock aus Texas mit →Country-Effekten in den 70ern.

Pointer Sisters Farbige amerikanische Gesangstruppe, die 1969 mit →souliger →Disco-Musik startete. 1978 Durchbruch mit der →Springsteen-Nummer "Fire"; in den 80ern eine Reihe weiterer großer Hits wie "Slow Hand", "Jump" oder "I`m so Exited".

Poison Starteten Mitte der 80er als →Mötley Crue-Nachahmer mit großem Erfolg. Mit gemäßigtem →Image und →bluesigerem Sound versuchten sie in den 90ern erfolglos ein Comeback.

Police 1977 in England gegründet war ein typisches →New Wave-Trio mit →Reggae-Komponenten, dominiert von der markant hohen Stimme des Bassisten →Sting. Nach zehn Jahren und etlichen Hits ("Roxanne", "Message in a Bottle", "Every Breath that You take") aufgelöst.

Polyphonie bezeichnet den in der Rockmusik sehr seltenen Fall (mindestens) zweier voneinander weitestgehend unabhängiger und gleichwertiger Melodiestimmen. →Bach komponierte noch streng nach den Regeln des Kontrapunkts polyphon.

Ponty, Jean Luc Führte 1964 die Geige erneut und durchschlagend im →Jazz ein. In den 70ern mit →Fusion erfolgreich. Musizierte auch mit →Zappa oder →Elton John.

Pop, Iggy Nach seinen Anfängen Ende der 60er als Sänger der →Punk-Vorläufer →Stooges aus Detroit startete Pop Anfang der 70er eine Solokarriere mit Bühnen-Exzessen und Schock-Attitüde. In den 80ern mäßigte er sich in Richtung Pop und gibt sich inzwischen nachdenklich und wieder etwas rockiger.

Pop ist populäre Musik. Das heißt meistens: simple Texte über Liebe und Sex, monotone, tanzbare Rhythmen, unkomplizierte, eingängige Melodien. Zwar haben auch abgelegene oder qualitätsvolle Stile des →Rock, Oldies und sogar →Klassik Chancen, plötzlich populär zu werden, bis der Reiz des Neuen verflogen ist, und sich der typisch fade Beigeschmack wieder einstellt. Weil die Musikindustrie im Drang nach schnellen →Hit-Erfolgen unzählige Nachahmer ins Rennen geschickt hat, die prompt alles im üblichen →Mainstream untergehen lassen.

Pop will eat itself Die Briten zitieren seit den späten 80ern Pop und Rock aller Art und verarbeiten diese Mischung zu meist gitarrenbetontem →Dancefloor (mit →Samples und →Rap). Mitte der 90er gaben sie sich mit "Ich bin ein Ausländer" sozialkritisch.

Popol Vuh 1969 in Deutschland gegründet, →Psychedelischer Synthesizer-Sound, religiöse Themen, Sängerin; Mitte der 90er →Ethno-angehauchter Comebackversuch.

Porno for Pyros Anfang der 90er gegründete amerikanische Band um den Ex→Jane's Addiction-Sänger Stanie Fawell (hohe kreischende Stimme); bewegt sich zwischen sehr melodiösen Songs und absolut schrägen Tönen.

Portishead Raffinierter melodiöser britischer →Dancefloor mit feiner Sängerin, schleppenden →Breakbeats und 1994 dem erfolgreichen, etwas düsteren Debut "Dummy".

Possessed Mit ihrer ersten LP legten die Amerikaner 1985 gleich einen →Heavy-Metal-Meilenstein vor: schnelle Songs, abrupte Breaks, nie gehörte Härte und billige Satans-Texte in grunzig-kehligem Gesang - das Wort →Death-Metal machte die Runde. Ohne Anerkennung für ihre Pionierleistung löste sich die Band 1987 auf; der Gitarrist Larry LaLonde spielte zunächst bei →Blind Illusion, heute bei →Primus.

Powell, Bud (1924 -`66). Aufgrund fehlender Plattenaufnahmen und schwarzer Hautfarbe spät gewürdigter Pianist vor allem des →Bebop.

Powell, Cozy Der einigermaßen vielseitige →Hardrock-Schlagzeuger lieh seine Künste neben wenig zu beachtenden Soloplatten u.a. →Rainbow, →Black Sabbath.

Powerstation Musiker von →Duran Duran zusammen mit →Robert Palmer - Ergebnis: tanzbarer Pop-Rock ("Get it on").

Praxis →Jazzige Experimente mit →Bill Laswell.

Prefab Sprout Britische Band seit 1984 mit sanftem zitatenreichen Rock, leichtem →Jazz-Hauch und Texten über Teenagerträume und "Rock-Mythen".

Presley, Elvis (1935 -1977) konnte (vorerst unter dem →Country & Western-Etikett) auch weißem Publikum den schwarzen →Rhythm & Blues, allerdings musikalisch und textlich entschärft, nahebringen. Mit süffisantem Lächeln, aufreizendem Hüftschwung und kräftiger Stimme wirkte sein Auftreten allerdings nicht mehr so korrekt, wie die Elterngeneration in Amerika das gerne gesehen hätte, und so brach ab 1954 kometenhaft die Karriere des "Königs des →Rock`n'Roll" an. Das Rebellen→Image des einfachen Jungen löste unglaubliche Verkaufszahlen, unvorstellbare Teenagerhysterie (natürlich vor allem bei den Mädchen) aus und ließ Elvis zu einem generationsübergreifenden Idol werden, dessen Präsenz bis heute weltweit ungebrochen ist. Dies täuschte mühelos über sein mangelndes schauspielerisches Können in banalen Filmen sowie in den späten Jahren über seine geschmacklosen Interpretationen (inklusive enorm kitschiger Balladen) und den Frust und die Fettleibigkeit hinweg. Das Idol "Elvis" lebt über seinen Tod hinaus nicht zuletzt als millionenschweres Imperium.

Preston, Billy Stilsicherer Pianist und Organist der Extraklasse aus Texas. Solo bis Mitte der 70er mit →Soul bis →Funk, sonst bei diversen Stars engagiert (u.a. →Ray Charles, →Beatles, →Rolling Stones u.v.m.).

Pretenders Begannen Ende der 70er in London auf einigen erfolgreichen Singles (z.B. "Brass in Pocket") mit einer von der melodiösen Stimme Chrissie Hyndes dominierten, eingängigen Mischung aus Rock, →Punk und Pop. Trotz Todesfällen in den 80ern sind sie, mit oft längeren Pausen, bis heute für einen Hit gut.

Pretty Maids Dänische Band, die in den 80er Jahren mit eingängigem, mit rauher Stimme vorgetragenem Gesang zu keyboardbetontem →Heavy-Metal großen Erfolg hatte (in den 90ern auch auf der →Unplugged-Schiene).

Pretty Things Englische Beat-Band (erste LP 1956); in →Image und Stil den →Rolling Stones nachgeraten. Experimentierten Ende der 60er mit →psychedelischen Elementen und Konzeptalben und konnten nie den ganz großen Erfolg verbuchen.

Price, Alan Startete als Organist der →Animals. Hatte in den 60ern solo einige Hits und war später als Produzent tätig.

Price, Toni Amerikanische emotionale →Blues- und →County-Sängerin mit enorm ausdrucksstarker, modulationsreicher Stimme und virtuosen Mitmusikern; Debut-LP 1993.

Pride & Glory →Heavy-Metal der 90er von →Zakk Wylde.

Priest, Maxie Frauenliebling, begnadeter Sänger, seit Mitte der 80er Jahre aktiver britischer Rasta, der mit schön produzierten Alben und oft im Duett →Ragga-Muffin-Erfolge einheimst.

Primal Scream schranzen sich höchst abwechslungsreich durch verschieden harte Alben, in den 90ern mit →Dancefloor beginnend und klingen Mitte der 90er stark nach →Rolling Stones oder nach schrägem →Underground-Gitarren-Experiment.

Primus Nasaler (Sprech-)Gesang Les Claypools (Ex→Blind Illusion), witzige Texte, filigrane Baß- und Schlagzeugarbeit sowie ein Gitarrist, der ständig zu improvisieren scheint (Larry LaLonde; Ex→Possessed, Ex→Blind Illusion), ab Ende der 80er aus Amerika. Der bekannteste Song der einfallsreichen Band, "Too many Puppies", ist mit vergleichsweise geradem →Heavy-Metal die Ausnahme.

Prince (Roger Nelson); amerikanischer Multiinstrumetalist, Komponist, Produzent und Sänger mit großem Stimmumfang; veröffentlichte 1979 seine erste LP "For You", auf der er eher konventionellen →Soul darbot. 1984 schaffte er den internationalen Durchbruch mit der LP (und seinem einzig erfolgreichen Film gleichen Titels) "Purple Rain", die seine typische Mischung aus Soul, →Funk, Rock und Texten mit religiösen sowie sexuellen Anspielungen vorstellte. Mit diesem Konzept (auch in seinen Bühnenshows) seither ständig sehr erfolgreich, komponierte Prince für zahlreiche Kollegen (→The Bangles, →Sinead O'Connor u.v.a.) und hatte mit einem unaussprechlichen Symbol als neuem "Namen" 1994 den Hit "The Most Beautiful Girl in the World".

Prince, Buster Wichtigster Produzent der →Ska- und frühen →Rock Steady-Ära; besitzt Gottvater-Status. Fabrizierte im Laufe seiner Schaffensperiode Ende der 50er bis Mitte der 60er an die 500 Ska-Platten, darunter viele Klassiker wie "Al Capone", "One Step Beyond" oder "Judge Dread". Er war in den 60er-Jahren so berühmt wie →Bob Marley in den 70ern. Einzig ernstzunehmende Konkurrenten in einem ständigen musikalischen Schlagabtausch: →Sir Coxsone und Duke Reid.

Prince Far I Sagenumwobene Gestalt in der →Reggae- und →Dub-Szene mit tiefer rauher Stimme und hohem Bekanntheitsgrad in den 70ern bis zum Tod durch ein Attentat 1985. Heute von Insidern noch vielbeachtet und von Produzenten wie (→Adrian Sherwood) gerne →remixt.

Prince Jammy Der bedeutende Produzent im →Reggae-Business begann Ende der 70er erst als Assistent von →King Tubby, später unter eigener Regie in Sachen →Dub. 1985 kreierte er unter Zuhilfenahme eines werksseitig in einen Billig-Synthesizer eingebauten Rhythmus den ersten digitalen (computerisized) Reggaetitel ("Under me Sleng Teng", gesungen von Jammys Freund Wayne Smith) und mutierte mit diesem neuen Sound zu King Jammy.

Prinzen, Die Nach der Wiedervereinigung gab es für die sparsam instrumentierte, technisch brilliante Leipziger →A capella-Gruppe kein Halten mehr: seit der 91er-LP "Das Leben ist grausam" verkaufen sich ihre nicht immer gleichmäßig inspirierten Alben mit witzigen Texten bestens.

Prior, Maddy Kraft- und seelenvolle britische Sängerin von →Steeleye Span mit →Folk-LPs vor allem in den 70ern.

Prism Keyboardlastiger melodiöser →Hardrock aus Kanada ab Mitte der 70er (Hit u.a. "Dirty Mind").

Pro Pain New Yorker Band der 90er aus der →Hardcore →Punkszene (politische Texte) mit brachialem →Heavy-Metal und Grunzgesang.

Procol Harum "A Whiter Shade of Pale" war 1967 mit von →Bach entlehnter Musik und abgefahrenem Drogen-Text so erfolgreich, daß die Band mit →bluesbetontem Pop/Rock weitermachte. Sie gehörten zu den ersten, die in den 70ern mit Symphonieorchester ins Studio gingen; in den 90ern der übliche Comeback-Versuch.

Prodigy Anfang der 90er aus der →Manchester Rave-Szene hervorgegangene Band um Laim Howlett, die sich →Breakbeat-orientiert Mitte der 90er zunehmend auf ihre Wurzeln im Rock besinnen.

Producer Der Produzent soll aus den Ideen der Musiker eine Plattenversion herstellen. Dabei beeinflußt er oft sehr stark deren Sound, so daß häufig eher die Handschrift des Produzenten als die der Künstler erinnerlich bleibt (→Phil Spector, →Giorgio Moroder, →Stock/Aitken/Waterman). Andere führen die Ideen der Musiker in konstruktiver, wenn auch nicht immer gewollter Form weiter (George Martin bei den →Beatles, →Todd Rundgren, →Trevor Horn). Seit den 80ern ist oft der →DJ Musiker und Produzent in einem (→House, →Techno).

Professor Longhair Der 1918 in Louisiana geborene Pianist und Gitarrist gilt als Pionier der Verschmelzung von →Blues und Rock; in den 70ern recht →funky aus der Versenkung auferstanden, starb 1980.

Progressiv (fortschrittlich) soll wohl heißen, daß Musiker durch hohe Spielkunst und tolle Ideen großartige Werke schaffen; ebenso fragwürdig wie →Avantgarde.

Progressive-Metal vielschichtiger →Thrash Metal.

Promotion Alles, was eine Schallplattenfirma an Werbung unternimmt: Pressebetreuung, Discjockey-Bemusterung, Anzeigen, Videos...

Prong Amerikanische Band ab Ende der 80er; mit →Heavy-Metal und →Hardcore→Punk zur charakteristischen, aggressiven und rauhen Stimme Tommy Victors.

Propaganda Deutsche Formation, die in den 80ern vor allem in England und Deutschland Erfolg hatte ("Dr. Mabuse" 1984).

Psychedelic Furs fingen 1977 in London mit düsterem →Punk an und wechselten nach Weggang eines Gitarristen und des Saxophonisten endgültig zu ausgeschmücktem Pop (1981 großer Erfolg mit dem gleichnamigen Titelsong zum Film "Pretty in Pink").

Psychedelic Rock Als "Bewußtseinserweiterung" gemeinte Musik, die unter dem Eindruck von Drogen (vor allem LSD; daher auch der Begriff "Acid-Rock") gespielt wurde (in den späten 60ern in erster Linie an der amerikanischen Westküste, z.B. von →Grateful Dead - aber auch in Europa: →Pink Floyd, →Amon Düül) - oder Musik, die so klingen soll, als ob sie unter diesem Einfluß gespielt wäre, oder →Drogen-Erfahrung verstärken und selbst Trance-ähnliche Zustände hervorrufen will (wie →Techno). Vielschichtiger und ungenauer Begriff.

Psychotic Waltz Melodiöser Progressive-Metal (→Thrash-Metal) aus Amerika ab Anfang der 90er.

Public Enemy wurden Anfang der 80er mit enorm heftigem und schrägem →Rap bekannt. Sie verarbeiteten als eine der ersten Themen der unterprivilegierten Schwarzen in Amerika ("New School", →Hip Hop). Anfang der 90er zusammen mit →Anthrax ("Bring the Noise") Vorreiter des →Crossover-Booms.

Public Image Ltd. (P.I.L.) Soloprojekt des →Sex Pistols Sängers Jonny Lydon. Anfangs (1978) experimentell, später mit schrägem Pop ("This is not a Love Song") in der europäischen →Underground-Szene beständig erfolgreich. Anfang der 90er aufgelöst.

Puckett, Gary Der amerikanische Schmalz-Sänger (1968 Hit mit "Young Girl") ist immer noch unterwegs.

Puhdys Die erfolgreiche Ex-DDR-Band (70er) mit einfachem, keyboardbetontem Rock und kitschigen Schüttelreimen kann Mitte der 90er noch bestehen.

Pulp Britische Gitarren-Popband mit Erfolg Mitte der 90er ("Disco 2000").

Pungent Stench Die österreichische →Death-Metal-Band ab Ende der 80er machte vor allem durch derbe sexistische Texte und Plattencover auf sich aufmerksam. Mit diversen Stilen experimentierend, ist die Band jedoch in erster Linie ein Spaß-Projekt.

Punk Als Antwort auf den Leerlauf überkünstelter musikalischer Ideenlosigkeit ihrer Zeit starteten britische Bands Mitte der 70er eine Spielweise, die entfernt auf dem →Rock`n'Roll der 50er basierte: ohne individuelle Virtuosität; immer gleichzeitig lautstark, krachend, einfach und schnell loslegend, zu schockierenden Texten und ebensolchem Aussehen und →Image. Vorläufer in Amerika waren Anfang der 70er die →Stooges, →MC Five, die →New York Dolls oder →Ramones. Wichtigste Vertreter waren zweifelsohne die →Sex Pistols, gefolgt von den →Clash, →Sham69 und anderen, die wie beispielsweise die →Stranglers, nur auf den Zug aufsprangen. Nach der letzten wirklich rebellischen Erschütterung des Rock verfeinerte sich die Musik zusehends und mutierte, teilweise bewußt dekadent, zum →New Wave. Das Phänomen erlebt bei →Offspring oder →Green Day in den 90ern eine gewisse Wiederauferstehung. →Hardcore→Punk.

Pur Mit seit 1983 kaum verändertem hymnenhaften Soft-Rock gehören die Deutschen spätestens in den 90ern, einigermaßen kunstvoll, auf jeden Fall melodiebewußt, mitklatschtauglich und mit bemühten deutschen Texten, zu den erfolgreichsten Abräumern der heimatlichen Szene.

Pussycat Siebenköpfige holländische Formation mit →Country-Touch, die 1976 mit "Missisippi" ihren ersten und größten Erfolg hatte und in den 90ern als Trio auf Tingel-Tour ist.

Q Tips →New Wave-Band um →Paul Young.

Quarterflash Amerikanische →Mainstreamformation mit dem 81er-Hit "Harden my Heart".

Quartz →Hardrockband aus Großbritannien in den 80ern.

Quatermass Britisches →Hardrocktrio mit lautem Verzerrersound, orgelbetont, mit →Klassikversatzstücken und als damaliger Geheimtip mit nur einer LP 1970 (Hit: "Black Sheep of the Family").

Quatro, Suzi Simpler britischer →Hardrock um die angerauhte Stimme der Sängerin, mit einfachen krachenden Hits in den 70ern ("48 Crash", "Can the Can"), jedoch ohne Durchhaltevermögen (tingelt in den 90ern ein wenig).

Queen starteten 1973 mit Rock, auffälligem Chorgesang und →Heavy-Metal-ähnlicher Gitarre eine teilweise vertrackte Mischung. Die Mini-Oper "Bohemian Rhapsody" sprengte 1975 erstmalig die Charts. "Under Pressure" (1982 mit →David Bowie), →Disco-Knaller wie "Another One bites the Dust" (1980) haben bis heute ihren Hitstatus ebensowenig verloren wie die Party-Abräumer "We are the Champions", "We will rock You" der LP "News of the World" (1977). Immer im Trend (z.B. mit Filmmusik zu "Highlander" auf der LP "Kind of Magic", 1986) konnten die Briten stets ihr Gesicht wahren: die metal-melodiöse Gitarre Brian Mays und der operettenhaft-knödelnde voluminöse Gesang des Sängers Freddie Mercury, nebst seiner extrovertierten Bühnenshow, hielten beständig das hohe Niveau der ausgefuchsten Profis bis zum Tod Mercurys 1991.

Queensryche Anfang der 80er in Seattle gegründete →Heavy-Metal-Band mit markant-kehligem Gesang von Geoff Tate und sorgfältig ausgefeilten Arrangements. Die Band setzte mehr auf Stimmungen und Klangfarben als auf Lautstärke und Brutalität und gab so, auf die Gefahr hin dem →Mainstream zugerechnet zu werden, dem harten Rock eine neue Dimension.

Quicksilver Messenger Service gehören mit →Folk- und →Blues-Anleihen ab 1965 zu den Urvätern der Hippie- und →Westcoast-Bands. Interessant, aber nicht so deutlich und annähernd beständig wie z.B. →Jefferson Airplane; Sänger Dino Valenti auch mit Solo-LP, Gittarist John Cippolina mit Sologruppe "Copperhead" 1973.

Quiet Riot 1975 in Los Angeles gegründete →Hardrock-Band, zuerst mit dem versierten vertrackten Gitarristen Randy Rhodes (ab 1980 bei →Ozzy Osbourne) und dem Sänger Kevin DuBrow mit typischer Kreischstimme. Stilistisch einfacher 1983 mit der →Slade→Coverversion "Cum on feel the Noize" internationaler Durchbruch. Wegen Umbesetzungen, Streitereien und Erfolgsverlust vorübergehende Auflösung.

Quintessence Eher harmlos esoterische Formation mit fernöstlicher →Folklore, leichtem →Jazz und etwas Rock von 1969 bis 1972 (1975 erneuter Versuch).

Quireboys Amerikanischer →bluesbetonter →Hardrock, von ähnlichen Bands, wie z.B. den →Black Crowes, in den 90ern gnadenlos überflügelt.

R.E.M., 1981 in Georgia gegründet, waren mit verschrobenem, →Folk-inspiriertem Gitarren-Rock (Peter Buck) und düster genuschelten Texten (Michael Stipe) schon erfolgreich und Vorbild für unzählige →Underground-Bands vor allem in Amerika, als sie mit ihren Alben "Out of Time" (1991) und "Automatic for the People" (1992) elegisch-melodisch noch erfolgreicher, kommerziell und künstlerisch treffsicher, zulegten. Mit "Monster" (1994) wich die Verspieltheit vorübergehend einer etwas härteren Gangart; 1996 LP mit →Patti Smith als Gaststar.

Rabin, Trevor Der in seiner Heimat Südafrika gefeierte weiße Gitarrist und Sänger (auch b und k) war unter europäischen Insidern lange beliebt, bevor er sich 1983 entschloß, seine glatte und virtuose Kunst in die Dienste von →Yes zu stellen und deren letzte Phase entscheidend mitzuprägen.

Radiohead Englischer Gitarren-Pop mit →Grunge-Anleihen und 1993 dem Hit "Creep".

Rafferty, Gerry Der schottische Sänger, Songwriter und Multiinstrumentalist hatte 1978 nach dem Zerfall von →Stealers Wheel mit obertonreich studioverfremdetem Saxophoneinsatz den Mega-Hit "Baker Street", der seinen Pop-, →Blues- und →Folk-Rock harmloser Machart auch nicht aufgewertet hat.

Ragas sind indische Tonleitermodelle in über zehntausend Überlieferungen für verschiedenste Stimmen, Instrumente und Anlässe, die in einem Vorspiel vorgestellt werden, bevor das eigentliche Lied auf dieser Grundlage beginnt. Bekannt gemacht hat diese außerhalb Indiens selten adäquat gespielte, komplexe Musik im Westen der Sitar-Spieler Ravi Shankar.

Rage Deutscher melodischer und virtuoser →Heavy-Metal ab Mitte der 80er mit nervig kreischendem Heulgesang.

Rage against the Machine Amerikanische →Rap/→Heavy-Metal→Crossover-Band der 90er mit politisch engagierten Texten.

Ragga-Muffin Die digitale Computer-bearbeitete Version des →Dancehall-Reggae. Zuerst äußerst populär in Jamaica Mitte der 80er Jahre, seit Anfang der 90er auch in den internationalen Pop-Charts vertretener Sound. "→Hardcore Ragga", "Bogle" oder "Bhangramuffin" (Ragga-Muffin mit indischen Einflüssen) sind sparsam instrumentierte, stark auf Tempo und slang-lastige Vokaleinlagen getunte Ableger dieser Musikrichtung. Frühe Interpreten: →Sugar Minott, Half Pint, Junior Reid, Echo Mintott, Nitty Gritty, Johnny Osbourne, Tenor Saw, Wales, Josey; Zeitgenossen: →Shabba Ranks, →Chaka Demus & Pliers, Cobra, Daddy Freddy, Home T, Lieutenant Stitchie, Ninjaman, Pinchers, Ragga Twins, Supercat, Tiger oder Clarke, Gussie, Digital B, Steelie & Clievie (als Produzenten) und aus Deutschland: Natty U.

Ragtime Um die Jahrhundertwende ein Klavierstil, der zu einer Vorform des →Jazz wurde. Der flotte Rhythmus wurde auch von Gitarristen z.B. des →Blues übernommen.

Rai Nordafrikanischer →Folklore-Pop aus Algerien kommend, seit den 40ern; textlich gegen überkommene, verklemmte Strukturen gerichtet, oft klagend und untergründig. Jüngere Stars haben ihrem Namen ein "Cheba" (weiblich) oder "Cheb" (männlich) vorangestellt.

Railway Münchner →Mainstream→Heavy-Metal ab den späten 70ern.

Rainbirds Deutsche Band mit geradlinigem, melodiösem Pop um die Sängerin Katharina Franck. Nach dem nationalen 88er Hit "Blueprint" drastische Wechsel in der Besetzung und vorübergehende Verflachung der Musik, die trotz erneut starken Songmaterials auch in den 90ern nicht mehr erfolgreich war.

Rainbow 1975 um Richie Blackmore (von →Deep Purple) gegründetes →Hardrock-Projekt mit unzähligen Personalwechseln (u.a. →Ronnie James Dio (v), →Toney Carey (k), →Cozy Powell (d)) führte zuerst den Deep Purple-Sound konsequent weiter, bis sich die Band 1984 nach eiliger Entwicklung zum →Mainstream auflöste und in den 90ern reformierte.

Rainey, Ma Von →Bessie Smith entdeckte "Mutter des →Blues" (in den 20ern mit der "Georgia Jazz Band").

Raitt, Bonnie verbindet seit Ende der 60er kontinuierlich erfolgreich und eingängig amerikanischen →Country mit Rock, →Blues und Pop, singt manchmal in Background-Chören und tritt sogar neben heftigen →Heavy-Metal-Acts auf.

Ram Jam sind eigentlich nur durch ihren Fetzer "Black Betty" (1977) bekannt geworden; der übrige US→Hardrock war doch eher hölzern.

Rammstein Ostdeutsche Band mit →Heavy-Metal-Gitarren und Sythesizer zu düsterem Gesang in derben Texten ab Mitte der 90er.

Ramones 1974 in New York gegründete Band, die die Tradition des einfachen →Rock`n'Roll und →Beat der 50er und 60er in einer lauten Spielart für die 70er neu definierte. Sie gelten mit aggressiven Gitarren und dem emotionslos melodiösen Gesang Joey Ramones als Urväter des →Punk-Rock.

Ramses Melodischer Rock aus Hannover (70er).

Randy Pie versuchten von Hamburg aus 1972 bis 1977, →Klassik und →Jazz im Rock zu vereinen, blieben jedoch weitestgehend blutleer.

Rap ist ein rhythmischer Sprechgesang, der in den 50ern von amerikanischen →Discjockeys vorgemacht wurde und mit dem weiterentwickelten →Toasting jamaikanischer →MCs zurück nach Amerika fand. Zuerst allein im →Hip Hop beheimatet, wird inzwischen z.B. auch in →Dancefloor oder →Heavy-Metal

(→Crossover) gerappt. Die umgangssprachliche Insider-Ausdrucksweise der Bewohner typischer Schwarzen-Ghettos, in der es naturgemäß vornehmlich um Gewalt und Verbrechen geht ("Gangsta Rap") stand nach anfangs textlich deutlicher Partyorientierung ("Old School") schnell im Vordergrund und wurde zu einer authentischen Ausdrucksform der unterprivilegierten Schwarzen und ihrer Probleme ("New School"). →Grandmaster Flash, →Kurtis Blow, →Ice T, →Run DMC, →L.L. Cool J.

Rare Earth Weiße →Soulband (auf →Motown) ab 1969, deren Hits durchaus über 20 Minuten lang sein konnten; wurden zunächst auch von Schwarzen geschätzt; ausgefeilter, weniger rhythmisch und auch langweiliger endete die Band Ende der 70er.

Rascals, The (Young) Ein amerikanisches Gegenstück zu den →Beatles; spielte ab 1965 →souligen →Rhythm & Blues immerhin so glaubwürdig, daß ihr Publikum stets gemischtrassig war. LPs ab 1970 sind →jazzigere Studioproduktionen um den einzig verbliebenen Felix Cavaliere (v, k) unter dem Namen "Rascals"; 1972 aufgelöst.

Rasperries Pop-Rock um den Sänger →Eric Carmen.

Rass Brass Beliebte →Reggae-Bläsertruppe um die Musiker Dean Frazer (s), David Madden (t) und Nambo Robinson (trombone). Steuerten auf Tausenden von Produktionen die Bläserparts bei.

Rasta ist eine vornehmlich in Jamaica beheimatete religiöse Bibel-Bewegung, ausgezeichnet durch Verehrung für Äthiopien (Heim nach Afrika) und dessen Staatsoberhaupt Haile Selassie I (= Ras-Ta-fari Makkonen), fleischloses Essen, keinen Alkohol, keine Zigaretten, aber jede Menge Marihuana. Äußeres Markenzeichen der Rastas sind die Dreadlocks, eine Haarpracht, die nie geschnitten, gekämmt und gewaschen wird. Erklärtermaßen in die Welt getragen von →Bob Marley.

Ratt →Mainstream→Hardrock aus den USA in den 80ern.

Rattles, 1961 in Hamburg gegründet, waren mit Sänger Achim Reichel stark an den →Beatles orientiert und hatten bis in die frühen 70er in Deutschland einige Hits. Reichel machte später mehr →Schlager-orientiert erfolgreich solo weiter.

Raubpressung →Bootleg.

Rave kam als Bezeichnung von Tanzveranstaltungen in den jamaicanischen →Dancehalls auf und wurde Ende der 80er in England übernommen. Bis in den

→Techno steht ein gemeinsames interaktives Erleben zwischen →DJ und der Tanzgemeinde im Vordergrund. Im →Manchester-Rave waren auch Gitarrenbands beteiligt.

Raw Stylus →Funkorientierte britische Band, die mit quirliger schwarzer Sängerin eine auch kommerziell erfolgreiche LP ablieferten ("Pushing against the Flow").

Rawls, Lou 1935 in Chicago geborener →Soul- und →Blues-Sänger und Komponist mit äußerst modulationsfähiger Stimme und stets aktualisiertem Sound; erster großer Erfolg 1966 mit der Platte "Live".

Rea, Chris Der britische Sänger und Gitarrist startete ab 1978 mit textlich und musikalisch anspruchsvollem, entspanntem Rock-Sound. Er hat eine rauhe und tiefe Stimme und ist beständig erfolgreich.

Rebel MC Englischer Profi in der →Hardcore→Ragga-Muffin-Abteilung mit zwei ausgezeichnet produzierten Alben "Rebel Music" und "Black Meaning Good" (u.a. mit →Dennis Brown, →Barrington Levy).

Red Hot Chili Peppers (amerikanische Band, 1983 gegründet) waren die wohl erste richtige →Funk/→Heavy-Metal→Crossover-Band (außer vielleicht →Mothers Finest) und schafften 1992 mit der LP "Blood Sugar Sex Magic" den internationalen Durchbruch.

Red Kross Eine der frühen amerikanischen →Alternative-Bands (1979) mit poppigem (Keyboards) →Punk bis in die 90er ("Phaseshifter").

Redbone 1968 -`79 Band mit ausschließlich indianischen Mitgliedern und herkömmlichem Pop-Rock ohne besonders aufregende Produktionen ("We were all Wounded at Wounded Knee", "13th Chant").

Redding, Otis Der farbige amerikanische →Soul-Sänger, der in den 60ern zahlreiche Hits wie z.B. "Sittin at the Dock of the Bay", hatte, kam 1967 bei einem Flugzeugabsturz ums Leben.

Rednex Schwedischer →Dancefloor mit →Countryelementen ("Cotton Eye Joe", 1994).

Reece, Alex Trickreiche →Jungle→Ambient-Mischung ergibt 1995 "Drum`n'Bass".

Reed Network, Dan versuchten sich Ende der 80er mit einer schlappen Mischung aus →Funk und →Hardrock.

Reed, Jimmy hatte in den 50ern ständig mehrere Hits in den Charts ("You don't have to go", "Bright Lights, Big City"). Er trieb den "Gitarren-Boogie" (entsprechend den Baßlinien der Pianisten) auf die Spitze, er hypnotisierte die Menschen und schuf seinen ganz eigenen →Blues-Stil.

Reed, Lou Der in New York geborene Sänger der ehemaligen →Velvet Underground startete 1970 seine Solokarriere. Er transportiert auf minimalistischen Harmonie- und Song-Strukturen zerbrechlichen Beinahe-Sprechgesang und poetische Texte. 1972 hatte er mit "Walk on the Wild Side" seinen größten Hit, 1975 mit der bizarren Elektronik-Scheibe "Metal-Machine-Music" sein größtes Tief (von Drogenproblemen abgesehen) und gilt seit dem Aufkommen des →Punk als einer seiner Vorreiter und ist Mitte der 90er wieder verstärkt aktiv.

Reggae ist seit Ende der 60er eine Mischung aus traditioneller schwarzafrikanischer und karibischer Musik und dem →Rhythm & Blues. Der ursprüngliche Reggae ist eine Sprache der Unterpriveligierten Jamaicas in all ihren Gefühlsschattierungen von Freude und Leid. Die direkten Vorläufer sind der →Ska und der →Rock Steady. Wie die amerikanische Pop-Kultur besteht auch der Reggae aus den unterschiedlichsten Spielformen wie etwa →Dub, →Ragga-Muffin, →Dancehall, →Roots Reggae, →Toasting. Ende der 70er Jahre begann mit der Musik des "King of Reggae" →Bob Marley ein bis heute andauernder Reggae-Boom, der einen großen Einfluß auf die internationale Musikszene ausübte: praktisch jede Rock- und Popgröße bedient sich seitdem aus diesem Musikcocktail; u.a. die →Rolling Stones, →The Police, →The Clash; selbst eingefleischte →Jazz-Größen wie z.B. →Lester Bowie oder die aktuelle →Dancefloor- und →Acid Jazz-Szene (→Galliano, →US 3). Die Bedeutung des Reggae erkennt man etwa an der Existenz von →Hip-Hop und →Rap: ohne die Variation des →Toasting wäre diese dominierende Musikströmung in der heutigen Szene nicht präsent.

Reich, Steve Moderner Komponist von →Minimal Music-Klangteppichen.

Reichel, Achim Sänger der →Rattles, später solo und seit den 80ern verstärkt in Richtung →Schlager und Seemannslieder.

Reid, Terry Der britische Gitarrist und Sänger war in den 60ern im Vorprogramm der →Rolling Stones oder →Cream zu hören und ließ auf seinen Platten ab 1968 langsamen Rock hören, der später auch mit →Latin oder →Jazz leicht angereichert wurde; absolutes Tief 1976 mit schwülstigem →Country.

Reiley, Maggie Wurde vor allem als Sängerin des →Mike Oldfield-Hits "Moonlight Shadow" in den 80ern bekannt; mit ihrer weichen Stimme solo in leichtem Pop und als Gastmusikerin unterwegs (u.a. bei →Jack Bruce oder den →Sisters of Mercy).

Reinhardt, Django Der in Belgien geborene Ausnahme-Gitarrist mit großem Improvisationstalent beeindruckte mit Virtuosität und individuellem Ausdruck die →Jazz-Welt ab den 30ern (gestorben in den End-50ern) und ist bis heute Vorbild von Generationen von Gitarristen.

Reiser, Rio Der ausdrucksstarke Berliner Sänger der →Ton Steine Scherben startete 1986 eine Solokarriere, in der er sich vorbildlich bemühte, textlich und musikalisch nicht allzusehr in Richtung →Schlager zu geraten ("König von Deutschland"); 1996 gestorben.

Relatives Menschsein Deutscher →Dark Wave der 90er.

Remix Vor allem im →Dancefloor der 90er ist es üblich, Teile eines Songs (z.B. Gesang) mit neuen Stilelementen zu →samplen. So wird aus einer harmlosen →Soulnummer z.B. eine harte →Dancefloor-Attacke. →Cover Version.

Rembrands Gitarren-Pop-Band der späten 80er aus Kalifornien mit sehr eingängigem unaufdringlichen Material und stark an die →Beatles erinnernden Gesangsharmonien.

Remo Four Neben den →Beatles eine der ersten →Beat-Bands aus Liverpool (mit schwerem Orgel-Sound, →Blues- und leichten →Jazz-Einflüssen sowie rostigem Gesang); →Ashton, Gardner & Dyke.

Renaissance Seit 1969 (ab der zweiten LP komplett umbesetzt) bis in die 80er interessante, nicht allzu erfolgreiche Rock-Band mit ernstzunehmenden →Folk- und Barock-Musik-Einflüssen (→Klassik) und teilweise ausgefallener Instrumentierung (z.B. Cembalo) in manchmal komplexen Arrangements.

Renbourn, John Sänger und musikalisch vielseitiger Gitarrist der →Pentangle mit Solo-LPs seit 1965.

Reo Speedwagon Hoher nasaler Leadgesang, süßliche Harmoniegesänge und emotionstriefende Balladen ("Take it on the Run") kennzeichneten den Sound der 1967 in Illinois gegründeten →Mainstream-Band.

Replacements, The 1981 gegründete Band, die mit ihrer Musik zwischen →Rock`n'Roll und →Punk ein konstanter und wichtiger Bestandteil des US→Undergrounds ist.

Residents, The zeichnen sich ab 1974 durch bizarre →avantgardistische Musik, abenteuerliche →Coverversionen und eine äußerst kunstvoll gestaltete Bühnenshow aus. Es ist nicht bekannt, welche amerikanischen Musiker sich hinter den schrillen Kostümen und Pseudonymen verstecken.

Revolutionary Dub Warriors Schwergewichtiger →Dub aus England mit einem von →Adrian Sherwood produzierten 96er-Album "State of Evolution".

Rheingold Deutsches Elektronikprojekt der →Neuen Deutschen Welle ("Dreiklangdimensionen", 1980)

Rhythm & Blues stand in den 40ern bis in die 60er für eine Mischung aus schwarzer Tanzmusik und rhythmischem →Blues. Mit weißen →Country-Einflüssen verschmolzen, Mitte der 50er im amerikanischen →Rock`n'Roll und britischen →Mersey-Beat aufgegangen.

Rhythm Devils Percussiontruppe um Mickey Hart von den →Grateful Dead.

Rhythmus ist eine Abfolge einzelner Schläge, eine Zeitgliederung, die durch Akzentuierung schnell oder langsam wirken kann. Verschiedene Betonungen erhöhen die Spannung: im →Swing sorgen z.B. Off Beats für Vortrieb. Synkopen sind Schläge gegen die Betonung des Taktes, die das Zeitgefüge allerdings nicht verändern.

Richard, Cliff Britischer →Schlagersänger, der sich immerhin von 1959 (zuerst im →Rock`n'Roll und mit den →Shadows) bis heute mit einigermaßen zeitgemäßem Sound und erträglicher Songauswahl gehalten hat (Hits u.a. "Living Doll", "Lucky Lips", "Power to all your Friends").

Richards, Keith Gitarrist und Songschreiber der →Rolling Stones; 2 Solo-LPs.

Richie, Lionel Exsänger der →Commodores, startete 1981 seine Solokarriere und ist mit sanfter Stimme in Pop-Balladen, die nur noch ganz entfernt an →Soul erinnern, auch in den 90ern äußerst erfolgreich ("Hello", "Say You say me").

Richman, Jonathan Ein Sänger aus Boston, der 1977 mit der Band "Modern Lovers" die Hits "Roadrunner" und "Egyptian Reggae" hatte; am →Rock`n'Roll orientierter Pop mit nasal vorgetragenen, angeblich "kindlichen" Texten.

Ridgeways, Stan Düster-nasaler Ex-Sänger der →Wall of Voodoo; ab 1983 solo ("Camouflage").

Riff Raff (I) Anfang der 80er kurzzeitiges, kantiges amerikanisches →New Wave-Gitarrenprojekt.

Riff Raff (II) Belangloser →Hardrock aus Amerika, der sich in den 90ern nicht zwischen →Mainstream und →Heavy-Metal entscheiden kann.

Riff Wiederkehrendes kurzes musikalisches Thema, ursprünglich zur Unterstützung des Gesangs, später vor allem im →Hardrock ("Smoke on the Water" von →Deep Purple) und →Heavy-Metal eigenständige Melodie.

Righteous Brothers Das weiße Gesangsduo aus Amerika war 1962-`68 mit verwässertem →Rhythm & Blues unterwegs; größter Erfolg: die Schmalz-Ballade "Unchained Melody".

Riley, Terry →Minimal Music.

Ringsgwandl Oberbayrischer Sänger mit existentiellen, witzigen und sozialkritischen Texten zu schräger, entfernt im →Blues verwurzelter Minimalvertonung; seit Mitte der 80er mit erstaunlicher Vokalakrobatik und zunehmender Einheitlichkeit. Erwähnenswert sind auch seine abgefahrenen →Live-Auftritte.

Riot →Heavy-Metal-Band, die 1976 in New York mit →Hardrock begann, sich dann jedoch (mit hoher, kreischender Stimme) in eine schnellere Version von →Judas Priest entwickelte und so den Weg für kommende Stile wie Speed- oder →Thrash-Metal bereiteten.

Riperton, Minnie Gewaltige amerikanische Background-Sängerin (u.a. bei →Stevie Wonder) mit "Loving You" (1975) auch →Soul-Hit-Interpretin; starb 1979 an Krebs.

Risk 1988 im stilistischen Fahrwasser von →Helloween entstandene melodiöse →Heavy-Metal-Formation aus Deutschland.

Rita Mitsouko, Les Pariser Band (erste LP 1984) zwischen schräger Elektronik, →Punk und →New Wave; mit schrillem Gesang eine abgefahrene und eigenständige Mischung.

Ritenour, Lee Äußerst virtuoser Gitarrist im →Fusion-Bereich, zuletzt auch beeinflußt von →Latin-Music, dessen schier unglaubliches Können allerdings nicht immer zu besonders interessanter Musik führen muß.

Rivers, Jonny hatte in den 60ern und 70ern mit bewußt harmlos gehaltenem Rock-, →Blues und →Folk durchschlagenden Erfolg.

Roach, Max (geb. 1924). Soundmalender Schlagzeuger des →Bebop.

Robertson, Robbie Bis Mitte der 70er Kopf von →The Band. Als Produzent und ab den späten 80ern mit eigenem interessant produziertem Rock unterwegs.

Robinson, Fenton Melodiöse milde →Bluesgitarre und warme, volle Stimme des zeitgenössischen →Chicago-Blues.

Robinson, Smokey Komponist sanften, poetischen →Rhythm & Blues' vor allem für Interpreten des →Motown-Labels und stilsicherer →Soulsänger ab 1953.

Robinson Band, Tom Rauher →Rock`n'Roll mit politisch engagierten Texten um den bekennenden homosexuellen Robinson (v, b) mit Erfolg Anfang der 80er ("2-4-6-8 Motorway").

Rock (aus →Rock`n'Roll) ist Musikkultur der Jugend ab den 50er-Jahren mit rebellischem →Image, meist mit Texten über Liebe und Sex und ebenso häufig tanzbar und gitarrenlastig. Obwohl die Rockmusik ihre Mittel aus allen erdenklichen Musikgattungen eklektizistisch zusammenholt und in seltensten Fällen Inhalte originär erfindet, ist sie durch industriell verursachte Massenpräsenz zum alles überragenden musikalischen Transportmittel aufgestiegen (→Pop). Als einzige eigenständige Hervorbringung ist die ungeheure Bandbreite des Sounds (der Klangfülle und der Vielfalt der verwendeten Instrumente) anzusehen, die in keiner anderen Musikgattung erreicht wird. Dieser Beitrag zur Bereicherung der Musikkultur unseres Jahrhunderts ist das Entscheidende und einzig Gemeinsame des vielfältigen Oberbegriffs Rockmusik. (Der gute Durchschnitt liegt in der typischen Besetzung Gesang, Gitarre, Baß, Schlagzeug und klingt etwas rauh; sonst sind die Übergänge über "Soft-Rock" zum Bergiff Pop fließend; ebenso zum →Hardrock.)

Rock-Jazz →Fusion.

Rock-Oper Für eine Bühnenaufführung oder für einen Musik-Spielfilm geschriebene musikalische Handlung; →Andrew Lloyd Webber, "Tommy" von den →Who, →Rocky Horror Picture Show; →Konzeptalbum, →Musical.

Rock Steady Direkter Vorläufer des →Reggae, entwickelte sich aus dem →Ska. Nach der Legende war ein außergewöhnlich heißer Sommer im Jahre 1964 der Anlaß für sein Entstehen: die schnellen Rhythmen des Ska wurden langsamer gespielt, um das Publikum nicht vorzeitig in der Hitze kollabieren zu lassen. Nebeneffekt: der Afterbeat des Ska verlagerte sich auf die Zählzeiten 2 und 4 eines Taktes und war damit der musikalischen Struktur nach schon typischer Reggae. Klassiker: Bob Andy, "The Heptones", →Alton Ellis, Ken Boothe, →Delroy Wilson, Justin Hinds & The Dominoes.

Rock`n'Roll Nachfolger des →Rhythm & Blues, aus →Country, →Blues und weißer Ballade Mitte der 50er in Amerika entstanden. →Chuck Berry, →Buddy Holly, →Elvis Presley. (s.a. →Rock und →Hardrock).

Rockabilly →Rock`n'Roll mit starken →Country (Hillibilly)-Einflüssen.

Rockers Hi Fi Kompetente Synthese aus →Reggae-infiziertem →Dub und →Ambient in den Mitt-90ern aus Birmingham.

Rocky Horror Picture Show Parodistisches →Rock`n'Roll-nahes Horror→Musical, das als Film mit Tim Curry (v) als bisexuellem Außerirdischem ab 1975 gigantisch erfolgreich war.

Rodgers, Nile Schwarzer amerikanischer Gitarrist der →Chic - aber vor allem Produzent für u.a. →Blondie, →Duran Duran oder →Mick Jagger in den 80ern.

Rodgers, Paul Sänger mit getragener, kräftiger Stimme bei →Free, →Bad Company, →The Firm; auch solo unterwegs (u.a. im →Blues).

Rodriguez, Rico Seit den 50ern Vorbild vieler →Reggae-Posaunisten mit vorbildlich produzierten Instrumental-Alben ("Man from Wareika", "That Man is Forward"). Zusammenarbeit u.a. mit der englischen Ska-Band →The Specials und nach längerer Abwesenheit in den 90ern wieder rege.

Roe, Tommy Sänger und Songwriter aus Amerika mit 69er-Erfolg "Dizzy"; Happy-Pop.

Rödelheim Hartreim Projekt Deutsche →Hip Hop-Musiker (erste LP 1994), die auf entspanntem, baßlastigem (manchmal →funkigem) Fundament gekonnt herbe deutsche Texte (oft mit Seitenhieben auf die gehaßten →Fantastischen Vier) →rappen.

Rogers, Jimmy Mitbegründer des modernen →Chicago-Blues (Hits in den 50ern "That's Allright", "Walking by Myself"). Seine Gitarrentechnik enthält viele harte Elemente der Rockmusik.

Rogers, Kenny Amerikanischer →Country-Sänger; ab 1978 zahlreiche einfache Hits ("Lucille") mit rauher tiefer Stimme.

Rolling Stones Zwischen →bluesorientiertem Rock und Rebellen→Image bauten sich die Stones Anfang der 60er als zweite Kraft hinter den →Beatles auf ("It`s all over Now", "(I can't get no) Satisfaction", "Paint it Black" u.v.m.). Trotz Besetzungswechseln und Soloalben konnte sich die britische Band um Sänger →Mick

Jagger und Gitarrist Keith Richards mit Ausflügen in →Reggae, →Disco ("Miss You") und →Funk und wieder erdigem Sound in den 90ern bis heute als feste Riesen-Größe im Geschäft halten. Die Gemeinde verstand die dreckigen →Riffs von Richards, die rotzige und kraftvolle Stimmme Jaggers und vor allem ihr stets prägnantes Songwriting als gleichbleibendes Markenzeichen, auch wenn zeitweiliger Falsett-Gesang und musikalische Spielereien nicht immer darüber hinwegtäuschen können, daß die ungemein kreativen Jahre vorbei sind und sich der Dinosaurier eigentlich überlebt hat. Aber allein die langen Lebensjahre lassen die Stones offensichtlich als die typische Rock-Band schlechthin erscheinen.

Rollins Band Der Exsänger der amerikanischen →Punk-Legende →Black Flag, Henry Rollins, brüllte ab Mitte der 80er aggressiv in einer scheppernden Mischung aus →Heavy-Metal und Punk.

Rollins, Sonny Explosiver, stilbildender Tenorsaxophonist des Hard Bop (→Bebop) seit den 50ern.

Romeo, Max produzierte mit →Lee Perry unter anderem die →Reggae-LP "War Inna Babylon": ein Meisterwerk. (1968 Erregung öffentlichen Ärgernisses mit dem Song "Wet Dreams").

Ronettes Amerikanische Mädchengesangsgruppe der 60er. Eingängige Songs (von →Phil Spector aufgeblasen) und "Bad Girl"→Image verhalfen ihnen zu Hits ("Do I love You", "Be my Baby").

Ronson, Mick Englischer Rock-Gitarrist, Begleitmusiker von →David Bowie und →Ian Hunter, in den 70ern bei →Mott the Hoople, 1974 erste Solo-LP, 1994 gestorben.

Ronstadt, Linda tanzte seit 1969 stilistisch auf vielen Hochzeiten zwischen →Country, →Folk, Pop und Rock und drohte in den 70ern schließlich in →Disco-Plattheiten unterzugehen. Auch chamäleongleiche Wandlungsfähigkeit in der Mitarbeit u.a. bei →Maria Muldaur, →Emmylou Harris, →Dolly Parton und sogar →Elvis Costello oder →Andrew Lloyd Webber zeigte sie nicht sehr stilsicher. Erst Mitte der 80er scheint sie mit ihrer gefühlvollen Stimme in mexikanischem und lateinamerikanischen Liedgut ein Zuhause gefunden zu haben.

Roots Reggae Eine mit erdigen tonnenschweren, behäbigen Rhythmen ("Riddims") in schwermütigen Moll-Harmonien und oftmals mit satten Bläsersätzen Mitte der 70er Jahre entstandene Form des Reggae. →Burning Spear, →Black Uhuru, →Gregory Isaacs.

Rose Royce Amerikanischer →Soul Anfang der 80er ("Car Wash").

Rose Tattoo Sehr dreckige und sehr harte australische →Hardrock-Band der 80er á la →AC/DC um den Sänger Angry Anderson.

Ross, Diana Schwarzamerikanische Pop-Diva von den →Supremes, die in den 70ern als →Disco-Queen und später zwischen →Soul und Pop mäßig gehaltvoll, aber anfangs immens erfolgreich unterwegs war. Die Millionärin hat sich inzwischen bei ihrem ersten Label →Motown eingekauft.

Rossi, Walter Ab Mitte der 80er mäßig erfolgreicher Gitarren-Amerikaner zwischen →Country und →Blues.

Rossington-Collins Band Verbliebene →Lynyrd Skynyrd-Musiker ab Anfang der 80er, bis sich die alte Band neu formierte.

Roth, David Lee Der →Van Halen-Sänger in durchschnittlicher mittelhoher Stimmlage startete 1985 eine Solokarriere zuerst erfolgreich und schwankte seither zwischen →Swing, verspieltem →Hardrock (zusammen mit →Steve Vai) und →Blues ohne besonderen Erfolg; 1996 ist er zu Van Halen zurückgekehrt.

Rother, Michael Rein elektronischer, verträumter Rock mit schwelgenden Synthesizern 1976 -`79 aus Deutschland.

Roussos, Demis Mit hoher weinerlicher Stimme vibriert sich Russos ab den 70ern durch (auch deutsche) →Schlager; →Aphrodites Child.

Roxette Eingängige, oft genial simple Melodien, vereinzelt unterlegt mit →Hardrock-Gitarren, verschafften dem unbeschwerten, schwedischen Pop-Duo ab Ende der 80er zahlreiche internationale Hits (1988 "The Look").

Roxy Music galten mit schrillem Outfit und zwei interessant-experimentellen Rock-LPs (ab 1972) als Kultband. Nach dem Ausstieg von →Brian Eno (k,g,b,v) ging es mit der seidig-unterkühlten Stimme des Sängers Brian Ferry (und dem Keyboarder Eddie Jobson) konsequent in Richtung gepflegten und schließlich belanglosen Pops, den Ferry schließlich auch solo ausüben konnte. Andy Mackay (s, oboe), →Phil Manzanera (g).

Rubettes Britische Pop-Rock-Band mit Lead- und Chorgesang in hoher Kopfstimmlage; hatten Anfang der 70er mit "Sugar Baby Love" ihren größten Hit.

Rubicon →Fields of the Nephilim.

Rufus Nicht immer zündendes →Soul→Funk-Feuerwerk um →Chaka Khan in den frühen 70ern.

Rumble Militia Deutsche Band ab Mitte der 80er zwischen →Punk und →Heavy-Metal mit bemüht sozialkritischen Texten.

Rumble on the Beach Deutsche →Rockabilly-Band ab den 80ern u.a. mit einer "lustigen" Schnell-Version von →Prince's "Purple Rain".

Rumpf, Inga begann, zusammen mit Jean Jaques Kravetz, 1965 bei den "City-Preachers". Die beiden hatten mit den späteren Bands "Frumpy" und "Atlantis" ihre größten Erfolge. Obwohl die massive Hammond-Orgel Kravetz' und ihre fulminante Stimme gut zueinander paßten, verlegte sich Inga Rumpf schließlich auf →New Wave-Abklatsch, →Schlager- und (in den 90ern) →Jazz-Versuche. Kravetz tingelte z.B. mit →Peter Maffay oder →Udo Lindenberg.

Run DMC Die Anfang der 80er in New York gegründete →Hip-Hop-Formation, die 1987 zusammen mit →Aerosmith den Metal-Rap→Crossover-Hit "Walk This Way" hatte und mit harten Schlagzeugbeats, derben Sound-Attacken und ebensolchen Texten aufwartete, hatte den Anschluß an die Realität der amerikanischen Schwarzen Mitte der 90er verloren.

Runaways Amerikanische Mädchen→Hardrock-Band von 1976 bis 1981 mit gekonnter Gitarrenarbeit von →Lita Ford und rauhem Gesang von →Joan Jett.

Rundgren, Todd Stilsicherer amerikanischer Produzent (→Patti Smith, →Meatloaf u.v.a.). Als Gitarrist, Sänger und Keyboarder mit schrillen Experimenten, oft unmöglichen Texten und manchmal sehr herkömmlichem Rock überzeugt er ab 1970 bis heute eigentlich niemanden.

Running Wilde →Heavy-Metal-Band aus Hamburg ab Mitte der 80er mit Piratenoutfit, lauten, rhythmisch versiert gespielten Gitarren und rauher Stimme von "Rock'n Rolf".

Runrig haben sich weit von ihren gälischen Wurzeln entfernt, die sie ab 1978 zu einem Vorreiter schottischer →Folk-Bands machten, und man fragt sich angesichts inzwischen fehlender Melodien und völlig banaler Instrumentierung, warum sie ausgerechnet in den 90ern in ganz Europa immer erfolgreicher werden.

Ruphus Norwegische →Fusion-Truppe 1972-`77.

Rush Kanadisches 1968 gegründetes Trio, zunächst mit erdigem →Hardrock, dann zunehmend progressiver keyboardlastiger Rock mit Sience-Fiction-Texten, beherrscht von der hohen Stimme Geddy Lee's.

Rush, Jennifer Pop-Sängerin mit knödelnd-operettenhafter Stimme, anfangs (80er) kraftvoll und erfolgreich ("The Power of Love"), heute mit schwachem Material kraftlos.

Rush, Otis Ab den späten 60ern einer der wichtigsten →Bluesgitarristen und Sänger aus Chicago mit melodischen, perfekten Gitarrensoli und rauher kraftvoller Stimme, auch international berühmt. Neu war sein auf →Soul basierender Sound ("Gambler's Blues", "It takes Time").

Russell, Leon war als Musiker, Produzent und Songwriter erfolgreich für →Joe Cocker, →Eric Clapton, die →Rolling Stones tätig und veröffentlichte ab 1970 eigene →Rhythm & Blues- später auch →Country-Pop-Platten.

Ruts, The Erwähnenswerte Vertreter der britischen →Punkbewegung Ende der 70er, die ähnlich den →Clash ihren schnellen Rock mit →Reggae auflockerten und Anfang der 80er langsamer und melodiöser in die Formation "Ruts DC" mündeten.

Ryder, Mitch hatte in den 60ern noch unter dem Namen "Detroit Wheels" mit rauher Stimme eine Reihe von →Rhythm & Blues-Hits, solo (ab 1978) erinnert er eher an harten →Rock`n'Roll.

S.O.D. 1985 aus →Anthrax-Musikern und dem aus der →Punk-Szene kommenden Sänger Bill Milano entstandenes Fun-Projekt, wegweisend für die Fusion von →Thrash-Metal und →Hardcore→Punk; nur eine LP ("Speak English or die"). Milano machte mit neuen Musikern als "M.O.D." weiter.

S-Xpress Der →DJ Mark Moore hatte 1989 einen großen Erfolg mit "Theme from S-Xpress" - geschickt produziert zwischen →House und →Disco.

Sabres of Paradise →Techno um →Andrew Weatherall Anfang der 90er.

Sacco & Mancetti Spielfreudige →Folk-Truppe aus Regensburg mit lebendigen LPs ab Mitte der 80er; inzwischen auch mit →Heavy-Metal-Elementen.

Sacred Reich Amerikanische →Thrash-Metaller ab Ende der 80er mit sozialkritischen Texten.

Sad Cafe 1976 -`80 →New Wave-Formation um den Sänger →Paul Young.

Sade Nigerianisch/englische Sängerin mit fein nuancierter Stimme und sehr eleganten zurückhaltenden Liedern zwischen →Swing und Pop ab 1984 ("Your Love is King", "Smooth Operator").

Saga Kanadische keyboardlastige Rocker mit Hang zu kühlem Bombast, die in den frühen 80ern einigermaßen knackig waren.

Sahm, Doug Der texanische →Country-Pop-Interpret hatte 1968 unter dem Gruppennamen "Sir Douglas Quintett" mit "Mendocino" einen großen Hit; anschließende ernsthaftere Versuche unter eigenem Namen blieben erfolglos.

Saigon Kick Amerikanische Band, die sich Anfang der 90er (inzwischen aufgelöst) in einfachen Balladen ("Love is on the Way") und anspruchsvollerem, härterem Rock versuchte.

Sailor Ende der 60er in Paris entstandene Band mit Mitsingliedern zwischen Schmalz, →Rock`n'Roll und →Latin ("Girls, Girls, Girls").

Sainte Marie, Buffy Die nordamerikanische Indianerin startete in den 60ern →Folk-orientiert, komponierte ab den 70ern auch erfolgreich für Kollegen und tauchte 1992 mit anklagenden Liedern und ebensolcher Stimme und auf einem indianischen Rock-Album als Interpretin wieder auf.

Sakamoto, Ryaichi →Yellow Magic Orchestra.

Salsa (Soße) ist ein ungenauer, in New York geprägter Begriff für sämtliche Spielarten der →Latin-Music. Chachacha, Rhumba, Mambo werden, eigentlich den vertrackten kubanischen Rhythmen entspringend (Queen of Salsa: Celia Cruz), mit allem vermischt, was Lateinamerika von Chile bis Brasilien zu bieten hat. →Latin muß sich etwas genauer erklären.

**Salt`n'Pepa** Amerikanischer →Hip Hop Ende der 80er mit drei Mädels und Texten zu Liebe und Sex ("Let`s talk about Sex").

Sam & Dave Amerikanisches schwarzes →Soul-Duo (erste LP 1966), abwechselnd singend; Vorbild der →Blues Brothers, die ihren Hit "Soul Man" →coverten.

Sam the Sham & the Pharaohs In den 60ern u.a. mit der stampfenden →Beatnummer "Wooly Bully" erfolgreich.

Samael Melodiöser schweizer →Black-Metal mit Keyboards und okkultem Image und ebensolchen Texten ab 1987.

Sambora, Richie Der Gitarrist von →Bon Jovi rockt 1991 →bluesig, jedoch weniger melodiös und hitträchtig auf einem Soloalbum.

Sample (Sampling) Geräusch, Ton, Klang oder Notenfolge digital aufgezeichnet. Diese Musikschnipsel können z.B. auf einem →Synthesizer in neuem Zusammenhang und auch verändertem Klangbild abgerufen werden. Charakteristisch z.B. für →Hip-Hop, →House, →Industrial.

Sampler Kopplung von urspünglich anderweitig erschienenen Songs auf einem Tonträger. Meistens das angeblich Beste ("Best of") einer Band, eines Zeitabschnittes oder einer Musikrichtung. In riesigen Stückzahlen auf den Markt geworfen veralten sie zum Glück für die Plattenfirmen ebenso schnell wie sie erscheinen.

Sanborn, David Ab 1966 Altsaxophonist eher des Pop als des →Jazz.

Sanders, Ed Sänger der →Fugs und aufrührerischer Literat mit provozierenden Solo-LPs Anfang der 70er ausgerechnet auf →Country-Grundlage.

Sanders, Pharoah Der Saxophonist und Komponist machte Mitte der 60er mit modalem Jazz (→Free Jazz) auf sich aufmerksam, hatte in den 70ern keine Angst vor →Disco, wandte sich in den 80ern wieder dem Jazz zu und experementiert in den 90ern auch im →Acid Jazz.

Sandra Mit schwacher Stimme gesäuselter Pop vom Reißbrett ab Mitte der 80er; vom Ehemann →Michel Cretu in Deutschland produziert.

Santa Esmeralda →Disco-Gruppe um Sänger Leroy Gomez, die 1977 mit "Don't let me be Misunderstood" ihren einzigen Hit landete.

Santana Der Mexikaner schaffte den großen Durchbruch mit seinem teilweise kochenden, rhythmisch als sensationell empfundenem →Latin-Rock 1969 in →Woodstock ("Evil Ways", "Jingo"); 1970 erschien die stimmige LP "Abraxas" u.a. mit "Samba Pa Ti", "Black Magic Woman", "Oye Como Va". In den frühen 70ern auf dem Religionstrip ruhiger geworden, gelang ihm ab den Mittsiebzigern seltener ("Moonflower" `77, "Zebop!" `81) der Anschluß an alte Zeiten; trotz teils beachtlicher Virtuosenleistungen und stets charakteristischer Spielweise wurde er zunehmend stilunsicher.

Santing, Mathilde Ab Anfang der 80er leichte Pop-Balladen mit karger Instrumentierung von der Sängerin aus Amsterdam.

Satriani, Joe Amerikanischer Gitarrenakrobat, der ab den 90ern schier unglaubliche Technik zu herkömmlichem →Hardrock-Rhythmus und Balladen zum besten gibt.

Savage Rose 1968 bis 1973 überraschten die Dänen mit hartem Rock, gekonnt gemischt mit →Klassik, →Jazz und →Folk und heftigem kindlich-weiblichem Gesang.

Savatage Amerikanische →Heavy-Metal-Band (ab Anfang der 80er) geprägt vom melodiösen Gesang John Olivias (bzw. seines Nachfolgers Zak Stevens) und der virtuosen Gitarrenarbeit seines Bruders Chris, der 1994 starb.

Savoy Brown, 1965 in England als "Savoy Brown Blues Band" gegründet, orientierte sich bis 1975 am traditionellen →Blues, danach Stilwechsel zu Popnahem →Hardrock.

Saxon Definierten Anfang der 80er im Zuge der "New Wave of British →Heavy-Metal" zusammen mit →Motörhead und →Judas Priest Härte und Schnelligkeit neu. Kraftvoller gepreßter Gesang (Bill Byford) und heroische Biker- und Fantasy-Texte. Sie wandten sich Ende der 80er erfolglos Hitparaden-Rock zu; in den 90ern Comeback-Versuche mit wieder hartem Sound.

Sayer, Leo Mit variabler, ausdrucksstarker, sehr hoher Stimme ersang sich der Brite in den 70ern und 80ern einige Hits zwischen →Dance und Pop-Ballade ("You make me feel like dancing" oder "More than I can say").

Scaggs, Boz Der in Ohio geborene Sänger war Ende der 60er kurz Mitglied der →Steve Miller Band, ab 1969 solo zwischen Rock und →Gospel tätig, teils mit Bläsern und Streichern, später →Disco-orientiert sehr erfolgreich (1976 "Silk Degrees"); 1988 Comeback-Versuch.

Scat Silben-Gesang ohne Worte vor allem im →Jazz, lautmalerisch Instrumente nachahmend (→Louis Armstrong).

Scatterbrain →Funk-/→Metal-Crossover-Band ab Anfang der 90er.

Schenker, Michael (Group) →McAuley-Schenker Group (M.S.G.).

Schilling, Peter Deutscher Sänger, der Anfang der 80er mit →Neue Deutsche Welle-nahem Pop zwei große Hits hatte: "Major Tom" und "Die Wüste lebt".

Schlager Mit unkomplizierten Melodien und unverfänglichen Texten (Herz, Schmerz, Sommer, Sonne) versehene seichte Lieder, die auf kommerziellen Erfolg aus sind; →Hit.

Schlümpfe, Die →Dancefloor mit Piepsstimmen in den 90ern ("Schlumpfen Cowboy Joe").

Schmidt, Irmin Keyboarder und Sänger bei →Can und solo.

Schneider, Helen Mäßig kraftvolle amerikanische Rocksängerin, die vor allem mit dem →Rose-Tattoo-Song "Rock`n'Roll Gypsy" 1981 in Deutschland Erfolg hatte.

Schneider, Helge Besonders dämlicher Frankfurter Blödel-Barde mit Erfolg in den 90ern zu sparsamen eigentümlichen Gedudel ("Katzeklo", "Es gibt Reis Baby").

Schoener, Eberhard Der Deutsche mit →Klassik-Vorbildung hinterläßt ab 1970 aus lauter Begeisterung für den damals völlig neuen Moog-Synthesizer Filmmusiken, Meditations-Klänge, Verbindungen von großem Orchester mit Rockband und →"World Music" und trat kokettierend auch noch ständig im Fernsehen auf.

Schröder Roadshow Ende der 70er, Anfang der 80er mit frechen oder halbwegs politischen Texten unterwegs, das Erbe der →Ton Steine Scherben anzutreten. →Live erbarmungslos mitreißend und auf Platte überraschend lahm. Ab Mitte der 80er als "Schröder" abgespeckt mit teils heftigem Rock unterwegs.

Schulz, Purple (Ex→Neue Heimat) hatte ordentlich produziert ab Mitte der 80er mit Balladen ("Sehnsucht") und fröhlichem Pop ("Verliebte Jungs") einigen Erfolg.

Schulze, Klaus verließ 1970 →Tangerine Dream und 1971 →Ash Ra Temple, um seine rhythmischen Elektronik-Spielereien mit →klassischem Einschlag alleine und mit Orchester auszuführen. Das klang manchmal ungewohnt.

Schwab, Sigi Der deutsche Gitarrist konnte ab Mitte der 60er →live immer mit virtuoser Spieltechnik in diversen Stilbereichen (u.a. →Blues) brillieren. Versuchte er anfangs, dieses Können auf Platte (u.a. zusammen mit dem Sänger/Gitarristen Peter Horton) zu bannen, kommt er Anfang der 90er seltsamerweise über langweiliges →New Age-Gezupfe nicht hinaus.

Scientist →Dub-Sound-Spezialist in den 70ern und Anfang der 80er. Produzierte in dieser Zeit gleichbleibend hohe Qualität an seinen "Controls" (Regler am Mischpult).

Scorpions, 1971 aus Hannover, um Rudolf Schenker (g) und Klaus Meine (hohe geschmeidig-nasale Stimme) mit großem Erfolg ab den 80ern vor allem in Amerika, mit manchmal brachial-einfachem →Heavy-Metal, der stets →Mainstream-tauglich blieb, und geschmackvoll geleierten Balladen ("Still loving You", "Wind of Change").

Scot, Colin Von britischen Rockmusikern Anfang der 70er hochgeschätzter →Folk-Sänger (und -Gitarrist).

Scott, Buddy Einer der letzten kraftvollen →Blues-Sänger (und mit sägender Gitarre) der älteren Generation, die den Stil der South-Side von Chicago prägten; kurz vor seinem Tod 1994 Durchbruch mit "Bad Avenue".

Scott Heron, Gil Der schwarze Amerikaner bot schon in den frühen 70ern politisch und sozial engagierten Sprechgesang zu →funkigen →Jazz-Tönen; deshalb wird er heute als Urvater des →Rap wiederentdeckt.

Scott, Tom Saxophonist, der seit späten 60ern auch für unzählige Pop- und →Fusion-Acts bläst (→Russ Ballard, →Blues Brothers, →Billy Cobham, →Wings).

Scratching (Kratzen) Vorform des →Sampling, bei dem das kunstvolle Hin- und Herdrehen einer Vinylschallplatte durch einen →DJ ein krachend-kratzendes Geräusch hervorruft oder kurze Musikpassagen (oft nur einzelne Worte oder →Riffs) abgespielt werden; wichtig im →Hip-Hop.

Screaming Trees Melodiös, düster und in abwechslungsreichen Liedern geben sich die Amerikaner seit den 90ern im →Undergound →Grunge-nahe.

Seal Clever zwischen →Soul und →Dance-Pop produzierter (→Trevor Horn) schwarzer Sänger der 90er aus England; mit weicher Stimme und durchaus Sinn für gesangliche und musikalische Feinheiten ("Killer", "Crazy", "Kiss from a Rose").

Seals & Crofts Das →Folk und →Country-Duo hatte in den 70ern vor allem in Amerika einige Hits.

Seals, Son →Blues-Gitarrist und Sänger mit aggressivem, hartem Gitarrenstil, der gut mit seiner rauhen Stimme harmonisiert. Perfekt arrangierte Bläsersätze auf seinem LP-Durchbruch "Bad Axe" Anfang der 90er.

Searchers Die Briten hatten mit eingängigem →Beat-Pop in den 60ern eine Reihe von Hits; z.B. "Sweets for my Sweet", oder "Needles and Pins".

Seattle Sound →Grunge.

Sebastian, John B. Der Songschreiber der →Lovin' Spoonful war im Amerika der 70er ein gefragter Mundharmonika-Spieler mit →Folk- und →Country-Schwerpunkt und als Komponist für verschiedenste Auftraggeber erfolgreich.

Sedaka, Neil New Yorker Sänger, Pianist und Songwriter (für Kollegen seit den 50ern); auch mit eigenen Songs erfolgreich (Schmalz, dem man den →Rhythm & Blues kaum noch anmerkt, "Breaking up is Hard to do").

Seeger, Pete Sehr wichtiger Vertreter der frühen amerikanischen →Folk-Bewegung (schon ab den 40ern) zu einfachster Gitarrenbegleitung und mit oft schlichten Texten ("Where have all the Flowers gone", "If I had a Hammer").

Seekers, The Australische Band (1. LP 1965) mit einer Sängerin, bravem →Image und eingängigem Pop in England erfolgreich; →The New Seekers.

Seger, Bob Der Amerikaner schien nach diversen Stilwechseln mit seiner "Silver Bullet Band" Mitte der 70er endlich die druckvolle Begleitung für seine gepreßt-voluminöse Stimme gefunden zu haben, aber trotz großer Anstrengungen seiner Plattenfirmen blieb er zweitklassig im amerikanischen →Mainstream hängen.

Sekada, Jon Erfolge mit Pop-Schnulzen, die er wohl seinem Aussehen verdankte, Anfang der 90er; inzwischen wieder abgemeldet.

Selector, The Ab den 80ern musikalisch potente englische →Ska-Band um die Sängerin Pauline Black ohne Weg aus dem Insider-Dasein.

Selig Deutsche Band mit verquer-lyrischen Texten, emotionalem nasalen Gesang und zwischen 70er-Rock und Balladen erfolgreich in den 90ern ("Ohne Dich").

Sepultura Mitte der 80er mit dilletantischem, ultraschnellem und brutalem →Thrash-/→Death-Metal in Brasilien gestartet, wurde die Band, vor allem durch exzessives Touren, musikalisch gemäßigt und technisch wesentlich versierter, zu einem der wichtigsten Metal-Acts von heute. Verstärkte Einbeziehung brasilianischer Folklore Mitte der 90er.

Serielle Musik Moderne →"Klassik" mit aufeinanderfolgenden gleichen oder sehr ähnlichen Musik-Mustern, die sich nur sehr langsam verändern. →Steve Reich, →Phillip Glass, →Minimal Musik.

Session Meistens spontanes, oftmals nur einmaliges Zusammenspielen als kollektive →Improvisation oder gemeinsame Probe.

Setzer, Brian Amerikanischer Sänger und Gitarrist der →Stray Cats mit Solo-LP 1986 im →Rock`n'Rollgewand.

Sex Pistols schockierten ab 1975 unter der perfekten Regie des Managers →Malcom McLaren Publikum und Plattenfirmen. Schlagzeuggeprügel,

Baßgewummer aus den drei Akkorden, die Sid Vicious (ab 1977) ebenso wie der Gitarrist (Steve Jones) zuwege brachte, krachten gleichzeitig mit anarchisch-wütendem Gebrüll von Jonny Rotten (alias John Lydon, →Public Image) los: laut und ohne jede musikalische Feinheit. So entstanden genial einfache Songs voller Haß und Anarchie, die zu Klassikern des Genres wurden ("Anarchy in the UK", "God save the Queen"). Die zweifellos berühmteste Band des britischen →Punk überzog ihr Benehmen derart, daß außer Ärger kein Geld, kein Sid Vicious (gest. 1979) und, kaum beherrschten sie ihre Instrumente einigermaßen, auch kein Spaß mehr übrigblieb. Nach dem selbstzerstörerischen, aufbäumenden und dreckigen Protest der Sex Pistols gegen blasierte musikalische Selbstgefälligkeit und soziale Kälte wirkt das Gehabe nachfolgender Bands (z.B. von →Guns n'Roses) aufgesetzt, und das ohnehin zweifelhafte rebellische →Image der Rockmusik geriet endgültig zur industriegesteuerten Farce. 1996 "reformiert".

Sha Na Na hatten 1969 in →Woodstock, am →Rock`n'Roll der 50er orientiert, ihren größten Auftritt.

Shabba Ranks Zumindest am internationalen Erfolg gemessen, der legitime Nachfolger von →Yellowman. Sein Erfolg ist in der Sparte →Ragga-Muffin mittels höchst obszöner und extrem frauenfeindlicher Texte derzeit konkurrenzlos ("Wicked in Bed", "Twice my Age", "Hardcore loving", "Ting-a-Ling" singt er mit rauher Macho-Stimme in den →Dancehalls rund um den Erdball).

Shadows, The kultivierten in den frühen 60ern, einfach und mit effektvollem Gitarrensound, den bis heute seltenen, reinen Instruemtal-Pop ("Apache", "Kon-Tiki" u.v.a). In den 80ern klang das Vorbild unzähliger Hochzeits-Tanzkapellen allerdings nur noch altbacken.

Shaggy Mit enormer Promotion-Hilfe Mitte der 90er in die internationalen Hitparaden katapultierter →Ragga-Muffin-Interpret. Hochkommerzielle →Reggae-Ware sponsored by Levis.

Shakatak Britischer Soul, große Truppe mit Bläsern Mitte der 80er.

Shakespears Sister Nach zwei eingängigen und gut produzierten Pop-Alben Anfang der 90er, die geprägt von den unterschiedlichen Stimmen der zwei Sängerinnen (Siobhan Fahey von →Bananarama mit dunklem, dreckigem Timbre und Marcella Detroit mit melodiöser, braver Stimme) zwei eher melancholische Hits ("Stay" und "Hello") enthielten, löste sich die Band wegen Meinungsverschiedenheiten auf, und Marcella begab sich nicht weniger einfallsreich und sauber produziert auf Solopfade.

Shakin' Stevens Der englische Sänger im Outfit der 50er konnte ab Anfang der 80cr mit →Rock`n'Roll in zeitgemäßem Sound zahlreiche Hitparadenerfolge verbuchen.

Sham 69 Typische und wichtige Vertreter des englischen →Punk-Rocks (1976 - `81); besonders sozial engagiert.

Shamen, The Obwohl wenig gitarrenlastig, sondern von "→House" aus eher elektronisch, startete die Band im →Manchester Rave Ende der 80er und hatte bis Mitte der 90er einige →Dancehits.

Shangri-Las, The Mädchen-Gesangs-Trio mit heftigem Teenager-Pop Mitte der 60er ("Leader of the Pack").

Shankar, Ravi Traditioneller indischer Sitar-Spieler (→Ragas), dessen Musik ab den 60ern (damals durch die →Beatles und deren Hinwendung zu fernöstlicher Wesensart) vereinzelt immer wieder zu Gehör kommt.

Shannon, Del Amerikanischer Sänger, der mit Pop/Rock-Songs wie "Runaway" von 1961-`65 in den Charts vertreten war; Anfang der 90er Suizid.

Sharkey, Feargal Sänger der →Undertones, in den 80ern mit "A Good Heart" ein Solohit.

Sharpe, Rocky & the Replays Englisches →Rock`n'Roll-Quartett, ab 1979 mit einigen Hits ("Rama Lama", "Ding Dong", "Imagination").

Sheila E. Im Umfeld von →Prince bekannt gewordene Percussionistin, Schlagzeugerin und Popsängerin; Mitte der 80er mit dem Prince-Titel "Love Bizarre" erfolgreich.

Sherwood, Adrian Der in England lebende →Dub-Produzent gilt als kongenialer Erbe →Lee Perry's, mit dem er auch zusammenarbeitete. In unverwechselbarem Sound kombiniert er düstere Dub-Klänge mit ausgesprochener Experimentierlust und trug mit seinem Label "On-U-Sound" maßgeblich zum Revival des Dub-Sounds bei (mit Bands und Musikern wie "Creation Rebell", "Dub Syndicate", Keith LeBlanc, Little Annie, Little Axe, Skip McDonald, "Missing Brazilians", "New Age Steppers", "Strange Parcels", "Twinkle Brothers" u.v.a.).

Shinehead Zu Beginn der 90er ein Megastar der →Ragga-Muffin-Szene. Aus New York stammend, produzierte er drei erstklassige Alben, unter anderem "Sidewalk University" mit einer congenialen Cover-Version des →Sting-Hits "Englishman (hier: Jamaican) in New York". Hüllt sich seit Mitte der 90er in künstlerisches Schweigen.

Shines, Jonny Bis in die 60er/70er hörbar Schüler des legendären →Bluesmannes →Robert Johnson; ein Meister der akustischen →Slide-Gitarre.

Shirelles Mädchengesangstruppe der 60er mit heftig aufgemotzten Popsongs á la →Ronettes oder →The Shangri-Las.

Shirts Abwechslungsreicher, geradliniger Rock ab 1978 aus Amerika. Die Sängerin Annie Golden kennt man aus →Hair.

Shock Therapy In den 90ern versucht sich die Band aus Detroit mit einer Mischung aus →Punk und Elektronik, während der Sänger auf der Bühne versucht, soviel Bier wie möglich zu trinken.

Shocked, Michelle konnte mit geschrienen →punkigen Texten und ebensolchem →Image zu oft karger Begleitung (Gitarre) Anfang der 80er nur kurz auffallen und wandte sich deshalb anschließend engagiert →Swing und →Country zu.

Shocking Blue 1968 in Holland gegründet; →Beat mit Rock und Hit-Charakter (→soulige Stimme: Mariska Veres); "Venus" (1969).

Showaddywaddy Die Engländer starteten 1974 mit Musik und Outfit der 50er (→Rock`n'Roll) und hatten sogar einige →Charterfolge.

Shriekback →Funkorientierter Rock mit harten Gitarren aus England Mitte der 80er.

Siegel Schwall Band 1965 gegründete amerikanische →Blues-Band; mit →Country-Einflüssen und einmal sogar einem Symphonieorchester; Mitte der 70er aufgelöst.

Sigue Sigue Sputnik Englischer →Punk-Pop mit bizarrem Outfit und schriller effektüberladener Musik, Mitte der 80er sehr kurz erfolgreich.

Silke Bischoff Deutscher →"Dark Wave" der 90er, der mit kryptischen Texten und angemalten Gesichtern nicht darüber hinwegtäuscht, daß musikalisch nur ganz leicht angedunkelter Pop herauskommt.

Silly Ostberliner Pop-Rocker um Tamara Danz (kraftvoller leicht gepresster Gesang, 1996 gestorben) und Rüdiger Barton (k), die vor allem Anfang der 80er direkte

Texte mit griffigen Melodien gelungen verbanden; das wollte ihnen immer weniger gelingen.

Silver Convention Deutsches, aus drei Sängerinnen bestehendes →Disco-Projekt der 70er ("Fly Robin Fly").

Silverchair Australische →Alternative-Band; ab 1995 vor allem in Amerika sehr erfolgreich; klingen nach →Pearl Jam (Gesang) und →Nirvana (Gitarren).

Simon & Garfunkel starteten Mitte der 60er mit sehr sanften, fast ausschließlich von →Paul Simon geschriebenen, äußerst melodiösen Songs, die eingängig und mit weichen harmonierenden Stimmen (oft zu nur einer Gitarre) super-erfolgreich waren. Nach der Auflösung 1970 widmete sich Simon einer wechselhaften Soloarbeit, während Art Garfunkel allein mit schöner Stimme, aber minder inspiriert, an alte Erfolge anzuknüpfen versuchte. 1972 und 1981 gab es nostalgische Erinnnerungskonzerte des Duos.

Simon, Carly Die Sängerin mit der leichten, ein wenig nasalen Stimme schwankte ab 1971 in nicht allzu tiefgründigem amerikanischem Liedgut: zwischen Pop, →Country, →Reggae →Blues und nicht erfolglos (1972 "You`re so Vain").

Simon, Paul (v, g) Der Texter und Komponist zeigte sich nach der Auflösung von →Simon & Garfunkel 1971 wandlungsfähig. Er erweiterte sein solides Repertoire sanften Rocks laufend, hatte stets ein offenes Ohr für Musik fremder Kulturen und beständig Erfolg, den er ab 1986 mit zarter und dennoch konsequenter Einbindung südafrikanischer Musikelemente ("Graceland") noch einmal steigern konnte.

Simone, Nina (v, p) Ab 1954→Blues, →Gospel und Pop im Umfeld des →Jazz.

Simple Minds Begann 1977 in Glasgow mit einer Mischung aus →New Wave und Pop, wobei damals die eigenwillige Melodieführung und ausdrucksstarke Stimme des charismatischen Sängers Jim Kerr auffiel. Später etwas poppiger, aber nicht weniger eigenständig, und 1985 der endgültige Durchbruch mit "Don't You forget about me".

Simply Red 1984 in Manchester um den Sänger Mick Hucknall entstandene, stark →Soul-beeinflußte Band mit Erfolg in Balladen ("Holding back the Years") oder →funkigen Titeln ("Moneys too Tight to mention") und stets durchschlagend-kräftiger hoher Stimme (oft etwas gepreßt). Die Band reduzierte sich bis Mitte der 90er immer mehr auf den Sänger und belanglosen elektronischen Pop.

Sinatra, Frank Der amerikanische Sänger war bis in die 50er auch mit ernstzunehmender →Jazz-Begleitung zu hören, später nur noch als bombastischer Schnulzen-Sänger und Entertainer ("My Way", 1969).

Sinfield, Pete Der britische Texter und Komponist legte, nach seinem Rauswurf bei →King Crimson 1973, eine gesuchte, leise Platte vor, um dann vor lauter Feinsinn von der Bildfläche zu verschwinden.

Single meint eine Schallplatte mit einem →Hit und einer meist unbedeutenden zweiten Seite (Vinyl) oder mit weiteren Versionen des Hits (CD-Single). Außer in den 70ern ist der Verkauf von Singles maßgeblich am Erfolg der Künstler beteiligt.

Sinner Durchschnittlicher deutscher →Heavy-Metal/→Hardrock der 80er und 90er.

Siouxsie & The Banshees →New Wave-Band, 1976 um die Sängerin Siouxie Sioux gegründet. Eingängige Melodien, scheppernde Gitarren, schriller, leicht atonaler Gesang, interessant und abwechslungsreich arrangiert z.B. mit Anleihen fernöstlicher Folklore oder sehr düsteren Passagen (mit denen sie Mitbegründer des →Dark Wave wurden).

Sir Douglas Quintet →Dough Sahm.

Sissel Norwegische Pop-Sängerin mit durchschnittlichen Arrangements, die mit der Hymne der olympischen Winterspiele 1994 international Erfolg hatte.

Sister Sledge Farbiges Sängerinnen-Quartett ab 1973 aus Amerika mit eingängigen →Disco/→Soul-Nummern; einige Hits, z.B. "We are Family" `79.

Sisterhood Nach der vorläufigen Auflösung der →Sisters of Mercy wollte der Sänger Andrew Eldrich 1986 noch ausstehendes Geld von seiner Plattenfirma kassieren (Textzeile: "Two-Five-Zero-Zero-Zero" engl.Pfund). Heraus kam ein kompetent arrangiertes elektronisches →Dark Wave-Album mit vielen Gaststars aus der englischen →New Wave-Szene.

Sisters of Mercy Die 1980 in Leeds gegründete Band um den Sänger Andrew Eldrich ist eine der großen und stilprägenden Bands des Gothic-Wave (→Dark Wave); also mit monotonen Baß-/Schlagzeugcomputerläufen, hohen oft unverzerrten Gitarren und mit depressiven Texten, in tiefer Stimme vorgetragen. Eldrich trennte sich auf der Höhe des Erfolges (`85/`86) von der Band (die sich daraufhin →The Mission nannte), um kurzzeitig unter dem Namen →Sisterhood weiterzumachen. 1987 lebten die Sisters of Mercy mit der Synthesizer-orientierten Platte "Floodland" wieder auf, und 1990 kam die bisher erfolgeichste, →Hardrock-orientierte LP "Vision Thing" auf den Markt.

Ska Die Vorform des Reggae entwickelte sich aus der Imitation des amerikanischen →Rhythm & Blues in den 50er Jahren in Jamaica und Elementen der karibischen Musik (→Calypso, Mento). Meistens wird der Ska in Dur-Tonarten gespielt, die Rhythmusgitarre betont den sogenannten Afterbeat (die Schläge auf "und" im 4/4 - Takt), der auch für die Bläser relevant ist, die zusätzlich mit melodiösen Solis eine Stellung ähnlich wie im →Jazz einnehmen. Es laufen quasi zwei Rhythmen parallel, da die übrigen Instrumente sich an den geraden Takt halten. Dadurch entsteht ein treibender Spannung erzeugender, vibrierend-fröhlicher Sound, der unweigerlich zum Tanzen anregt: Byron Lee & The Dragoneries, →Don Drummond, →Prince Buster, "The Techniques", →Skatalites, Laurel Aitken. Ende der 70er Jahre erlebte der Ska in England mit Gruppen wie →The Specials, →The Madness ein Revival, das bis heute anhält, besonders in →Live-Acts (in der BRD: "The Busters", "Blechreiz").

Skatalites, The Die großartige Allstar-Formation des →Ska mit Instrumentalisten wie →Don Drummond (t), Roland Alphonso (s), Tommy McCook (s) oder Jackie Mittoo (k) brach 1965 zusammen, nachdem Drummond in geistiger Umnachtung seine Freundin ermordet und →Sir Coxsone wichtige Mitglieder abgeworben hatte.

Skeptiker, Die →Punk mit sozialkritischen Texten aus Ostdeutschland, ab 1989 bundesweit immer bekannter.

Skid Row Ende der 80er tauchte die Band mit →Heavy-Metal, aber auch gefühlvollen Balladen geprägt von Sänger Sebastian Bach in Amerika auf: kraftvoll kreischend bis gefühlvoll sanft ("Youth gone Wild", "18 and Life", "Monkey Business").

Skiffle →Folkmusik oft mit Waschbrett, Kamm und →Jazzbeats aus Amerika; Ende der 50er wichtig in England für →Chris Barber aber auch →John Lennon und →Alexis Korner.

Skinny Puppy 1983 in Vancouver gegründet; verzerrter Gesang, heftige Keyboards (von →Throbbing Grisle beeinflußt). Eine wichtige Einflußgröße auf →Industrial-Bands wie →Nine Inch Nails. Die vor allem in →EBM-Kreisen geschätzte Band löste sich 1995 nach dem Heroin-Tod ihres Mitglieds Dwayne Göttel auf.

Skunk Anansie 1995 mit der LP "Paranoid and Sunburnt" zwischen →Heavy-Metal (Musik) und →Soul (Gesang der farbigen Sängerin "Skin") erfolgreich.

Sky Clad Britische Band ab Anfang der 90er, die keltische Folklore (vln) mit Elementen aus dem →Thrash-Metal verbinden.

Sky Die Briten hatten mit symphonischem, instrumentalen Weichspülrock in den 80ern großen Erfolg.

Slade Englische Band, die Anfang der 70er zahlreiche Hits mit typischem Sound hatte: Reibeisenstimme, →Hardrock-Gitarren und Mitgröhlrefrains ("Mama we`re all Crazy Now").

Slayer 1982 in Kalifornien gegründet, sind die unangefochtenen Könige des →Thrash-/Speed-Metal. Nirgendwo sonst kommen ultraschnelle Gitarren- und Schlagzeugläufe und bissiger, aggressiver (Sprech-)Gesang mit brutalen Horror-Texten so genau auf den Punkt. 1986 mit der LP "Reign in Blood" als dem uneingeschränkten Meisterwerk des Genres. 1996 mit →Hardcore→Punk →Coverversionen.

Sledge, Percy Farbiger amerikanischer →Soul-Sänger mit kraftvoll-schmachtender Stimme; 1966 größter Hit mit "When a Man loves a Woman".

Slick, Grace Sängerin der →Jefferson Airplane/Starship mit voluminöser manchmal schneidender Stimme, die sich Anfang der 80er solistisch nicht erfolgreich mit bombastischen Schlagern und Rock versuchte.

Slide-Gitarre Ursprünglich ein abgebrochener Flaschenhals ("Bottleneck"), heute ein Metall-Röhrchen, das sich der Gitarrist meist über den kleinen Finger zieht um damit auf den Bünden der Gitarre hin- und herzugleiten, was einen schleifenden, schillernden Sound ergibt; →David Lindley, →Little Feat.

Slime Eine der ältesten deutschen →Punk-Bands. Mit anklagend-sozialkritischen Texten und verstärkter Tendenz zum →Heavy-Metal noch Mitte der 90er unterwegs.

Sly & Robbie (Sly Dunbar, d, und Robbie Shakespeare, b) Seit Mitte der 70er holte sich nicht nur die Creme der jamaikanischen Szene dieses exzellente Duo für Produktionen ins Studio oder auf die Bühne, sondern auch internationale Pop-Künstler wie →Bob Dylan, →Grace Jones u.v.a. bedienten sich der ausgezeichneten Fähigkeiten der "Rhythm-Twins", die zu Großverdienern avancierten. Nach besten →Dub-Produktionen, richtungweisenden →Hip-Hop- und →Dancefloor-Projekten, aber auch einer Reihe gnadenlosen Mülls sind sie im Moment vor allem in der →Ragga-Muffin-Szene als Produzenten tätig.

Sly and the Family Stone waren eine der ersten amerikanischen Bands, die sich an der Vermischung von →Funk, →Soul und Rock, später mit →psychedelischen Einflüssen versuchten; 1969 in →Woodstock. Persönliche Probleme des Sängers und Organisten Sly Stone brachten die interessante Band bis in die 80er völlig auf den Hund.

Small Faces starteten ab 1966 mit anspielungsreichem, intelligentem britischen Rock bis zu →Konzeptalben wie "Ogdens Nut Gone Flake" um Steve Marriott (v, g, h) und Ronnie Lane (b, v) und formierten sich ab 1969 in veränderter Besetzung als "**The Faces**" neu: Marriott ging zu →Framptons "The Herd", →Rod Stewart (v) war neu neben Ron Wood (g, später bei den →Rolling Stones); "Lazy Sunday", 1968. Mitte der 70er hatten sich die Musiker in jeweils eigene Wege endgültig verloren.

Smart, Leroy Großartiger jamaikanischer →Reggae-Sänger, dem zu Unrecht internationaler Erfolg versagt blieb. Seine Stimme, ähnlich smart wie die des Kollegen →Gregory Isaacs, bescherte in den 70er und 80er Jahren nur dem einheimischen Publikum Hörgenuß.

Smashing Pumpkins Sehr laute Gitarren und ein melancholisch-melodiöser Gesang prägen den Sound der Band aus Chicago. 1993 gelang der →Grunge-Band mit dem Song "Today" aus der LP "Siamese Dream" der Durchbruch.

Smith, Bessie "Königin des Blues" durch Schönheit und Reife ihres Gesangs; der Höhepunkt des klassischen →Blues in den 20ern.

Smith, Patti startete 1975 auf der LP "Horses" mit krächzend-mächtiger Stimme und rotziger Gitarrenbegleitung als Vorbotin des →Punk durch. Weitere Platten (1978 mit dem einzigen Single-Erfolg "Because the Night belongs to Lovers", geschrieben von →Bruce Springsteen) wurden glatter und glatter und Patti Smith zog sich ins Privatleben zurück, aus dem sie nachdenklich seit 1988 gelegentlich heraustönt.

Smiths, The Mit eingängig-einfachem und beschwingtem Rock-Sound und introvertierter Gesangsdarbietung einer der größten englischen Erfolge der 80er - bis der Sänger Morrissey eine ähnlich orientierte, weniger erfolgreiche Solokarriere startete.

Smokie hatten, aus Großbritannien kommend, um den Sänger mit der rauchigen Stimme, Chris Norman, in den 70ern einige Hits mit typischem, einfachem Pop-Rock ("Living Next Door to Alice", "Lay Back in the Arms of Someone"). Norman startete in den 80ern eine Solokarriere ("Midnight Lady").

Snafu →Bluesbetonter →Hardrock der frühen 70er aus Großbritannien.

Snap Deutsches Produzenten-Team, das sich ab den späten 80ern, zuerst mit →Hip Hop und dem →Rapper "Turbo B" ("I`ve got the Power", "Rhythm is a Dancer") und später mit wechselnden Sängerinnen und stets griffigem Songwriting, geschickt an aktuelle Trends anhängte (z.B. →Trance).

Sniff'n' the Tears 1973 um den englischen Sänger, Gitarristen und Komponisten Paul Roberts gegründet. Melodiöser Rock mit Pop-Melodien (1978 "Drivers Seat").

Snoop Doggy Dog Der amerikanische →Rapper schaffte 1993 mit Hilfe des Produzenten →Dr. Dre. den Durchbruch und klingt auch so: abgeklärt weicher, leicht →jazziger →Hip Hop mit Texten über Gewalt und Verbrechen ("Gangsta-Rap").

Snow Lieferte Anfang der 90er mit "Informer" einen weltweiten Nr. 1 Hit im Stile des →Ragga-Muffin.

Snow, Phoebe Ab 1975 New Yorker Sängerin/Songwriterin zwischen Pop und →Jazz.

Sodom Durchschnittlicher Speed-Metal (→Thrash) aus Deutschland ab Mitte der 80er mit Texten teilweise in deutsch und teilweise in schlecht artikuliertem Englisch.

Soft Cell 1978 in Leeds gegründetes Elektronik-Pop-Duo, bei dem neben schmalzigen Melodien vor allem die weiche Stimme des Sängers →Marc Almont hervorzuheben ist (größter Hit "Tainted Love" 1981); 1984 Auflösung; Almond machte solo weiter.

Soft Machine um Mike Ratledge (k, f) und Kevin Ayers (b) starteten 1967 aus England mit →jazzigem Rock, elektronischen Effekten, manchmal mit Bläsern und teilweise ellenlangen Stücken in einen bescheidenen Kultstatus bis 1973; unter ständigen Besetzungswechseln spielte sich die Band bis zur Auflösung 1981 (ohne ein Gründungsmitglied) allerdings völlig herunter. Eine Splittergruppe mit ähnlichem Klang war "Matching Mole" Anfang der 70er.

Solo Musizierweise ohne wesentliche Mitbeteiligung anderer, weil Stil oder Instrument des Solisten derart im Vordergrund stehen, daß sie allein als stilbestimmend gelten können (→Improvisation). Auch Bandgründungen eines Musikers unter eigenem Namen werden als Solo (-Karriere) bezeichnet.

Sommerville, Jimmy Der bekennende Homosexuelle aus England mit der Stimme in hoher Frauenlage sang nach seinem Ausstieg 1985 bei den melodischen "Bronski Beat", die er stimmlich dominierte, in seinem Duo-Projekt "Communards" und anschließend solo nicht immer inspiriert, aber stets auffallend weiter.

Songwriter meint meistens (als Singer-Songwriter) den Texter und Komponisten, der seine Lieder oft nur zur Gitarre oder zum Piano solo vorträgt.

Sonic Youth New Yorker →Alternative-Band ab Anfang der 80er, die neben →Dinosaur jr., →Mudhoney und →Soundgarden Wegbereiter des →Grunge ist. Atonale Gitarrenläufe und Gesangsmelodien, ausladende →Feedback-, Krach- und Verzerrerorgien machen den Sound aus.

Sonny & Cher →Cher.

Sons of Champlin →Funk von der amerikanischen Westküste in den 70ern.

Sopwith Camel Peter Kraemer und Terry McNeil lagen 1967 noch →Beat-nahe und mit verdrehtem Songmaterial nur kurz im Trend der aufkommenden →Westcoast-Bands; erfolglose Reunion 1971.

Soul (Seele) ist ein bis heute gültiges Modewort für den aus →Gospel (allerdings mit weltlichen Texten) und →Rhythm & Blues hervorgegangenen, meist kraftvollen, getragenen (seelenvollen) Gesangsstil vornehmlich schwarzer Amerikaner der 50er und 60er (→Aretha Franklin). →Funk-Gruppen oder der →Phillysound (70er) und kraftvolle Popdiven (Annie Lennox von den →Eurhythmics in den 80ern) halten den Begriff trotz mancher kommerzieller Glätte bis heute am Leben.

Soul II Soul Englische, stark →soullastige →Houseband ab Ende der 80er um Mastermind Jazzie B.; geprägt von Midtempo→Hip-Hop-Beats, eingängigen Melodien, zahlreichen Sängerinnen und hervorragenden Gastmusikern von →Jazz bis →Reggae ("Back to Life", 1989).

Sound-Systems Baßlastige Boxen, Plattenspieler etc. eines →DJs für eine Art "mobile →Discothek"; vor allem in den jamaicanischen →Dancehalls Grundlage für`s →Toasting und im →Hip Hop für`s →Rappen.

Soundgarden Amerikanische Wegbereiter des →Grunge (langsam und schwer), ab Mitte der 80er mit hohem kreischenden Gesang. In den 90ern mit zunehmend kommerziellem Rock erfolgreich ("Black Hole Sun").

Soundtrack Filmmusik, oft rein instrumental zur Unterstützung der filmischen Dramaturgie und in dieser Form im Pop/Rock eher selten. Häufig allerdings auch mit bekannten Stücken von Pop- und Rock-Bands ("Easy Rider" 1970). Manche

Soundtracks erreichen eine größere Popularität als der Film selbst (z.B. "Judgement Night" 1993). Bei gewissen Filmen steht die Musik selbst eindeutig im Vordergrund (→Rocky Horror Picture Show, "Jesus Christ Superstar" (→Lloyd Webber), "Tommmy" von →The Who, "The Wall" von →Pink Floyd oder "200 Motels" von →Frank Zappa).

Soup Dragons Wichtige Vertreter des →Manchester Rave ("I`m Free", 1989).

Southern Comfort →Ian Matthews.

Southside Jonny Der amerikanische Sänger mit direktem Rock konnte dank seiner enorm druckvollen, angerauhten Stimme →live und (nach Drogenproblemen) unter aufwertendem Einsatz von diversen Gastmusikern (u.a. mit Bläsersatz) 1991 nach bereits längerer Soloarbeit wieder einmal einen kleinen Erfolg verbuchen.

Spandau Ballet Eingängige steril arrangierte Pop-Balladen sowie ein gestyltes Outfit machten den Erfolg der 1979 in London gegründeten Band aus; 1983 Hit: "True"; aufgelöst.

Spann, Otis Legendärer, einflußreicher und technisch perfekter →Bluespianist und Sänger; lange Zeit bei →Muddy Waters, aber auch bei →Howling Wolf, →Little Walter, →Bo Diddley, →Junior Wells und →Buddy Guy.

Sparifankerl Schräge bayrische Rocker der frühen 70er und Ende der 70er mit den traditionelleren "Dulljöh" zusammengegangen.

Sparks Das amerikanische Brüderpaar Russel und Ron Meal startete 1971 mit schrillem und äußerst einfallsreichem Elektronik-Pop (1974 "Kimono my House"). Mangelnde Bühnenglaubwürdigkeit und stark nachlassende Einfälle ließen ein sehr vereinfachtes →Dancefloor-Comeback erst 1995 zu.

Specials, The Bekannte englische →Ska-Band in den späten 70ern und 80ern. Trafen mit ihrem Sound das Lebensgefühl der damaligen rebellischen →Punks und Skinheads ("Guns of Navarone", "Too Much to Young"): Tanz, Party & Fun.

Spector, Phil Der New Yorker Produzent erreichte Anfang der 60er durch den Einsatz zahlreicher Instrumente (oft mehrfach übereinander aufgenommen) und massive Effekte wie Hall und Echo eine typische, bombastische Klangfülle ("Wall of Sound"), hinter der der Interpret, oft als unwesentlich, zurücktrat (→Ronettes oder →Tina Turner). In den 70ern zog er sich zurück.

Spedding, Chris In den 70ern gefragter englischer Studio-Rock-Gitarrist, Sänger und Songwriter auch mit Solo-LPs (1975 Hit: "Motor Biking").

Speed-Metal →Thrash-Metal.

Spence, Brian Kanadischer→Mainstream→Hardrocker, in den 80ern einigermaßen erfolgreich.

Spencer, Jeremy bereicherte die eher →bluesorientierten →Fleetwood Mac zeitweise um Pop und →Rock`n'Roll-Einflüsse, bevor er 1971 urplötzlich in einer Jugendsekte abtauchte.

Spice Girls Britische Mädchen-Band; 1996 mit durchgestyltem Pop enorm erfolgreich ("Wannabe").

Spider Murphy Gang Anfang der 80er mit purem →Rock`n'Roll gestartet, hatten die Münchner im Fahrwasser der →Neuen Deutschen Welle bundesweit in zeitgemäßen Gewand einige Hits ("Skandal im Sperrbezirk").

Spin Doctors Die amerikanische Band hatte mit tanzbaren Rhythmen, entspanntem Gesang und manchmal leicht →jazzigen Harmonien zu kryptischen Texten 1992 u.a. mit der Single "Two Princes" erste beachtliche Erfolge.

Spinal Tap Parodieband auf gängige Rockklischees (vor allem des →Heavy-Metal), die in den 80ern durch einen Film bekannt wurde und bis in die 90er aktiv ist.

Spinners, The Die amerikanische →Rhythm & Blues-Gruppe stand bei →Motown lange im Schatten von Künstlern wie den →Supremes; erst 1972 gab's einige Hits wie z.B. "I`ll be Around".

Spirit waren vielschichtig und locker zwischen →Folk, →Blues und Rock unterwegs. →Jay Fergusons klare Stimme und →Randy Californias stimmige Gitarrenarbeit hielten ihre oft sprunghafte aber interessante Mischung nur bis 1973 zusammen. In den 80ern wiederbelebt, war der innovative Geist verflogen.

Spliff nachdem einige Musiker der "Lokomotive Kreuzberg" →Nina Hagen unterstützt hatten, waren sie im Rahmen der →Neuen Deutschen Welle mit zahlreichen Hits ("Carbonara", "Das Blech") in buntem Stilmix vertreten. (Herwig Mitteregger (d, v) rockt heute gepflegt, solistisch).

Split Enz Band aus Neuseeland, die so außerordentlich vielseitig war, daß sie über einen Kult-Status bei Insidern nie hinauskam. Das 76er→Punk→New Wave Album "Mental Notes" wurde von Phil Manzanera (→Roxy Music) neu produziert und bot von →Art Rock zu Jahrmarktsgedudel so ungefähr jede mögliche Stilrichtung. Von nun an ging es flott durch →Beatles-Anleihen, Synthie-Pop, →Hardrock, →Mainstream und bizarre Bühnenshows ohne jede Ideen-Pause. Das

Ganze zeitigte einen kleinen Hit in England ("I see Red"), und erst in den 80ern erlosch das musikalische Feuerwerk in faden Selbstzitaten und Erfolglosigkeits-Frust. Tim Finn schnulzt mit seiner nuancenreichen, eigenartigen Knödel-Stimme solo weiter im Pop; sein Bruder Neil (g, v) gründete →Crowded House. 1996 neue LP.

Spooky Tooth Melodiöser →Blues-Rock zwischen lyrischen Balladen und →Hardrock 1967-`74 aus London. Die Band (mit zwei Orgeln und Gesangs-Stimmen in mittlerer und hoher Lage) gab sich, durch zahlreiche Personalwechsel und Ausflüge in fremde Sound-Gefilde, launenhaft.

Springfield, Dusty Die Londoner Sängerin mit ausdrucksstarker, belegter Stimme hatte in den 60ern einige gemischte Pop-Hits ("You don't have to say You love me" `66, "Son of a Preacherman" `69), in den 70ern einen Durchhänger und meldete sich 1987 mit den →Pet Shop Boys ("What have I done to deserve this") und dem Solohit "In Privae" kurz zurück.

Springsteen, Bruce Sänger, Gitarrist und Komponist (auch für etliche Kollegen) aus New Jersey (erste LP 1973). Formte seinen Rock mit →Blues- und →Country-Einflüssen zu teilweise aggressiv-rauhem, aber in Balladen auch gefühlvoll-zerbrechlichem Gesang und Texten aus dem Leben des einfachen amerikanischen Mannes. Sein Arbeiter-Image und damit seine Nähe zum Publikum machten ihn mit schweißtreibenden Konzerten (oft über vier Stunden lang) zum Inbegriff des amerikanischen →Mainstreams ohne jede →Hardrock-Attitüde, in den 70ern und 80ern zum Vertreter einer ganzen Generation ("Born in the U.S.A") und zu einem der erfolgreichsten Rockmusiker überhaupt.

Spyro Gyra Amerikanische →Fusion-Gruppe, die ab 1975 meistens zu siebt, technisch hochwertig, seichte Musik abliefert.

Squier, Billy Ab 1980 (erste LP) versucht sich der amerikanische →Mainstream-Sänger mit der heftigen, gequält-nasalen Stimme zu stampfenden Rhythmen, →Hardrock-Gitarren und Mitgröhl-Refrains. 1981 Hit mit "The Stroke".

St. Germain Eine Bezeichnung wie "Jazz→House" wird uns Mitte der 90er wohl nicht erspart bleiben, nachdem der Franzose einfache →Jazzphrasen in seine Stücke mischte ("Boulevard").

St. Vitus Amerikanische →Heavy-Metal-Band der langsameren Gangart (→Doom-Metal). Auflösungsgerüchte, da sich seit 1981, außer einem gewissen Kultstatus bei Insidern, kein nennenswerter Erfolg einstellen will.

Stainton, Chris Ab Mitte der 70er veröffentlichte der britische Keyboarder, der u.a. für →Joe Cocker oder →The Who spielte, auch eigene Platten mit soliden Mitmusikern und ebensolchem Rock.

Stansfield, Lisa Engländerin, 1989 Durchbruch mit ihrem Debutalbum "Affection" (Hit wie "All Around the World"); um ihren →Soulpop ist es Mitte der 90er etwas ruhiger geworden.

Staples, The (vormals The Staple Singers) Um den →bluesgeschulten Roebuck "Pop" Staples startete die Familienband 1954 mit einer →Gospelaufnahme. Nach fragwürdigen Produktionen konnte die Band erst in den 70ern mit typischem →Soul kommerziell voll einschlagen.

Stardust, Alvin Englischer Sänger; hatte in den 60er Jahren als "Shane Fenton" mit →Rock`n'Roll-Sound Erfolg. Dann in den 70ern als "Alvin Stardust" noch größere Erfolge wie "Jealous Mind" oder "Red Dress".

Starr, Edwin In den 60ern und 70ern ("You`ve got my Soul on Fire") hatte der farbige Amerikaner einige →Soul-Hits.

Starr, Ringo Nach der Auflösung der →Beatles 1970 leistete sich deren Schlagzeuger (mit der tiefen Stimme ohne großen Umfang) in regelmäßigem Abstand Soloplatten mit oft ansehnlichem Musikerpersonal, jedoch geringem Neuigkeitswert.

Status Quo Mit ihrer Mischung aus →Hardrock-Gitarren, einfacher Rhythmik, einfacher Melodik und Chorgesang in den Mitgröhl-Refrains kann die 1962 in London gestartete Band bis heute (kurze Pause 1981-`84) zwar keine großen Hits wie in den 70ern ("Rockin' all Over the World") und keine entsprechenden LP-Verkäufe verbuchen, aber dank treuer Fan-Gemeinde Konzerte stets gut füllen.

Stealers Wheel Mitte der 70er ein →Beat/→Folk-Ensemble ursprünglich aus Schottland; zum häufig wechselnden Personal gehörte auch →Gerry Rafferty.

Steamhammer Die englische Band begann Ende der 60er mit →Blues- und →Folk-Rock und verabschiedete sich 1972 wesentlich härter.

Steele Pulse Englische sozialkritische →Reggae-Band, ähnlich →Aswad; mit gesundem kommerziellem Einschlag, perfekten Harmoniegesängen, satter Bläserunterstützung und einem über 60jährigen Schlagzeuger sind sie erfolgreich und →live ein Ohrenschmaus.

Steele, Tommy Englische →Elvis Presley-Kopie der 50er; nach einigen Hits ("Tallahasse Lassie") Karrieretief. In den 60ern als →Musical-Sänger unterwegs.

Steeler (I) Amerikanische →Heavy-Metal-Band Anfang der 80er um den Sänger Ron Keel, der ein paare Jahre später mit der Band "Keel" in Metalkreisen für kurzes Aufsehen sorgte.

Steeler (II) Die deutsche Band um den Sänger Peter Burz hatte mit geradlinigem, nicht gerade einfallsreichem →Heavy-Metal Erfolg in der deutschen Metal-Szene der 80er; aufgelöst.

Steeleye Span Die Briten mit der Frontfrau Maddy Prior (v) pendeln seit 1970 zwischen →Folk und →Rock: manchmal seelenlos-lahm, oft aber beschwingt und treffsicher.

Steely Dan Ende der 60er entstandene amerikanische Band um →Donald Fagen und Walter Becker, die verschiedenste Stile (Pop bis →Jazz) in gepflegten, vielschichtigen Studio-Produktionen unterbrachten und damit (im Gegensatz zu ihren →live-Auftritten) vor allem bei Kritikern immer sehr beliebt waren; 1981 aufgelöst und 1995 Reunion.

Steig, Jeremy Ab 1963 im →Jazz verwurzelter New Yorker Flötist mit Rock-Elementen und ausufernden Improvisationen.

Steinman, Jim Der amerikanische Komponist/Texter/Produzent verstand es immer, seinen Produktionen, u.a. →Air Supply, →Bonnie Tyler, →Sisters of Mercy und →Meat Loaf (1977 Weltruhm mit "Bat out of Hell"), einen schwülstig-bombastischen Stempel aufzuprägen; so verbinden sie stets eingängig-simple Melodien mit pathetischer →Rock`n'Roll-Romantik. 1981 Soloalbum.

Steppenwolf Der deutschstämmige Kanadier John Kay hatte trotz eines Mega-Erfolges ("Born to be Wild") und sozialkritischer Texte ("The Pusher", "Monster") Ende der 60er in den USA Probleme, seine Band erfolgreich zu erhalten. Nach frustbedingter Bandauflösung 1972 reformierte er die Band seit Anfang der 80er gelegentlich und ist mit kraftvoll-erdiger Stimme und wechselnden Musikern im →Hardrock handwerklich solide, aber kommerziell erfolglos wieder unterwegs.

Stereo MC`s Englische Band (erste LP 1989), die →Hip-Hop-Rhythmen mit sanft-eingängiger Melodik, zurückhaltenden Gitarren und →souligem Backgroundgesang verbindet. 1992 erster Hit "Connected".

Stevens, Cat Der britische Songbarde konnte mit zunehmender Unterstützung seiner Plattenfirma in den 70ern immer überzeugender seine feinsinnigen melodiösen

Lieder mit einfachen, einigermaßen stilsicheren Texten vorlegen ("Morning has broken", "Father and Son"). 1978 trug ihn seine einschmeichelnde Stimme nicht mehr zu Mega-Erfolgen und er konvertierte, ohnehin von der Härte des Geschäfts körperlich angeschlagen, zum Islam und ward mit seinen lagerfeuertauglichen Songs im Zuge des →New Wave erst einmal zum alten Eisen erklärt.

Stewart, Dave Startete 1991 nach dem Ende der →Eurythmics seine Solokarriere mit leichtem →Pop und →Rock und etwas kraftloser Stimme.

Stewart, Rod Der charismatische britische Sänger, der in den Anfängen des →Hardrock mit →Jeff Beck genauso überzeugte wie in der Endphase der →(Small) Faces, konnte ab 1970 mit seiner heiser-kratzigen Stimme und sexy →Image (mitreißende Bühnenshows) solo durch Gespür für gute Fremdkompositionen vereinzelt überzeugen (z.B. 1975 "Sailing"); in den 90ern verdient er immer noch bestens ("→Unplugged"-LP).

Stewart, Al Der Schotte begann 1970 mit →Folk-Gitarre und Gesang, wandte sich zunehmend zartem Rock zu und hatte 1976 mit "Year of the Cat" seinen größten Erfolg.

Stewart, John Amerikanischer →Folk- und →Country-Sänger, in den 60ern Mitglied des →Kingston Trios, schrieb "Daydream Believer" für die →Monkees; eigener größter Hit: "Gold", 1979.

Stiff Little Fingers Die nordirische Band konnte mit ihrem kantigen Rock im Zuge der →Punk-Bewegung einen schnellen Aufstieg erleben; 1982 aufgelöst.

Stills, Stephen spielte von 1966 -`67 bei →Bufalo Springfield, dann bei →Crosby, Stills... und ab 1970 auch auf geschmackvollen eigenen →Folk-Alben singend und wie immer mit gekonnter Gitarrenarbeit.

Sting Der Sänger/Bassist/Komponist war seit 1985 (nach der Auflösung von →Police) mit seiner hohen Kopfstimme in verschiedenen Stilen von Pop über →Funk zu →jazzig Angehauchtem mit selbstgeschriebenen, soliden Songs beständig sehr erfolgreich ("Russians" 1985).

Stivell, Alan machte sich als Sänger und Multiinstrumentalist (u.a. Dudelsack, Harfe) seit den 70ern um die Weiterentwicklung französischer →Folk-Musik verdient.

Stock/Aitken/Waterman waren Ende der 80er typische englische Produzenten für u.a. →Kylie Minogue, →Jason Donovan, →Rick Astley. Gleichförmige Computer-Drums und -Arrangements sorgten für eingängige →Pop-Tanz-Songs mit stets nur leicht veränderter Harmonie- und Melodiestruktur. (Eigener Hit: "Road Block").

Stockhausen, Karlheinz Der radikale Kölner Tonsetzer im Gefolge der Zwölftonmusik gehört seit den 50ern zur Geräusch- und Elektronik→Avantgarde, deren scheinbare Freiheiten auch Rockmusiker immer wieder interessieren.

Stone Roses, The Die erfolgreiche →Manchester-Rave Band der 90er legte `94 ein überraschend wenig elektronisches Album auf und gerat mit aufwendigem 70er-Rock zwischen alle Stühle der Moderne.

Stone Temple Pilots In Amerika erfolgreiche Band ab Anfang der 90er Jahre mit melancholischen Melodien und Texten, von einer emotionsgeladenen Stimme vorgetragen, auf erdigem Rock-Fundament. Von Ballade bis hart dem →Grunge nahe, jedoch ohne die Eigenständigkeit der führenden Bands dieses Genres.

Stone the Crows Schottische Rock→Blues-Formation Anfang der 70er.

Stoppok versucht sich ab Anfang der 90er mit solidem Rock und schlagerfernen Texten auf dem kommerziell harten deutschsprachigen Terrain.

Störkraft Einfallslose →Punk-Nationaldeutsche mit pubertären Macho-Texten Anfang der 90er.

Stormwitch Wenig eigenständiger →Heavy-Metal der 80er aus Deutschland.

Straight Shooter Zu einfach gehaltener →Hardrock aus Düsseldorf Ende der 80er.

Stranglers Ex→Jazzer, die bewiesen, daß →Punk auch →polyphon sein kann: "Goodbye Toulouse" auf "Rattus Norvegicus", 1977. Auch in Richtung Pop unterwegs, hatten sie bis weit in die 80er Erfolg.

Strassenjungs Die frechen deutschen →Punker der End-70er kamen über die Nicht-Beherrschung der Instrumente bis in die 90er nicht hinweg; freizügige Texte zum Thema Sex.

Strawbs Die britische Band um den →Folk-Puristen Dave Cousins (v, g, p, banjo u.v.a.) lieferte ambitionierten Rock, vor allem mit kurzfristigen Mitstreitern wie →Rick Wakeman (k) oder →Sandy Denny (v). Anfang der 70er durchaus überzeugend.

Stray Cats hatten, 1979 in New York gegründet, im Rahmen der →New Wave mit 50er-orientiertem →Rock`n'Roll und →Image einige Hits (z.B."Rock this Town").

Streetwalkers In den 70ern Band um →Roger Chapman (v).

Streisand, Barbra hat ihrer dramatischen Stimme und virtuosen Technik zu verdanken, daß ihre Lieder (bis auf wenige Ausnahmen Fremdkompositionen) seit den 60ern nie allzu flach ausfielen; immerhin ist sie eine der bestbezahlten Stimmen Amerikas (1983 Musik zu eigenen Film "Yentl").

Stryper Amerikanische →Mainstream→Hardrocker der 80er, die aus Überzeugung Bibeln ins Publikum warfen.

Style Council, The Bis zum Start seiner Solo-Karriere Anfang der 90er lieferte der Ex →The Jam Sänger/Musiker und Komponist →Paul Weller zusammen mit Keyboarder/Sänger Mick Talbot ab 1983 in Europa außerordentlich erfolgreich →New Wave-angehauchten britischen Gitarren-Pop, gemischt mit etwas →Swing und →Soul.

Stylistics, The 1972 in Philadelphia gegründete farbige Gruppe, die diverse Hits im →Soul-Stil hatte.

Styx Die 1970 in Chicago gegründete Band konnte zwischen 1977 und 1983 mit ihrem eingängigen, manchmal bombastisch arrangierten →Mainstream-Sound zwischen →Hardrock-Gitarren und poppigen Balladen mehrere große internationale Hits ("Lady", "Boat on the River") landen. Die Band, die öfter Konzeptalben herausbrachte ("Paradise Theatre", "Killroy was Here") und diese in aufwendige Bühnenproduktionen umsetzte, löste sich 1984 auf.

Suede aus England, schranzten sich 1993 durch ein uneinheitliches →Underground-Album und verminderten mit vielen Akustikgitarren auf der düsteren Nachfolge-Platte ihre Anhängerschaft. Mit der LP "Coming Up" wurden sie 1996 poppiger und gemäßigter.

Sugar Hill Gang, The 1979 hatte die konstruierte amerikanische Formation mit dem Song "Rappers Delight" ihren einzig großen internationalen Hit. Es war der erste populäre →Hip Hop-Titel auf Platte.

Sugar Nach der Auflösung von →Hüsker Dü 1988 machte der Sänger und Gitarrist Bob Mould zunächst Soloplatten, bevor er Anfang der 90er mit neuem Band-Projekt weiter Musik im Stile seiner ersten Band machte: melodischer, simpler und eingängiger →Alternative-Rock.

Sugarcubes, The Spielfreudige wilde Band in teilweise abgelegenen Stilen aus Island Ende der 80er; (Sängerin →Björk).

Sugarloaf Unbedeutender Rock ab 1968 - gäbe es nicht seit 1975 den Dauer-Hit "Don't call us, we call You".

Suicidal Tendencies Amerikanische Band ab Mitte der achtziger Jahre, startete mit →Hardcore→Punk, öffnete sich aber immer mehr (→Thrash-)Metal-Einflüssen, was ihnen, melodiöser werdend, eine steigende Popularität einbrachte. Die Band, bei der mit meist weinerlicher Stimme kritische Texte vorgetragen wurden, löste sich 1995 auf.

Sumac, Yma Andenprinzessin, die auf der Höhe ihrer Karriere (Ende der 50er) über acht Oktaven sang.

Sumlin, Hubert Sehr geschickter und stilsicherer Ex-Gitarrist der →Muddy Waters Band in den 60ern und 1971-`77 bei →Howling Wolf.

Summer, Donna →Disco-Queen mit schwerer bis piepsiger Stimme. 1975 von →Giorgio Moroder produzierte Stöhn-Songs "I feel Love" und "Love to love You". Verschwand Anfang der 80er Jahre nach dem Ende der Disco-Zeit in der Versenkung, konnte aber 1983 mit "She works Hard for the Money" noch einmal ein kurzzeitiges Comeback schaffen.

Sun Ra (p, k, u.v.a.) dem →Free Jazz verwandter Jazz→Avantgardist mit eigenem religiös-philosophischem Unterbau.

Supercharge Ab 1976 täuschen fette Bläsersätze und druckvolle Rhythmik über mangelnde Ideen hinweg; bei →Rhythm & Blues-Enthusiasten dennoch stets angesagt.

Supergroup Vor allem Anfang der 70er für Gruppen von Musikern, die aus bereits berühmten Bands kamen (→Cream, →Emerson, Lake & Palmer).

Supermax Projekt des Österreichers Kurt Hauenstein mit waberndem →Disco-Sound in den 70ern.

Supersession →Session meint das zufällige oder geplante Zusammenspiel mehrerer Musiker aus verschiedenen Bands und oft auch Stilrichtungen. Das Wort "Super" kam hinzu, als man sich u.a. von der Zusammenkunft →Al Koopers, →Mike Bloomfields und →Stephen Stills Großes versprach.

Supertramp konnten, nach zwei völlig erfolglosen Alben, mit erheblichem Werbeaufwand ihren frisch vereinfachten →"Art Rock" in ausgedehnten Liedern und eigentümlichen Texten (in hohem →Falsett) während ihrer Hochphase 1974 ("Dreamer") bis 1982 ("It`s raining Again") sehr gut verkaufen. Danach reagierte das Publikum der Briten gelangweilt, und die Erfolgskurve zeigte rapide abwärts. Schuld daran war auch, daß der Sänger Rodger Hodgson (auch b, k) eine (erfolglose) Solokarriere startete. 1996 Reunion in Originalbesetzung.

Supremes Eine der wichtigsten →Motown-Bands und die erfolgreichste Girl-Group der 60er in Amerika. Mit melodiösem, eingängigem Pop→Soul und bravem →Image landeten sie eine riesige Anzahl von perfekt produzierten Hits, z.B. "Baby Love", "When did our Love go?", "Stop! In the Name of Love". Nachdem der Star der Gruppe, →Diana Ross, 1970 eine Solokarriere startete, war das Erfolgskapitel für die Plattenfirma beendet.

Survivor Mit hoher Kopfstimme vorgetragene, eingängige Songs zwischen harten Gitarren und poppigen Keyboard-Arrangements aus Chicago ab 1978. Erfolge mit den Titelsongs aus Rocky III und IV ("The Eye of the Tiger" 1982, "Burning Heart" 1985). Als unzeitgemäß Anfang der 90er aufgelöst.

Sutch, Screaming Lord Der Brite machte in den 60ern und frühen 70ern mit heftigem Rock, spektakulärer bizarrer Bühnenshow und chaotischem →Image auf sich aufmerksam.

Swamp-Rock →Cajun.

Swan, Billy hatte ab Mitte der 70er ("I can't help") in England mit Schlager-Pop Erfolg.

Sweat, Keith Amerikanischer →Soul zwischen →Funk und Ballade seit den 80ern.

Sweet Smoke Größtenteils instrumentale Hippiemusik mit →Folk- und →Jazz-Einflüssen; berühmt durch ein Schlagzeug→Gimmick in "Ping-Pong"-Stereo auf der LP "Just a Poke"(1972).

Sweet, The Eingängige, simple Songs zwischen →Hardrock und Mitsing-Pop mit kratziger Stimme vorgetragen, verhalfen der 1968 in England gegründeten Band in den 70ern zu zahlreichen Hits. 1979 verließ Sänger Brian Connolly die Band, die heute noch über die Dörfer tingelt ("Ballroom Blitz", "Hellraiser").

Swing (Schwingen) Wenn der →rhythmische Hauptakzent der Musik eher vorauseilend ist, also der Taktschlag voreilig zu erfolgen scheint, stellt sich ein Gefühl der Geschwindigkeit ein. →Jazzer sind darauf besonders stolz. Dieses vermeintliche Tempo ist ebenso schwierig wie eine Verlangsamung und, da technisch schwierig, genauso selten. In den 30er/40er Jahren noch stilbestimmend für viele →Big Bands, ist der Swing heute ein Begriff für "mitreißend".

Swing Out Sister Britisches Trio mit fröhlicher, beschwingter Popmusik. 1987 Durchbruch mit der Debutsingle "Breakout" und dem Album "It`s Better to travel"; Comebackversuche in den 90ern.

Swinging Blue Jeans Die frühe britische →Beatband hatte 1964 mit "The Hippy Hippy Shake" ihren größten Hit.

Synkope →Rhythmus.

Synthesizer ist heute meist ein Tasteninstrument, auf dem angeblich alle möglichen Klänge elektronisch erzeugt werden können. In den Anfängen (Moog-Synthesizer) war das beileibe nicht so, und jede technische Erweiterung hatte noch bedeutenden Neuigkeitswert, der manch lahme Komposition beträchtlich aufwerten konnte. Pioniere sind →Keith Emerson und →Rick Wakeman. →Samples erweitern heute die elektronischen Klänge maßgeblich. →Keyboard.

T Rex Der britische Gitarrist Marc Bolan war seit 1968 mit entsprechend großpurigem Gehabe als Teenie-Idol des →"Hardrock" verschrien ("Get it On", "Metal Guru"). Seine ebenfalls großspurige Angabe, wirklich harten und virtuosen Gitarren-Rock zu meistern, konnte er nur bedingt einlösen, da er schon 1977 starb.

T'Pau Melodiöser Pop an der Grenze zum Rock aus England in den 80ern; Sängerin mit knallroten Haaren und energischer Stimme; aufgelöst nach zwei LPs und einem großen Hit: "China in your Hands".

Tab Two Relativ →Jazz-nahe Geschichte des →Acid-Jazz; mit Helmut Hattler (von →Kraan, b), Joo Kraus (t) und ansprechend sonnigen Nummern.

TAD Eine der ältesten Seattler →Grunge-Formationen ab Mitte der 80er um den Sänger Tad Doyle, die ihre schwer verdauliche, unausgegoren wirkende Musik 1993 etwas zivilisierte, da sie im Rahmen der Grunge-Welle bei einer großen Firma unterkam.

Take 6 1980 gegründete Schmalz-Vokalgruppe zwischen →Soul und →Swing mit christlicher Mission.

Take That Musikalisch simple, tanzbare Musik von ein paar englischen Jungs in den 90ern. 1996 unter den Tränen Millionen kleiner Mädchen aufgelöst. →Teenie Bands.

Talisman Der tschechische Versuch ab Ende der 80er mystische Konzepte in →Doom-Metal zu packen war uninspiriert und endete hilflos in →Maintream-Geplätscher.

Talk Talk Britische Band ab den 80ern mit melodiösem, manchmal trickreichem Keyboard-Pop/Rock. Dazu weinerlicher melancholischer Gesang und 1984 der Hit "Such a Shame".

Talking Heads debütierten 1975 mit typischem →New Wave, rhythmisch trotz hoher Finesse tanzbar und mit Elektronik nur sanft unterfüttert und jederzeit frisch. Der leicht weinerliche markante Gesang →David Byrnes paßte gut zu Angst- und Psycho-Texten; bis in die späten 80er verkauften sich ihre LPs (und 1984 auch ihr Kinofilm "Stop making Sense") - dann hatte sich der enorme Erfolg ("Road to Nowhere" oder "And She was") aufgebraucht.

Tampa Red Seinen Spitznamen "Guitar Wizard" verdient er für seine →Slide-Technik und seinen durchdringenden Sound zurecht; in den 20ern und 30ern einer der meistgefragten →Blueskünstler.

Tangerine Carcass Amerikanische Band der frühen 60er, deren einzigartiger Gitarrenstil (5 Gitarren) prägend war für u.a. die →Rolling Stones, →Jerry Garcia und →John Lee Hooker. Der dröhnende Gesang erlaubte allerdings nur einen Hit: "Hydrated" aus dem einzigen Insider-Album "Tibetean Stomp" 1964.

Tangerine Dream Die Elektronik- und Synthesizer-Instrumental-Band um Edgar Froese (g) mochte nach →krautigen Anfängen mit schwebenden Klängen und einigermaßen überraschenden Effekten in den 70ern noch interessant klingen, im nachhinein merkt man das fehlende Konzept (im Gegensatz beispielsweise zu →Kraftwerk) und die belanglose →New Age-Leere.

Tankard Ab Anfang der 80er kann die deutsche →Thrash-Metal-Band in Sachen Schnelligkeit, Komplexität der Songs und Härte international durchaus mithalten; weniger jedoch mit unvariablem Gesang, Sauf-Texten und verunglückten →Cover-Songs.

Taste Irische, 1966 um den Gitarristen →Rory Gallagher gegründete, harte →Blues-Rock-Formation. Nach solistisch-instrumentalen Höchstleistungen des Gitarristen 1970 aufgelöst.

Taylor, Eddie Ein perfekter Gitarrist, der alle →Blues-Stile beherrschte und mit "Big Town Playboy" und "Stroll out West" den alten →Mississippi-Blues modernisierte. In den 50ern Begleiter von →Jimmy Reed.

Taylor, Hound Dog (1917-`75) →Blues-Sänger und →Slide-Gitarrist in der Tradition von →Elmore James, jedoch rauher und ungebärdiger; erfolgreichste LPs: "Natural Boogie" und "Beware of the Dog".

Taylor, James Der amerikanische Sänger und Gitarrist begann 1967 mit düsteren Texten und →Folk-angehauchtem Rock und war spätestens in den 70ern bei belanglosem Pop gelandet.

Taylor, Koko gilt mit kraftvoller, voluminöser Stimme als derzeitige "Königin des →Blues" mit Einflüssen von →Funk & →Soul (1981 Erfolg mit "I`d Rather go Blind" und der LP "Queen of the Blues").

Taylor, Melvin "Der" Nachwuchs →Blues-Gitarrist und Sänger aus Chicago mit moderner, →jazzbeeinflußter Technik in den 90ern.

Taylor Mick 1969 -`75 Gitarrist der →Rolling Stones.

Tchaikovsky, Bram Gitarrist der →Motors. Solo ab 1978 hart und schräg.

Techno In den 90ern aus →House (Amerika) und →EBM (Belgien) entstanden. Anders als die ärmeren amerikanischen Kids sind (vor allem europäische) →Discjockeys schnell vom →Scratchen auf teure Technik umgestiegen. Theoretisch in jedem Partykeller gegen drohende Langeweile herzustellende Elektronik-Musik mit sehr schnellen enorm baßlastigen Computer-Beats (auch mehr als 280 "BPM" = Beats Per Minute/Schläge pro Minute) und einfältig-einfachen Drei-, Zwei- oder sogar Ein-Klang-"Harmonien", die wenigstens etwas neuartigen Synthesizer-Sound haben muß und von Plattenfirmen sofort als konsumtauglich erkannt, auf billigen →Samplern massenweise rausgehauen wird. Gesang ist selten (wenn, dann weiblich, sphärisch und idiotisch). Dennoch verstehen es einige Künstler, witzige, aufregende und richtig vertrackte Basteleien abzuliefern, die hinter nur scheinbar stumpfen Gedröhne feinsinnig farbreiche Atmosphäre schaffen können (→Sven Väth, →Westbam); Spielarten sind →Ambient und →Trance. Für Tekkkkno gilt: "je härter desto k" - nicht nur die BPM werden oft drastisch erhöht und noch stärker in den Vordergrund gestellt (das erzeugt einen Maschinen-ähnlichen Klang, der durchaus dem →Industrial nahe ist), sondern auch das restliche elektronische Klangbild wird dem Hörer oft in extrem krasser Form um die Ohren gehauen (→Hardcore). Gesang kommt überhaupt nicht oder nur noch extrem verfremdet vor. Sinn des Ganzen ist ein Trance-artiges, kollektives interaktives Erleben in Rave-Halls. →Dancefloor.

Teenie Bands Wie der Name schon sagt: meist in Text und Musik möglichst belanglose Produkte, die auch unbedarfte Kinder verstehen. Mit jeweils aktuellem →Image versehen und als blutleere Reißbrett-Acts oft schnell wieder verschwunden ("Bay City Rollers", →Take That).

Technotronic Aus der frühen →Techno-Szene (1989) hervorgegangener →Dancefloor mit →Rapperin ("Pump up the Jam").

Temple of the Dog Musiker von →Mother Love Bone, →Soundgarden und der spätere →Pearl Jam-Sänger Eddie Vedder nahmen Anfang der 90er eine Platte auf, die wie eine depressive Mischung aus Soundgarden und Pearl Jam klingt und der erste weltweite Seattle/→Grunge-Erfolg wurde.

Temptations, The Farbige, amerikanische →Soul-Gesangsgruppe, die in den 60ern und 70ern eingängiges Material in perfekt arrangiertem Chorgewand zu zahlreichen Hit-Ehren brachte (z.B. "My Girl" oder "Papa was a Rolling Stone"); auch in den 80ern noch kleinere Comeback-Erfolge.

10 cc Perfekt produzierter und arrangierter Pop-Rock ("Rubber Bullets") ab 1972 aus England. Eingängig und oft unterschwellig vielfältig sowie parodistisch auch mit Soft-Rock ("I`m not in Love") oder →Reggae ("Dreadlock Holiday"). Nach diversen Hits verließen 1976 die Songschreiber →Godley & Creme die Band; danach ging`s mit der →live etwas blutleeren Band bergab.

Ten Sharp Holländisches Balladenpop-Duo ("You" 1991), Mitte der 90er etwas rockiger.

Ten Years After 1967 gegründete britische →Blues-Rock-Gruppe mit äußerst heftiger und schneller Spielweise. Vorreiter des →Hardrocks und anfangs (u.a. in →Woodstock) enorm erfolgreich. Nach der Auflösung 1975 macht der Sänger und Gitarrist Alvin Lee solo weiter, ohne an frühere Verkaufszahlen anknüpfen zu können.

Tennessee Farm Band Ab den 70ern Hauskapelle einer großen amerikanischen Hippie-Kommune; stilistisch zwischen den →Allman Brothers und →Grateful Dead.

10.000 Maniacs →Folkbetonter Gitarrenrock seit Mitte der 80er aus Amerika mit einem →Unplugged-Highlight 1993 und prompter Auflösung der Band. Die ausdrucksstarke Sängerin Natalie Merchant macht solo weiter ("Carneval", 1996).

Terrorvision Mit eingängigen Kompositionen und dünner Gesangsstimme konnte die britische Band mit ihrer Stilmischung aus →Rap, →Swing und Balladenschmalz auf →Hardrock-Fundament 1993/`94 größeres Aufsehen erregen.

Terry Hoax Solider deutscher Rock der 90er, der aufgrund mäßig einfallsreichen Materials 1996 nicht mehr gefragt war.

Terry, Sonny & Brownie McGhee Das erfolgreichste Duo des →Blues entwickelte in den 50ern und 60ern einen eng an die amerikanische →Folkmusik angelehnten

Stil. Brownie, der Gitarrist, und Sonny, der Mundharmonikaspieler, ernteten erst mit ihrem letzten Album 1973 den verdienten Lohn.

Tesla Amerikanische →Hardrockband (ab Mitte der 80er) mit kreischender Gesangsstimme, eingängigen Melodien und Erfolg Ende der 80er/Anfang der 90er. Lange vor der →Unplugged-Welle die LP "Five Men Akkustical Jam".

Testament 1985 zuerst unter dem Namen "Legacy" gegründet. Schnelle Schlagzeugrhythmen mit zahlreichen Breaks, laute, aggressive Gitarren und die nicht unbedingt melodiöse Brüll-Stimme von Chuck Billy zeichnen den puristischen Speed/→Thrash-Metal bis zur Auflösung 1996 aus.

Texas Melodiöser Rock aus Schottland mit kraftvoller Sängerin (rauhe Stimme), in den 90ern mit kompaktem, nicht uninspiriertem Songmaterial ("I don't need a Lover").

Texas-Blues bevorzugt vom →Jazz beeinflußte Bläsersätze (→T-Bone-Walker). Der wichtigste Solo-Blues-Gitarrist, →Lightning Hopkins kommt aus Texas.

The The Um den Londoner Mark Johnson bewegt sich die Gruppe ab 1981 textlich stets bemüht-sozialkritisch zwischen →New Wave ("Infected"), Rock und gezügeltem Gitarren-Pop ("The Beaten Generation").

Them →Rhythm & Blues 1967-`69; danach ohne den Sänger →Van Morrison chancenlos.

Therapy? Irische Band ab Ende der 80er, die mit ihrer Mischung aus →Punk (melodiöser, emotionslos wirkender Gesang) und lauten rhythmusbetonten Gitarren (→Heavy-Metal) den Nerv der Zeit immer besser zu treffen scheint; →Alternative-Rock.

They Might be Giants versuchen seit Ende der 80er zu beweisen, daß man auch im Rock ohne verzerrte Gitarren schräg und heftig sein kann; →Underground.

Thin Lizzy Ab 1970 verband die irische Band um den Sänger/Bassisten/Songschreiber Phil Lynott rauchigen relaxten Gesang, gekonnt eingängiges Songwriting, Einflüsse aus irischer Folklore ("Whiskey in the Jar") und zweistimmige Gitarrenharmonien auf einem →Hardrock-Fundament. Namhafte Musiker (u.a. →Gary Moore, →Midge Ure) gaben sich bis zur Bandauflösung 1983 die Klinke in die Hand. Lynott starb 1986 an den Folgen seiner langjährigen Drogensucht.

Third World Ursprünglich eine jamaikanische →Reggae-Band die Mitte der 70er Jahre nach London übersiedelte und im Vorprogramm von →Bob Marley für Aufsehen sorgte, bis sie durch →Disco-Einlagen unnötig verwässerte.

Thirteenth Floor Elevators Mitte der 60er für kurze Zeit die →psychedelische Insider-Band; heute treffend als Psychedelic→Punk bezeichnet. Aufgrund von Drogen-Eskapaden und psychischen Problemen des Masterminds Rocky Ericson rasch aufgelöst und schnell zum →Avantgarde-Mythos stilisiert. Ericson war in den 80ern wieder unterwegs.

38 Special Um Donnie van Zandt, den Bruder des →Lynyrd Skynyrd-Sängers, stark an deren Rock-Sound orientiert, etwas härter, jedoch nicht so vielschichtig; konnten in den 70ern und 80ern einige Hits landen.

Thompson, Richard & Linda Das Gründungsmitglied von →Fairport Convention nahm nach seinem Ausstieg ab 1972 Platten mit seiner Frau auf und nach der Scheidung solo. Exzellenter Songschreiber ohne den großen Durchbruch und als virtuoser Gitarrentechniker Vorbild u.a. für →Mark Knopfler.

Thompson Twins Englische →New Wave-Band ab 1977, die sich von leichter Düsternis immer weiter in Richtung Tanz-Pop wandelt; (1983 "Love on your Side", "Hold me Now").

Thornton, Big Mama erinnert mit mächtiger, starker Stimme an den →Blues-Stil der 20er Jahre (1953 "Hound Dog" von →Leiber /Stoller).

Thorogood, George (and the Destroyers) spielen harten, →Blues-orientierten Rock aus Amerika. Um 1980 profitierten sie mit erdiger Spielweise offensichtlich vom →Punk-Boom; heute etwas anachronistisch.

Thrash-Metal hat sich über den **Speed-Metal** mit hoher →Hardcore→Punk-Geschwindigkeit und →Heavy-Metal-Gitarrenspielweise entwickelt. Thrash-Metal ("Prügel-Metal") ist eine Steigerung: kein besinnugsloses "Dreschen" der Instrumente sondern, am Schlagzeug gut hörbar, virtuose Rhythmuswechsel und kunstvolle Breaks (→Metallica). **Progressive-Metal** verwendet diese komplizierten Strukturen in vermehrtem Maße und nähert sich mit komplexer und naturgemäß weniger harter Spielweise dem →Art Rock (→Fates Warning, →Watchtower). Eine weitere Spielart ist der →Black-Metal und der →Death-Metal.

Three Degrees, The Schwarzes Mädchentrio aus Philadelphia mit kommerziellem →Disco→Soul ("Dirty Ol' Man"), womit sie vor allem außerhalb der USA erfolgreich waren.

Three Dog Night Starteten 1968 in Los Angeles mit Pop-/Rock-Kreationen anfangs sehr erfolgreich als vielseitige Band, der jedoch trotz perfekter Arrangements (vor allem im Gesang) ein eigener Stil abging - u.a. wegen der stetigen Verwendung verschiedenster (allerdings erstklassiger) Fremdkompositionen. Nach Streitigkeiten mit der Plattenfirma kam die Band unbeachtet bis in die 80er.

Throbbing Grisle Gnadenlose Vorreiter des →Industrial ab Mitte der 70er aus England mit Maschinen-Rhythmus, Synthesizer- und Gitarren-Krach sowie übelsten Schockeffekten; mega-derb bis in ihre Videos; →EBM, →Techno.

Throw that Beat in the Garbagecan Die Nürnberger sind ab Ende der 80er mit simplen, oft kinderliedartig vorgetragenen Songs und einfachem Gitarren-Pop/Rock zwischen →Beat und →Punk relativ erfolgreich.

Thunder Die Engländer verkaufen erstaunlich erfolgreich gegen jeden Trend in den 90ern →Hardrock der 70er (auf →Blues-Harmonien basierend) mit kraftvoll-melodischem Gesang, zwei energischen Gitarren und eingängigen Refrain-Chorussen (gesanglich erinnern sie an die frühen, musikalisch an die späten →Bad Company).

Thunderclap, Newman 1970 englisches →Beat-Trio bekannt durch "Something in the Air".

Thunderhead Deutsche →Hardrock/→Heavy-Metal-Band der dreckigen, schnellen Art mit rauhem Gesang und guter Resonanz Anfang der 90er in Deutschland.

Thunders, Jonny Aufgrund seiner Mitgliedschaft bei den →New York Dolls, den →Heartbreakers und diversen Soloalben gilt der amerikanische Gitarrist, Sänger und Songschreiber als Urvater des →Punk und war zu Lebzeiten schon Legende; Anfang der 90er wurde er Opfer seines ebenfalls legendären Drogenkonsums.

Tiamat Die Skandinavier entwickelten sich (zuerst unter dem Namen "Treblinka") von derbem →Death-Metal zu sphärischer Melodik mit romantischen Texten ("Wildhoney" 1995). Journalisten sprechen von einem Bindeglied zwischen Death-Metal und →Pink Floyd.

Tibbets, Steve Seit Mitte der 80er interessante →Jazz und →Ethno-Mischung auf gepflegt konzeptualisierten Gitarren-Instrumental-Alben.

Tic Tac Toe Drei Mädels mit teilweise heftigem deutschen Sprechgesang um Liebe und Sex ab Mitte der 90er ("Ich find Dich Scheiße").

Tikaram, Tanita hatte mit tiefer, melodiöser Stimme und der düsteren Ballade "Twist in my Sobriety" Ende der 80er einen großen Hit, der jedoch eher eine Ausnahme darstellt, da sich ihre Musik ansonsten eher nach Happy→Folk-Rock anhört.

Tiny Tim sang sich schräg in jeder Hinsicht mit hohem Falsett und tiefem Bariton durch drei Alben (Hit: "Tip-toe thru' the Tulips with me", 1968) und taucht 1996 nach endlosem Tingeln mit einer LP voller eigenartig verfremdeter →Cover-Songs wieder auf.

Titanic aus Norwegen; begannen 1969 europaweit mit orgelbetontem →Mainstream und spielten ab 1973 ohne Orgel gitarrenlastigen →Hardrock.

T-MA →Techno von →Falco ab 1996.

Toasters Moderne →Ska-Truppe aus New York seit Mitte der 80er.

Toasting Im Jamaica der 50er entwickelter Sprechgesang, der von einem →MC zelebriert wird. Als Grundlage dient die Dub-Version eines Songs auf Dub-Plates: speziell produzierten Schallplatten, auf denen nur die Basics (Schlagzeug und Baß) ohne Gesang aufgenommen wurden. Bis auf wenige Ausnahmen (etwa →Macka B) weder politische oder sozialkritische Ansprüche, sondern mit Vorliebe Texte mit eindeutig sexistischem Inhalt (sogenannte "Slackness"; →Yellowman, →Shabba Ranks). Einige nach New York emigrierte DeeJays stellen die Gründerväter für den →Rap und den →Hip Hop dar. Wichtige Vertreter: →U-Roy, →I-Roy, →Dillinger, →Prince Far I, Prince Jazzbo, Dennis Alcapone, Dr. Alimentado, Big Youth, Ranking Ann, Scotty, Jah Stitch, Tappa Zuckie und DJ-Duos wie Papa Michigan & General Smiley, Clint Eastwood & General Saints, Laurel & Hardy sowie Tapper Lee & Rapper Robert.

Tolonen, Jukka Skandinavische →Fusion ab den 70ern.

Tomita Der Japaner entlockt seit 1975 seinen Synthesizern verschiedenste Töne - jedoch der Neuigkeitswert seiner im Alleingang aufgenommenen Instrumental-Scheiben sinkt trotz ambitionierter Einbindung →klassischer Vorlagen (Holst, Mussorgsky, →Beethoven).

Ton Steine Scherben wollten laut eigener Aussage "die deutschen →Rolling Stones werden" und hatten auch das Zeug dazu. 1971 rotzten sie zu brachialen Gitarren→Riffs wilde Polit-Parolen, gründeten einen musikereigenen Vertrieb und waren fürderhin bei Auftritten für jeden Krawall gut. Im nachhinhein erinnern sie an den →Punk späterer Jahre - nicht zuletzt aufgrund der abenteuerlichen Aufnahmequalität ihrer ersten LP. 1972 ging's mit eingängigem, hartem Rock weiter, der auch längere Stücke (mit Anleihen aus deutschem Volksliedgut) erlaubte. Auffällig stets der voluminöse und für deutsche Verhältnisse textlich-unverkrampfte Gesang von →Rio Reiser (später singt auch Nikel Pallat). Schulden und LPs, die (bis zur Esoterik) zwar zeitgemäß, aber von den Fans als zu unpolitisch abgelehnt wurden, führten 1985 zum unverdienten Aus der deutschen Rock-Legende.

Tone Loc Amerikanischer Künstler, der Ende der 80er mit einer Mischung aus harten Gitarren und →Rap mit eindeutig-zweideutigen Texten über Sex zwei Hits hatte ("Wild Thing", "Funky Cold Medina")

Tones on Tail Nachfolgeband von →Bauhaus.

Toots & The Maytals →The Maytals.

Torture Deutscher →Death-Metal der 90er.

Tosh, Andrew versucht beharrlich, im übermächtigen →Reggae-Schatten seines Vaters einen musikalischen Weg zu finden, was ihm durchaus gelingen könnte.

Tosh, Peter Neben →Bob Marley und →Bunny Wailer der dritte international äußerst populäre Sänger aus der Heimat des →Reggae. Seit Beginn der 60er Jahre bis Anfang der 70er Jahre war Peter McIntosh bei Bob Marley & The Wailers aktiv. Parallel startete er eine Solokarriere, die zwar bei weitem nicht so erfolgreich war, aber musikalisch auf mindestens ebenso hohem Niveau stand. Songs wie "Johnny be Good" oder "Legalize It" wurden Welthits. 1987 wurde Peter Tosh erschossen.

Toten Hosen, Die Anfang der 80er gegründet; simple, eingängige →Punk/→Hardrock-Songs mit deutschen Texten zwischen Sozialkritik und Alkohol, vorgetragen von der kraftvoll-aggressiven Stimme Campinos. In den 90ern eine der unverkrampftesten und erfolgreichsten Bands in Deutschland.

Toto, 1977 in Los Angeles gegründet (Steve Lukather g, David Paich k), verbanden poppige Keyboard-Arrangements mit harten Gitarren und gekonnt eingängigem Songwriting und hatten in den frühen 80ern einigen Erfolg durch den zeitweilig besonders harmlosen Gesang von Bobby Kimball ("Africa", "Rosanna"). Der Fortbestand der inzwischen wesentlich rockigeren Gruppe ist nach dem Tod des Schlagzeugers Jeff Pocaro ungewiß.

Touré Kunda Die afrikanische Band aus oft zahlreichen Musikern diverser Kontinente, 1979 gegründet von drei Senegalesen in Paris, ist auf ihren Studio-LPs oft sehr konventionell →Rock- und →Reggae-durchwachsen, →live (LP 1984) jedoch mitreißend, spielfreudig und authentisch in komplexen afrikanischen Gesängen und Rhythmen oder einer speziellen afrikanischen Gitarrentechnik.

Toussaint, Allen Als Musiker (k, perc) seit den späten 50ern aktiv und als Produzent und Arrangeur ab den 70ern (gelegentlich auch als Mitmusiker) →kreolisch geschult tätig für →The Band, →John Mayall, sogar →Paul McCartney und vor allem für →Dr. John.

Tower of Power Die Ende der 60er gegründete kalifornische Band mit griffigem, umfangreichem Bläser-Satz kann mit geschliffener Perfektion langweilen, aber →soulig→funky vor allem in den 70ern wirklich kochen. Der hochprofessionelle Bläsersatz wird gerne von Musikerkollegen ausgeliehen.

Towner, Ralph →Fusion-Gitarrist u.a. bei →Oregon.

Townshend, Peter Der britische Gitarrist der →Who begann 1972 auch solistisch mit geradem, oft gutem, manchmal versponnenem Rock auf sich aufmerksam zu machen.

Toy Dolls Kurze, simple Songs mit eingängigen Mitsing-Melodien bescherten den Engländern in den 80ern einige Hits ("Nellie the Elephant"); Fun→Punk: witzig und immer nach dem gleichen Muster gestrickt.

Toyah (Wilcox) fiel ab 1979 mit schrägem Gesang und ebensolchem Outfit im britischen →New Wave auf und versuchte in den 90ern ein weitgehend unbeachtetes Comeback.

Traffic Vor allem, weil sich Dave Mason (g, b) und →Steve Winwood (v, k, g, b, h) trotz ausgefeilter, melodischer, wohlproduzierter Songs der Extraklasse ("Hole in my Shoe", "Paper Sun", "Feelin' alright", "Dear Mr. Fantasy") 1967-`69 nicht recht einig werden konnten, brauchte es einen zweiten Anlauf 1970, um das hervorragende Material (zumeist von →Capaldi (d) und Winwood und jetzt ohne Mason) wirklich erfolgreich umzusetzen (LP "John Barleycorn must die"). Die oft etliche Musiker umfassende Band (Percussion, Bläser) zeigte endlich Teamgeist und lieferte komplexe, oft längere Stücke auf höchstem musikalischem Niveau. 1974 wurde Winwood krank und die Musiker zerstreuten sich. 1995 versuchten Capaldi und Winwood ein solides Comeback unter altem Bandnamen, das allerdings niemand mehr aufregend fand.

Trance Oft billiges Synthesizer-Gewaber, oft aber auch atmosphärisch dichte Klangbilder mit zurückhaltendem →Techno-Rhythmus oder ganz ohne Elektronik-Beats (hat mit →New Age nur entfernt zu tun). Entweder als eigene Tanz-

Vorlage oder auch zur Auflockerung von →Techno und Artverwandtem; →Ambient.

Transglobal Underground →Dancefloor-Clan Mitte der 90er, der neben den üblichen Rhythmen (→Techno bis →Trip Hop) indische und arabische Einflüsse verarbeitet.

Travelling Wilburys 1988 spaßeshalber von →Bob Dylan, →Tom Petty, Jeff Lynne (→Electric Light Orchestra), →Roy Orbison und →George Harrison gegründet, um leichten unterhaltsamen Pop darzubieten.

Travers, Pat Kanadischer Gitarrenvirtuose der 70er und 80er mit konventionellem →Hardrock.

Tremeloes, The Die Briten hatten in den 60ern einige Pop-Hits ("Twist and shout", "Silence is Golden" oder "My Little Lady") und tingeln heute, da ihnen in den 70ern progressivere Versuche niemand abkaufte, auf Oldie-Festivals.

Tri Atma Deutsch/indische Band mit rockiger indischer →Folklore Ende der 70er bis Anfang der 80er.

Tricky Farbiger Engländer aus Bristol aus dem Umfeld von →Massive Attack. →Trip Hop mit ausgefallenen →Samples und bizarrem →Rap seit 1995, düster und langsam.

Trio 1982 bis 1985 die deutsche Version von →Punk und →New Wave mit extrem sparsamen Melodien und noch einfacheren Texten ("Da da da"), typische →Neue Deutsche Welle.

Trip Hop Langsamer →Hip Hop oder →House ab `95 mit z.T. sehr freien Klangassoziationen, die an einen Drogen-"Trip" erinnern sollen (auch "Dope Sounds").

Triumph Mit glattem, radiotauglichem →"Hardrock" war die 1975 in Toronto gegründete Band vor allem in Amerika und Kanada sehr erfolgreich.

Triumvirat Die deutsche Antwort auf →Emerson, Lake & Palmer; durchaus eigenständig und gekonnt. Vor allem in Amerika zuerst erfolgreich, dann durch private Krisen und abnehmenden Ideenreichtum schleichende Bandauflösung ab 1977.

Troggs Ab Mitte der 60er hatten die Briten einige große Hits mit ruppigem →Beat ("Wild Thing", "I can't control myself"); Comebackversuche bis in die 90er (ihr "Love is all Around" wurde 1994 für →Wet Wet Wet zum Hit).

Trouble Funk Sehr aufwendiger, →funkiger →Hip Hop mit vier →Rappern, Bläsern und vielen Keyboards in den späten 80ern und mit gesellschaftskritischen Texten wohl zu musikalisch und zu wenig aggressiv für echte Erfolge.

Trout Band, Walter Gitarren-Techniker des modernen →Blues mit gelegentlichen Höhepunkten (sehr rockig: "Transition" 1992) ohne wirklich aufsehenerregend Neues.

Trower, Robin Der englische Ex→Procol Harum-Gitarrist glänzte in den 70ern mit virtuosen Solo-Improvisationen, konnte diese jedoch nicht mit qualitativen Songs unterfüttern, und langweilte schließlich mit der ständigen Wiederholung seines Konzepts zwischen →Blues und →Hardrock.

Trudell, John Indianischer Rockmusiker mit gesprochenen Gedichten; 90er.

Trust Franzosen zwischen →Punk, →Hardrock und →Heavy-Metal in den 80ern ("Antisocial").

Tubes, The Die Amerikaner konnten neben aberwitzigen satirischen Bühnenshows ihr beachtliches →Rock`n'Roll-nahes Können höchstens auf einer →Live-Platte annähernd darstellen und blieben 1975 -`84 kommerziell einigermaßen erfolglos (außer 1983 "She`s a Beauty").

Tuck & Patti Schwarze Sängerin mit sehr wandlungsfähiger Stimme und weißer Gitarrist mit warmem Klang ergeben seit den 80ern ruhige, →jazzige, ein wenig →bluesige LPs.

Turner, Big Joe (1911-`85). Altmeister des kraftvollen →Blues-Gesangs (auch im →Rhythm & Blues und →Boogie Woogie).

Turner, Tina Obwohl das Ehepaar Ike & Tina Turner seit 1959 mit →Soul und heiß-erotischem →Rhythm & Blues unterwegs war und einen →Phil Spector-Hit ("River Deep Mountain High") hatte, verkauften sich seine Platten erst richtig, nachdem beide 1969 im Vorprogramm der →Rolling Stones aufgetreten waren. 1976 trennte sich Tina von ihrem Mann, der sie schon länger mißhandelt hatte, und mußte wegen horrender Schulden bis 1979 tingeln. Spätestens jedoch 1984 ("Private Dancer") hatte sie es mit etwas gepreßter bis äußerst kraftvoller Stimme, hervorragenden Songschreibern (→Mark Knopfler) und exzellenten Musikern (→Jeff Beck) endgültig zu allerhöchsten Hit-Ehren geschafft. Ihre Tourneen 1985 -`96 waren sensationell erfolgreich, und nicht mehr so inspirierte Rock-Pop-Alben konnten ihren Erfolg kaum schmälern.

Turtles, The →Flo & Eddie.

Tuxedo Moon Weinerlicher, sehr stark an →The Cure erinnernder Gesang, monotone Gitarren-, Baß- und Schlagzeugarbeit machten den Sound der englischen →New Wave-Band aus.

Twist Man trocknet mit einem Handtuch seinen Rücken und tritt gleichzeitig eine Zigarette aus: dann hat man einen der frühen Tanzstile, bei denen sich die Partner nicht berühren (können). 1958 von Hank Ballard gestartet (aus dem →Rhythm & Blues) und von 1962 ab von Chubby Checker populär gemacht.

Twisted Sister Harte Gitarren zwischen →Hardrock und →Heavy-Metal, rauher aggressiver Gesang von Dee Snider (→Widowmaker), hymnenhafte Songs ("We`re not gonna take it", "I wanna Rock"), witzige Texte und ein schrilles Transvestiten-Image führten von 1977 bis 1985 zu immer größeren Erfolgen und nach einem poppigeren Album 1987 zur Auflösung.

2 Live Crew & Luke Amerikanische →Rap-Formation der 80er; vor allem bekannt geworden durch billige Macho-Texte ("We want some Pussy"). Genauso macht Luke jetzt solo weiter.

2 Unlimited Sehr erfolgreiches Pop-Duo in den 90er-Jahren im →Dancefloor-Schema.

2-Pac (Tupac Shakur) Ex-Mitglied der →Digital Underground stets zwischen Gefängnis und Gangsta→Rap; "California Love" zusammen mit Dr.Dre 1996 - dem Jahr in dem er schließlich erschossen wurde.

Tygers of Pan Tang gehörten Anfang der 80er neben →Def Leppard oder →Iron Maiden zur legendären "NWOBHM" ("New Wave of British Heavy-Metal"). Ihr heftiger und lauter, stets melodiöser →Hardrock brachte jedoch keinen vergleichbaren Erfolg.

Tyketto Die Band mit kreischendem Gesang (bei härteren Nummern) und schmalzigen Akustik-Balladen wurde auf dem Weg zum typischen US→Mainstream-Erfolg Anfang der 90er von der →Alternative-Welle überrollt.

Tyler, Bonnie Britin mit rauchiger, kräftiger Stimme; hatte in den 70ern mit eingängigem Pop-Material Hiterfolge wie "Lost in France" oder "It`s a Heartache". In den 80ern →Steinman-produziertes Comeback mit "Holding out for a Hero". Bis in die 90er immer noch gut im Geschäft.

Type O Negative Die Band um den Ex→Carnivore-Sänger Peter Steel begann Anfang der 90er mit zunehmendem Erfolg, Elemente des Gothic-Wave (→Dark Wave) (düsterer Gesang/ebensolches Image) mit →Heavy-Metal (laute Gitarren) zu verbinden. Probleme gab es immer dann, wenn die Texte als faschistisch oder frauenfeindlich angesehen wurden.

U 2 kamen 1978 aus Dublin noch →Punk-nah, hölzern, und Bono schrie mehr als er sang. Doch schon bald hatte die Band verstanden, wie man publikumswirksame Stücke zwischen Melancholie und Hymnenhaftigkeit schreibt. Gitarrist "The Edge" perfektionierte seinen stilprägenden Echo-Gitarren-Sound und Bono seinen gefühlvoll-dynamischen Gesang sowie seine charismatische Bühnenshow. Die in Text und →Image guten, sozialkritischen Jungs waren ab Mitte der 80er der Verkaufsrenner dies- und jenseits des Atlantik. Nach einem etwas aufgesetzten Ausflug in den →Blues änderte sich die Band Anfang der 90er drastisch: vielschichtige Soundeffekte (z.B. verzerrter Gesang), →Dancefloor-Beats, bombastische →Live-Video-Shows und ein überzogen-ironisches Rockstar-Image verschreckten zwar einen Teil ihrer Fans, dafür waren sie jetzt endlich eine wirklich coole Band.

U 96 Der deutsche Produzent Alex Christiansen hatte mit einer billigen →Techno-Version der Filmmusik "Das Boot" 1992 einen Hit. Mit eigenen Kompositionen und ausgefeilteren Songs inzwischen ein wichtiger Act der →Dancefloor-Szene.

U-Roy Wichtigster Vertreter und Pionier der musikalischen Kunstform Deejay→Toasting. Er entwickelte den sogenannten Talk-Over-Style; Urahn des mittlerweile allgegenwärtigen →Raps. Seit Ende der 60er Jahre produzierte er in Jamaica laufend Number-One-Hits und beeinflußte damit nachhaltig das Genre. 1993 mit gelungener LP "Smile A While" (unter der Regie des Mischpult-Magiers →Mad Professor) immer noch unterwegs.

U.D.O. Nach seinem Ausstieg Ende der 80er bei →Accept lieferte der Sänger Udo Dirkschneider solo den gleichen Sound: harte, rhythmisch versiert gespielte Gitarren, kreischende Stimme, eingängige →Heavy-Metal-Songs. 1993 ging Dirkschneider zu Accept zurück.

U. K. 1977-`79 von Ex→Yes-Schlagzeuger Bill Bruford (später Terry Bozzio), →Eddie Jobson und Ex→Roxy Music/→Ex→Uriah Heep-Bassist John Wetton gestarteter, nicht sehr beachteter →Art Rock-Versuch der 70er.

UB 40 Die Clique der Bandmitglieder um die Brüder Ali (v) und Robin Campbell (g), James Brown (d), Earl Falconer (b), Norman Hassan (p, v, t), Brian Travers (s) und Astro (→Toasting, →DJ) aus Birmingham spielte sich schon mit ihrer ersten Platte (1980) in die Herzen von →Reggae-Fans weltweit. Die Band produzierte mit typisch Saxophon-lastigem Sound und eigenartig gequält klingendem Gesang in hohem Maß musikalische Substanz, welche leider proportional zum steigenden Ruhm nachließ. Anfangs sorgfältig gewählte →Cover-Versionen, vornehmlich aus alten →Rock Steady-Zeiten ("Cherry oh Baby", "Red Red Wine", "Please don't make me cry", "Don't break my Heart" oder "I got You Babe") mündeten trotz regelmäßiger Nr.-1-Hits konsequent in eine Schaffenspause, die seit 1992 anhält.

UFO Die rauhe, melodiöse Stimme Phil Moggs, hymnenhafte Refrains, virtuose Gitarreneinlagen von Michael Schenker (1972 von den →Scorpions) auf einem bluesorientierten →Hardrock-Fundament machten den Erfolg der 1969 in London gegründeten Band in den 70ern aus. Streitereien und Probleme führten 1982 zur ersten Bandauflösung (Schenker ging schon `78, →McAuley-Schenker Group). Comebackversuche in den 80ern und 90ern.

Ugly Kid Joe Amerikanische →Hardrock/→Heavy-Metal-Band mit Party-Image und mitsing-tauglichen Songs. Eine erfrischende →Live-Band der 90er.

UK Subs, 1977 in England gegründet, waren mit einfachen, schnellen, harten Songs und gesellschaftskritischen Texten ein Vorläufer des →Hardcore→Punks. Nach Erfolgen in England ab 1981 Wandlung in Richtung herkömmlicher →Rock.

UKW Flockige →Neue Deutsche Welle Anfang der 80er ("Sommersprossen").

Ulmer, James "Blood" Im Gefolge von →Ornette Coleman auftretender schwarzer Gitarrist und Sänger. Sein "No Wave", "Punk Jazz" oder "Free Funk" (80er) ist niemals →Free Jazz, sondern eher eine Mischung aus →Blues und →Funk - hervorgerufen durch sein interessantes percussives Gitarrenspiel.

Ultravox, 1974 in London gegründet, hatten vor allem nach dem Eintritt von →Midge Ure in den frühen 80ern mit ihren melancholischen, synthesizerbetonten New-Romantic-Songs (→New Wave) Erfolg. Ende der 80er machte Ure solo weiter.

Underground Kleinere Plattenfirmen oder auch kleine Unterabteilungen großer →Labels unterstützten experimentelle Bands, die im Gegensatz zum →Mainstream fast immer etwas schräg klingen und oft verschiedenste Musikstile uminterpretieren. Von →Punk und →New Wave bis →Grunge und →EBM umspannt der Begriff jede eher ungewöhnliche Musik, solange ihre Verbreitung gering (im "Untergrund") bleibt. Das besonders heftige kommerzielle Ausschlachten der Bewegung in den 90ern verwässerte den Begriff völlig: die "Undergroundband" →Nirvana verkaufte von ihrer ersten LP ursprünglich 35.000 Stück, als sich "Nevermind" plötzlich über zehnmillionenmal verkaufte. →Alternative meint dasselbe und →independent eigentlich auch.

Undertones Seit 1975 Pop-Melodien im →Punk-Gewand aus Irland. Nach dem Ende der erfolgreichen Band machte der Sänger Feargal Sharkey (hohe, zerbrechlich klingende Stimme) 1983 bei →Vince Clarks Assembly mit, später hatte er mit "A Good Heart" solo Erfolg.

United Balls Mit einer witzigen Mischung aus →Ska und →Punk hatte die Band im Rahmen der →Neuen Deutschen Welle einigen Erfolg: "Pogo in Togo", "Seemann" oder "Gänseblümchen".

United Future Organisation →Funkig und beseelt bis trocken und schräg: in der ersten Hälfte der 90er einer der führenden Acts der →Acid Jazz-Szene aus Japan.

United States of America Kurzlebiges (1967/`68) amerikanisches Experiment aus Toncollagen aller Stilrichtungen, abgehobenen Texten und erstem Einsatz eines Moog→Synthesizers.

Unleashed (Neben →Entombed aus der Band "Nihilist" hervorgegangen). Schwedische Band mit Erfolgen in Europa durch typischen →Death-Metal (tiefer Grunz-Gesang, komplexe Songs mit vielen Rhythmuswechseln, mystische Texte); ab Anfang der 90er.

Unplugged (nicht eingesteckt) löst in den 90ern den Begriff der →Akustischen Musik ab. In den auslösenden Sendungen des TV-Kanals MTV wurden jedoch teilweise ausgiebigst elektronische Instrumente und Effekte eingesetzt, so daß eigentlich nur von einer etwas beruhigten Variante elektrisch verstärkter Musik gesprochen werden kann.

Upchurch, Phil Bassist und Gitarrist; →Blues (`68 -`76 bei →Jimmy Reed), →Soul und →Fusion aus Amerika.

Upsetters →Lee "Scratch" Perry.

Urban Cookie Collective →Dancefloor der 90er mit Sängerin.

Urban Dance Squad Harte, rhythmusbetonte Gitarren mit Elementen des →Hip Hop (→Rap, →Breakbeats); Anfang der 90er mit Keyboards und →Samples, heute das volle amerikanische →Crossover-Gitarrenbrett.

Ure, Midge Der Ex →Thin Lizzy-, Ex →Visage-, Ex →Ultravox-Sänger/Gitarrist/Produzent/Komponist startete Ende der 80er seine Solokarriere mit melodisch-melancholischer Stimme und eingängigen Popsongs ("If I was") und hatte einige europaweite Hits.

Uriah Heep Die 1968 in England gegründete Band war in den 70ern mit einprägsamen Melodien, aufwendigen (übertriebenen?) Chorarrangements, harten Gitarren und einer auffallenden Hammondorgel (Ken Hensley) eine der wichtigsten →Hardrock-Bands neben →Deep Purple und →Led Zeppelin. Ihr größter Hit "Lady in Black" ist allerdings von →Akustik-Gitarren und der melodischen Stimme David Byrons geprägt. Unzählige Besetzungswechsel und die Stiländerung in Richtung →Mainstream machten die Band um das zeitweilig einzige Originalmitglied Mick Box (g) zur Tingeltangel-Truppe, die allerdings bis in die 90er besteht.

US 3 Die amerikanische Band sorgte 1993 mit einer →Hip-Hop-Version von →Herbie Hancocks "Cantaloop (Island)" für Aufsehen; →Acid Jazz.

Vai, Steve Amerikanischer Gitarrenvirtuose; spielte u.a. bei →Frank Zappa, →David Lee Roth und →Whitesnake und veröffentlichte auch einige schräge Solo-LPs.

Valens, Richie Die Karriere des lateinamerikanischen →Rock`n'Rollers dauerte nur einige Monate (1959 Flugzeugabsturz zusammen mit →Buddy Holly), bescherte aber immer noch bekannte Hits wie "Come on, let`s go" oder "La Bamba".

Valli, Frankie Sänger der →Four Seasons.

Van der Graaf Generator versuchten sich 1969 -`72 an eindrucksvollen Kompositionen im Stile des britischen →Art Rock ("H to he who am the Only One" `70). Depressive Texte, leicht →jazzige Elemente und oft komplex ausgetüftelte Song-Bögen ließen die Band über einen Underground-Status allerdings nicht hinauskommen. Sänger und Gitarrist →Peter Hammill macht in reduzierter Form weiter.

Van Halen 1976 in Kalifornien gegründet und mit durchdacht eingängigen Songs eine der wichtigsten Bands des →Hardrock/→Heavy-Metal der 80er. Neben dem schrillen Bühnenakrobaten und Sänger →David Lee Roth (wenig melodiöse Stimme zwischen unterkühlt und kantig) machte die neuartige Gitarrentechnik Eddie Van Halens ("Tapping") auf die Musiker aufmerksam. Nach dem Keyboardlastigen größten Hit "Jump" und dem Ausstieg Roths blieben die Jungs mit Ex→Montrose-Sänger →Sammy Hagar (melodiös und leicht gepreßt) Garanten für solide Alben und hohe Verkaufszahlen. Ab 1996 wieder mit David Lee Roth.

Van Zandt, Townes Seit 1968 veröffentlicht der herbe →Country-Sänger und Gitarrist Platten, denen man kommerzielle Glätte bestimmt nicht nachsagen kann. Textlich ist der Amerikaner gegen den Trend konservativer Kollegen eher →Bob Dylan nahe.

Vanadium →Heavy-Metal aus Mailand (80er).

Vandellas, The →Martha and the Vandellas.

Vandross, Luther New Yorker →Soul-Sänger; mit seiner virtuosen Technik ein gefragter Studio-Musiker; in den 70ern und 80ern erfolgreich als Solo-Künstler.

Vanelli, Gino Mit bemerkenswertem Bombast (teils über 30 verschiedene Instrumente), vielen Synthesizern oder mit Orchesterbegleitung zelebriert der kanadische Sänger seinen Schmalz-Pop in den 70ern und 80ern; 1984 mit dem Hit "Black Cars" in Richtung →Mainstream-Rock.

Vangelis Der Ex-Keyboarder der griechischen Rockgruppe →Aphrodites Child startete 1971 seine Solokarriere. Anfangs noch relativ eindimensional, holt er sich auch Unterstützung durch den →Yes-Sänger Jon Anderson für Duo-Projekte (Jon & Vangelis). Mit verbesserter Studiotechnik gelingen ihm später besonders mit hymnenhaften (Film-)Kompositionen ("Chariots of Fire" 1981, "Conquest of Paradise" 1994) größte Erfolge.

Vanilla Fudge sorgten (um Tim Bogert, b und Carmine Appice, d) 1967-`69 von New York aus mit bombastischen, extrem langsamen →Heavy-Metal-Versionen bekannter Hits und vertrackten ellenlangen Stücken für Aufsehen; →Psychedelische Vorreiter; erfolglose Comebackversuche. →Cactus, →Jeff Beck.

Vanilla Ice Weißer amerikanischer →Rapper, der in den späten 80ern von einem geschickten Management zu einem Elvis Presley des →Hip-Hop aufgebaut werden sollte (→Hype). Das Retortenprodukt verschwand nach einem Hit ("Ice Ice Baby") von der Bildfläche.

Väth, Sven Der deutsche Tanz-Papst und Dicothekenbesitzer machte sich schon in den 80ern unter dem Namen "Off" mit dem Hit "Electrica Salsa" bemerkbar. In den 90ern gilt er neben →Westbam als einer der Urväter und schillerndsten Vertreter der deutschen →Techno-Szene.

Vaughan, Stevie Ray startete 1982, u.a. von →David Bowie begünstigt, eine Blitzkarriere mit wuchtigem, schnellem und →Jimi-Hendrix-geschultem →Blues-Gitarrenspiel. Im Trio mit der Gruppe "Double Trouble" mußte er weniger den LP-Käufern als den Kritikern beweisen, daß er das Zeug zum beseelten Musiker hatte; der auf jeden Fall brillante Techniker kam allerdings Anfang der 90er um.

Vaya Con Dios Seit Ende der 80er hat die belgische Band um die Sängerin Dani Klein Erfolg mit kalten heftigen Songs; der Stimmumfang, die mächtige →Soultechnik der Sängerin, die gekonnte Liedauswahl und Instrumentierung prägen die Musik ("Nah Neh Nah" 1990, "Heading for a Fall" 1992).

Vee, Bobby Sanfter Rocker aus den USA Anfang der 60er erfolgreich ("Devil or Angel").

Vega, Suzanne Amerikanische Sängerin/Songschreiberin, musikalisch leise, mit zerbrechlicher Stimme und poetischen Texten (1987 Hit "Luka"). Bis 1996 im Wechsel zwischen instrumentell etwas fülligerem und bekanntem leisem Material.

Velvet Underground Vom amerikanischen Pop-Art-Guru Andy Warhol 1965 geförderte Band, in der anfangs →Nico (düster-monotone Stimme), →Lou Reed (v, g), →John Cale (viola, p, g, perc) und Maureen Tucker (d, perc) Rückkopplungs-Gefechte, schwebende Elektronik-Phrasen, ausufernde Solos und düstere (Drogen-)Texte zu →Avantgarde-Rock verbanden. Von 1972-`75, als kein einziges Originalmitglied mehr dabei war, ging es wesentlich konventioneller zu. 1994 kurze Reunion in Originalbesetzung.

Vengeance Mitsingtauglicher niederländischer →Hardrock in den 80ern.

Venom Englische Band, die Anfang der 80er mit schnellen harten Gitarren, polterndem Schlagzeug und rauhem, wenig melodiösem Gesang (ähnlich →Motörhead) in der →Heavy-Metal-Szene viel Erfolg hatte. Ihr ironisch satanisches Image machte sie zu Vorreitern des →Black-Metal; →live mit Feuer und Rauch. 1984 hatte "At War with Satan" noch Erfolg - ständige Besetzungswechsel und immer schlechtere Platten interessierten Anfang der 90er kaum noch (deshalb 1996 ein erneuter Versuch originalbesetzt).

Ventures, The 1960 in Seattle gegründet; in den 60er und 70ern eine Unmenge Gitarren-Pop.

Verlaine, Tom (v, g, s, k) Ruppige Gitarren-, Baß- und Schlagzeugattacken (neben sphärischen, →Psychedelic nachempfindenden Phasen) zuerst unter dem Bandnamen "Television" und `79 auch solo lassen an frühen →Punk denken.

Vernon, Mike Britischer →Blues- und →Rhythm & Blues Produzent (→Chris Farlowe, →Stan Webb) mit eigenen Platten Anfang der 70er.

Victory Ab Mitte der 80er melodiöser →Heavy-Metal aus Deutschland mit rhythmusbetonten Gitarren und Mitgröhl-Refrains; kurzfristig aufgelöst und 1996 Reunion.

Videoclips helfen, zumeist auf speziellen TV-Kanälen ausgestrahlt, Schallplatten zu verkaufen. Oft brillant gemacht, tritt die Musik in den Hintergrund und Ferienstimmung oder zeitgemäßes jugendliches →Image bestreiten die Werbeschlacht.

Die üblichen hektischen Schnitte hatten auch Einfluß auf die Ästhetik des Films schlechthin.

Village People Amerikanische Männergesangstruppe in diversen Verkleidungen; als typischer →Disco-Act in den 70ern erfolgreich ("Y.M.C.A", "Go West"). 1994 fehlgeschlagener Comebackversuch.

Vincent, Gene Der amerikanische →Rock`n'Roll-Sänger brach 1956 mit der Nummer "Be-Bop-a-Lula" groß durch; seine eigentlich sanfte Stimme wurde stets exzessiv dramatisch produziert. Ein Verkehrsunfall 1960 beendete die Karriere, er starb 1971.

Vinegar Joe Anfang der 70er britische →Rhythm & Blues & Rockband um →Robert Palmer, →Elkie Brooks und ihrem Ehemann Peter Gage.

Violent Femmes Amerikanische Band (erste LP 1983), die mit →punkiger Attitüde →Beat- und →Folknahe Lieder oft nur mit →akustischen Instrumenten einspielt. Ihr etwas schräger Vortrag (vor allem im Gesang) machen sie zu typischen Vertretern des →Undergounds und zum ewigen Geheimtip ohne den ganz großen Erfolg.

Virgin Steele Seit den 80ern amerikanischer →Heavy-Metal, verspielt und melodiös.

Visage konnten im englischen →New Wave 1980 mit blasiertem →Image ("New Romantic") nur einen Hit landen ("Fade to Grey" von →Midge Ure); Pioniere des Musik-Videos.

Vision, The Seit Mitte der 80er aktives →Reggae-Kollektiv aus Hannover mit angenehmer Sängerin, →Rootsbetonter Basis und Gespür für gut plazierte →Dubs.

Viva Ehemalige deutsche →Hardrockband mit dem 80er-Stampf-Hit "Some Kind of Wonderful".

Vixen Amerikanische All-Girl-Band, die durchschnittliche Rockmelodien gepaart mit harten Gitarren brachten und damit Ende der 80er/Anfang der 90er Jahre relativ erfolgreich waren. Die Band löste sich nach zwei LP's auf.

Voi Vod Kanadische Band, die sich ab den 80ern von einer durchschnittlichen →Thrash-Metal-Formation zu einer eigenständigen, →psychedelischen →Underground-Band mit Sience-Fiction-Konzeptalben entwickelte und Mitte der 90er mit neuem Sänger wieder geradliniger wurde.

Vollenweider, Andreas Der gebürtige Schweizer spielt ab 1979 rhythmisch versiert unter Verwendung unzähliger Instrumente (vor allem aber einer Harfe) und elektronischer Verfremdungen bunte (oft auch sphärische) Klangbilder ein, so daß →New Age ausnahmsweise nicht im geringsten abwertend gemeint ist ("Caverna Magica" 1982, "Book of Roses" 1993).

Voodooclub, The von →Phillip Boa grotesk zwischen Pop und →Underground projektiert.

Voodoocult, The →Thrash-Metal/→Industrial-Ableger von →Phillip Boa.

W.A.S.P. Amerikanische Band, die Mitte der 80er Jahre mit der Maxi-Single "Animal-I fuck like a Beast" aufbrach. Wichtiger →Heavy-Metal-Act der 80er mit eingängigen Refrains, der rauhen Kreischstimme von Blacky Lawless (inzwischen das einzige Original-Mitglied), lauten harten Gitarren und einer (früher) spektakulären Bühnenshow (Blut und Eingeweide). Der künstlerische Anspruch stieg Mitte der 90er leicht an (Konzeptalbum "The Crimson Idol").

Wagner, Richard (1813 -1883). Zu Lebzeiten heftig umstrittener Komponist aufwendiger Opern-Gesamtkunstwerke. Anfangs noch konventionelle Nummernopern ("Der fliegende Holländer") werden später Personen, Gegenständen oder Gefühlen usw. "leitmotivisch" kurze Melodien zugeordnet, an denen sie wiedererkannt werden können ("Der Ring des Nibelungen").

Wah-Wah ist ein durch ein Fußpedal zu betätigendes Gerät, das gewisse Frequenzen eines Instruments (meist der Gitarre, aber auch z.B. der Orgel) verstärkt und dabei andere unterdrückt - es ergibt sich ein "quakendes" Klangbild (Wah-Wah); typisch bei →Hendrix und bei →Zappa auf "Hot Rats" (1969) genau zu studieren.

Wailer, Bunny Gründungsmitglied und inzwischen einzig Überlebender des legendären Vokal-Trios →The Wailers. Nach der Trennung von seinen Gefährten →Bob Marley und →Peter Tosh ging er mit gehaltvollen, musikalisch und inhaltlich stark an die Tradition des →Rasta-Reggaes angelehnten LPs ("Blackheart Man" 1976, "Protest" 1977, "Struggle" 1979) auf Solopfade. Als Klassiker gilt das 1981 erschienene Album "Bunny Wailer - sings the Wailers", das ausschließlich "Wailers"-Material aus den 60ern enthält. Später litt er an starken →Disco-Einflüssen, ist aber noch, vor allem →live, aktiv.

Wailers, The Zu Beginn neben →Bob Marley nur aus zwei Sängern bestehend, wandelte sich die Backing-Band aus den Mitgliedern der →Lee Perry-Studioband "The Upsetters" nach dem Ausscheiden von →Peter Tosh und →Bunny Wailer mit Aston "Family" Barrett (b), Carlton Barrett (d), Junior Murvin (lead-g), Al Anderson (rhythm-g) und Tyrone Downie (k) in eine hochkarätige Instrumentalistenband, die nach dem Tode Marleys ihren gigantischen Erfolg allerdings in keiner Hinsicht fortführen konnte.

Wailing Souls →Roots-Reggae-Gesangstrio, das vornehmlich mit →Sly & Robbie als Background-Band Ende der 70er und Anfang der 80er routiniert eingespielte Alben produzierte.

Wainwright, Loudon III konnte die eindringliche Atmosphäre seiner Konzerte, auf denen er mit gefühlvoller, trauriger oder auch gellender Stimme eingängige amerikanische →Folk-Songs vortrug, seit 1970 nie so richtig auf Platte bannen.

Waits, Tom Der Amerikaner mit der rauchig-versoffenen Stimme und ebensolchem →Image wurde seit den Mittsiebzigern zur Kultfigur. Anfangs musikalisch sehr karg, entwickelte sich die Begleitung zu seinen frustrierten und oft autobiographischen Texten erstaunlich. Als Filmmusik-Lieferant und Schreiber für u.a. →Rod Stewart wird bis in die 90er immer gefragter.

Wakelin, Jonny 1976 einziger Stampf- und Mitgröhl-Hit "In Zaire".

Wakeman, Rick Nach seinem Ausstieg bei den →Strawbs und →Yes (1974), denen er später jedoch immer wieder aushalf, lieferte der britische Keyboarder mit eigener Rock-Band →Konzept-Alben ab; anfänglich auch unter virtuosem Einsatz damals neuester elektronischer Tasteninstrumente. Nach abnehmendem Erfolg in den 80ern verlegte er sich in den 90ern auf armseliges →New Age-Geklimper.

Walkabouts, The Leicht schwammiger, gitarrendominierter →Folk-Rock aus Seattle (90er).

Walker Brothers 1963 in Kalifornien gegründetes Trio; von 1965 bis 1967 mit Pop-Songs (z.B. "The Sun ain't gonna shine Anymore") vor allem in England sehr erfolgreich; 1975 und 1981 Comebackversuche.

Walker, Joe Louis Moderner →Blues mit →funky Rhythmus und →gospelverwandter Stimme, ähnlich →Robert Cray (90er).

Walker, T-Bone Einer der ersten →Blues-Musiker, der in den 40ern eine elektrische Gitarre einsetzte (zu →Big Band-orientierten Bläsern) und mit →jazzigen Soli Vorbild für unzählige Nachfolger wurde.

Wall of Voodoo, 1979 in Hollywood gegründet, verbanden komplexe Synthesizer-Rhythmik mit →Country-Gitarren und skurrilen Texten - nasal/→new-wavig mit extrem amerikanischen Akzent vorgetragen von Stan Ridgeway, der 1983 eine erfolgreiche, düster Country-orientierte Solokarriere (Hit "Camouflage", 1986) startete. Die Band lieferte mit neuem Sänger noch zwei Platten in bekannter Qualität.

Wallenstein 1971 harter Rock mit →Klassik-Versatzstücken, ab 1978 →Mainstream-Pop-Rock ("Charline") aus Deutschland.

Wallflowers, The klimpern ab Anfang der 90er in abwechslungsreicher Anlehnung an amerikanischen →Folk-Rock vor sich hin; ob das ohne Beteiligung des →Bob Dylan-Sohnes Jakob zu vermarkten wäre?

Walsh, Joe Das kanadische Ex-Mitglied von →James Gang und →Brainstorm war ab 1975 Mitglied der →Eagles und veröffentlichte nebenher auch Soloplatten zwischen →Country, →Folk und →Hardrock.

Waltari Finnische Band, die mit einer sehr abenteuerlichen Mischung aus →Reggae, →Heavy-Metal, →Punk, →Hip Hop, →Funk, →Techno und vielem mehr als →Crossover-Band der 90er Anerkennung fand.

Waltons Deutsche Band der 90er, die →Country-Melodien mit →Heavy-Metal-Gitarren untermalt.

War Das vornehmlich schwarze Septett aus Amerika gab Ende der 60er trefflich →funkig und →soulig den Background für →Eric Burdon; alleine hatte es die knackige →live-Band nicht immer leicht, bis die →Disco-Mode endgültig den Einbruch besiegelte.

Warlock wurden ab Mitte der 80er um ihr Aushängeschild, die Sängerin Doro Pesch, zur wichtigsten deutschen →Heavy-Metal-Band neben den →Scorpions und →Accept; eine wenig originelle Mischung aus harten Gitarren, englischen Schüttelreimen und Pseudo-Mystik (nicht gerade gekonnt vorgetragen von Doro), Mitgröhl-Refrains und Schmalz-Balladen (letztere in Deutsch). Nach vier LPs macht →Doro solo weiter.

Warlord Melodiöser amerikanischer →Heavy-Metal der 80er.

Warnes, Jennifer lieh ihre klare, ausdrucksstarke Stimme verschiedenen Filmmusik-Titeln (→Dirty Dancing, 1987) und eigenen Pop-Projekten. Aber gelungen klang es nur auf dem außerordentlichen 87er-Album mit →Cohen-Songs.

Warrant Die Amerikaner konnten im →Hardrock→Mainstream ab Ende der 80er vor allem in Amerika Erfolge feiern ("Cherry Pie" `90) und wenden sich Mitte der 90er nach Umsatzeinbußen textlich sozialkritisch →Alternative-Einflüssen zu.

Warren G. klingt, durch den gleichen Produzenten (→Dr.Dre) wie →Snoop Doggy Dog, auch recht ähnlich: langsame →Hip Hop-Beats, entspanntes →Rapping und leicht →"jazzig" angehauchte Arrangements verhalfen dem Amerikaner 1994 zum Hit ("Regulate").

Warrior Soul Amerikanische →Hardrock/→Heavy-Metal Gitarrenarbeit der 90er mit →punkiger Rotzigkeit verbunden brachte gute Kritken aber keinen Verkaufserfolg.

Warwick, Dionne Farbige amerikanische Sängerin, die vornehmlich →soulige Balladen, oft technisch differenziert, mit weicher melodiöser Stimme singt. Nach Erfolgen in den frühen 60ern, ständig präsent und in den 80ern wieder kleinere Hits ("Heartbreaker").

Was not Was Um den Multiinstrumentalisten und Produzenten Don Was entstandenes amerikanisches Projekt mit sanften Schlagern und gleichförmigem Pop, aber auch →Funk ("Hello Dad... I`m in Jail") unter häufiger Mitwirkung von artfremden Gastmusikern (z.B. →Ozzy Osbourne); größter Hit: die →Temptations-Nummer "Papa was a Rolling Stone" 1990.

Washington, Dinah Von →Lionel Hampton geförderte Sängerin mit →Blues und vor allem starkem →Gospel-Feeling. Wegbereiterin des →Soul mit großen Erfolgen in den 50ern; die "Queen of Blues" starb 1963 und wird in einer Jeanswerbung der 90er erfolgreich weitervermarktet ("Mad about the Boy").

Washington, Groover Trompeter, der so harmlos bläst, daß er dem →Jazz nur noch äußerst bedingt zugeordnet werden kann.

Wasserman, Rob Amerikanischer Bassist, der ab 1988 für seine Projekte "Duets" und "Trios" bedeutende Rock-Größen zu teilweise experimentellen Klängen ins Studio holte (→Aaron Neville, →Rickie Lee Jones, →Lou Reed, →Jerry Garcia u.v.m.). Heute bei →Bob Weir.

Watchtower Extreme Interpretation des →Progressive-Metal: sehr komplizierte Songstrukturen in Rhythmik, Harmonie und Ablauf und sehr aufgesetzt wirkende sozialkritische Texte lassen wirklichen Gesangsmelodien keinen Platz - daher wahrscheinlich der häufige Sängerwechsel; Jason McMaster (erste LP) ging zu →Dangerous Toys, Alan Tecchio (zweite LP) zu →Non Fiction. Von der 1982 in Amerika gegründeten Band hört man seit Anfang der 90er nichts mehr.

Wately, Jody Farbige amerikanische Sängerin mit einigen →Dance-Pop-Hits in den 80ern ("I`m looking for a New Love").

Waterboys, The Irische →Folk-Rocker, die ab Mitte der 80er inspiriert in Melodie und Instrumentenwahl (LP "Fishermans Blues", 1988) daherkamen, bevor sie in den 90ern härter und gitarrenlastig an Ideen einbüßten.

Waterloo & Robinson Östereichisches schlagerlastiges Popduo der 70er ("Hollywood").

Waters, Muddy Als einer der ersten Vertreter des →Chicago-Stils der 50er Jahre reicherte er den →Country-Blues mit dem Drive der Großstadt und dem Klang der E-Gitarre (→Slide) an. Mit seinem nervösen Gitarrenspiel Vorbild für etliche weiße Bands (→Butterfield, →Winter, →Bloomfield). Seine majestätische Stimme, die durch den Verstärker messerscharf wurde, und seine erotischen Songs machten ihn zum bekanntesten Blueser aller Zeiten. Es gibt so gut wie keine Blues- oder Rockband, die nicht einen seiner Hits ("Hoochie-Coochie-Man") im Repertoire hat, und sein "Rolling Stone Blues" gab einer bekannten Band und einer bekannten Zeitschrift den Namen; 1983 gestorben.

Waters, Roger Der ehemalige Bassist, Sänger und Komponist einfallsreicher einfacher Melodien der →Pink Floyd hatte es nach 1984 ("The Pros and Cons of Hitch Hiking") mit anfangs seltsam unausgereiften, düsteren Konzeptalben bis in die 90er nicht einfach ("Amused to Death").

Watson, Johnny Guitar Vor allem →live, toller →Blues-Gitarrist und Sänger ab Mitte der 60er, später mit →Souleinfluß; 1996 gestorben.

Watts, Charlie Schlagzeuger der →Rolling Stones, mit →Big Band-Sound auf Soloplatten seit Ende der 80er.

Watts, John (g, v) Kopf der →Fischer Z mit einer Solo-LP.

Weather Girls, The Das amerikanische leibesfüllige Damen-Duo hatte Anfang der 80er mit "It`s raining Men" einen seither regelmäßig →remixten →Dance/→Soul-Hit.

Weather Report →Fusion-Band 1971-1985 um Joe →Zawinul (k) und Wayne Shorter (s).

Weatherall, Andrew Kopf der Gruppe und des gleichnamigen →Labels "Sabres of Paradise", die Anfang der 90er mit exzentrischem →Techno begann und anschließend in Richtung →Dub und →Ambient steuerte; auch als Solokünstler und →Remixer gefragt.

Weavers, The Amerikanische →Folk-Gruppe; 1950 Hiterfolg mit der →Leadbelly-Nummer "Goodnight Irene".

Webb, Jim (v, k) Enorm erfolgreicher Songschreiber für u.a →Barbra Streisand, →Frank Sinatra (60er); die →Fifth Dimension und die →Supremes betreute u.a. er bis in die 70er. Seine oft langen, im →Soul verwurzelten Stücke interpretierte er in den 70ern mit einem Hauch von Rock auch selbst.

Webb, Stan ('s Chicken Shack) brachte ab 1967 wechselhafte →Blues- oder Rock-Scheiben heraus. Anfangs mit dümmlichem Bühnengeprotze, ständig wechselndem Personal und später gelegentlich wirklich gekonnt, hört dem Engländer in den 90ern kaum noch jemand zu.

Wecker, Konstantin Der Münchner Barde und elegische Pianist mit der kraftvollen Knödelstimme hat mit engagierten Songs seit 1974 Erfolg. Kammermusikalisch oder →jazzig begleitet bleibt das Niveau, wo der Neuigkeitswert beträchtlich sinkt.

Weezer Amerikaner, die Mitte der 90er mit einer Mischung aus →Beach Boys-Gesang und →Grunge-Gitarren einen großen Hit landen konnten ("Buddy Holly").

Weir, Bob (Rhythmus-)Gitarrist und einer der Sänger der →Grateful Dead - stets mit eigenen Rock-Nebenprojekten; nach dem Ende der Dead mit "Ratdog" vorerst deren Nachlaßverwalter (→Rob Wasserman, b).

Weller, Paul Nach dem Ende seiner Bands →The Jam und →Style Council machte der Sänger, Gitarrist und Songschreiber Anfang der 90er solo zuerst mit sanftem Pop und zebrechlich wirkender Stimme weiter - Mitte der 90er →bluesig angehaucht und gitarrenlastig mit kräftiger Stimme ("Peacock Suit").

Wells, Junior Der Anfang der 90er wohl beste →Blues-Mundharmonika-Spieler Chicagos; stark beeinflußt von →Little Walter, aber weniger stimmvariabel.

West, Leslie Der Gitarrist, Sänger und Hauptakteur der →Mountain veröffentlichte 1969 und 1975 Soloplatten in typischem →Hardrock→Blues-Stil; (1972-1974 West, →Bruce and Laing).

Westbam Seit Mitte der 80er tummelt sich der deutsche →Disc-Jockey, Interpret und Produzent auf der Szene und gilt als der Miterfinder und Übervater des deutschen →Technos.

Westbrook, Mike (p) Erneuernder englischer →Jazzer, der z.B. das →Beatles-Album "Abbey Road" 1990 vollständig und gelungen neuinterpretierte.

Westcoast-Sound Ungenauer Begriff für Bands der amerikanischen Westküste (vor allem Mitte der 60er) weil er vom →Folk und →Beat über diverse Experimente bis zum →psychedelischen Rock reicht. Meist ist jedoch leichte verspielte, "sonnige" Musik gemeint.

Westermann, Floyd Der Indianer begann in den frühen 60ern seine Themen in →Country-Songs vorzutragen und ist inzwischen als Schauspieler erfolgreicher.

Westernhagen, Marius Müller Deutscher Sänger, Schauspieler und Songwriter (erste LP 1975). Mit rauher, fast tonlos-kratziger Stimme sang er sich zwischen Piano-Ballade ("Freiheit") und heftigem Rock ("Sexy") an die Spitze der deutschen Interpreten der 90er. Textlich immer seltsamer und musikalisch stets auf ausgetretenen Pfaden mit beständigem Erfolg.

Wet Wet Wet Britische Band ab den 80ern mit →Soul und Pop. Sauber gespielt und gesungen, allerdings kommerziell, blutleer bis fürchterlich schmalzig und mit konstantem Erfolg bis in die 90er ("Love is All Around").

Wet Willie In den 70ern mit →Blues- und →Country-beeinflußtem Rock einige Hits aus Amerika.

Wetton, John Englischer Sänger, Bassist und Gitarrist; Mitte der 70er kurz bei →Uriah Heep, ab 1977 Mitglied der →U.K., ab 1982 bei den Bombast-Rockern von →Asia.

Wham! Das englische Pop-Duo startete Anfang der 80er →Rap-orientiert ("Wham Rap", "Young Guns") und löste sich Mitte der 80er nach Schmalz-Balladen ("Last Christmas", "Careless Whisper") auf der höchsten Höhe des Erfolges auf, um so ihrem schlechten Plattenvertrag zu entkommen. →George Michael macht solo weiter.

White, Barry Amerikanischer Schmuse-Sänger mit →soulig-rauchigem, bemerkenswert männlichem, tiefem Sprechgesang, in den 70ern auch mit →Disco-Erfolg.

White, Booker "Bukka" (1906 -1977). Harter →Country-Blues aus Memphis, geprägt von langjährigem Gefängnisaufenthalt. Rauhe intensive Stimme, begleitet von rhythmischer →Slide-Gitarre, die die Eisenbahn (als Symbol der Freiheit) imitiert.

White, Jack Deutscher Hitproduzent, der Meilensteine wie Tony Marshall oder →David Hasselhoff betreute.

White Lion Amerikanischer, melodiöser →Hardrock mit leicht nasalem Gesang (Mike Tramp) und poppigen Balladen ("When the Children cry"). Der Sänger machte, nach Auflösung der Band, Anfang der 90er mit erdigerem Sound unter dem Namen "Freak of Nature" weiter.

White Noise Britische Rock-Band mit wilden Elektronik-Effekten in den späten 60ern.

White, Tony Joe Der amerikanische Sänger (mit rauher Stimme) und Gitarrist veröffentlichte ab 1968 Platten. Gestartet mit →Country und →Folk, war er schnell mit auffallend erdiger Rock-Begleitung erfolgreich; Versuche, seine Musik zu glätten, scheiterten, und White kehrte wieder zu seinen Folk-Wurzeln zurück. Seine Songs wurden z.B. von →Elvis Presley oder →Tom Jones erfolgreich gecovert.

White Zombie Die amerikanische Band um den Sänger Rob Zombie konnte mit schmuddeligem Outfit, harten →Heavy-Metal-Gitarren, →Samples und dreckigem Gesang eine abgefahrene Mischung hinlegen und feiert damit seit 1992 große Erfolge.

Whitesnake Ex→Deep Purple Sänger David Coverdale knödelte eingängig ab 1978 zu bluesigem →Hardrock zweideutige Texte ("Slide it in"). Mit der LP "1987" hatte die Band ihren bisher größten, etwas poppigen Erfolg ("Is this Love?"). Coverdale legte die Band in den 90ern kurzzeitg still, um mit →Jimmy Page zu arbeiten.

Who, The artikulierten 1965 mit "My Generation" oder "Substitute" den Frust der britischen Arbeiterklasse und waren in ihren brachialen Bühneshows die Zertrümmerer von Musikinstrumenten schlechthin. Pete Townshend (Komponist, Gitarrist und Sänger), Roger Daltrey (mit etwas nasaler, schnörkellos-kraftvoller Stimme), Keith Moon (druckvoll effektiv und virtuos am Schlagzeug) und John Entwistle (b, v) erzielten mit ihrem geraden, harten, aber nie einfallslosen Rock(`n'Roll) in lauten, furiosen Bühnenshows (als erste mit infernalischen Rückkopplungseffekten) weltweit bis in die späten 80er Erfolge (z.B. in →Woodstock oder 1989 mit ihrer zweiten "allerletzten" Abschiedstournee durch 25 US-Städte). Auch die bisher vielleicht beste →Rock-Oper "Tommy" (1969 als LP und 1974 als Film) geht neben manch intelligenten Scheiben auf ihr Konto. Empfehlenswert britisch!

Widowmaker Der Sänger Dee Snider macht nach der Auflösung von →Twisted Sister Ende der 80er solo etwas härter und erfolglos weiter.

Wilde, Kim, aus Großbritannien, hatte mit etwas schriller Stimme 1981 ihren ersten, →New Wave-angehauchten Hit "Kids in Amerika"; bis in die 90er mit weiteren eingängigen Pop-Songs erfolgreich ("Cambodia", "Chequered Love").

Wilfried Seit den frühen 80ern will dem österreichischen Mundartrocker trotz soliden Fundaments der Durchbruch nicht gelingen.

Williams, Hank Sänger und Gitarrist des amerikanischen →Country. 1953 29jährig gestorben; unzählige Hits ("Jambalaya", "I`m so Lonesome, I could cry"); war glaubwürdiges Vorbild und ungeheuer einflußreich (z.B für →Bob Dylan).

Williams, Hank jr. Sohn des obengenannten und seit den 70ern ein bekannter →Country-Interpret mit Hang zum Rock.

Williams, John Lee (oder Big Joe Williams) 1935 erscheint sein Erfolgstitel "Baby, Please don't go" mit typisch eindringlicher Stimme und ungewöhnlicher 9-Saiten-Gitarre. Der bis in die 80er bedeutende →Country-Bluesman verarbeitete auch politische Ereignisse ("Blues for Martin Luther King").

Williams, Paul war bis 1971 bei den →Soul-Vocalisten →The Temptations; er starb 1973.

Williams, Robert Peter (1914 -`80). Sein →Blues ist stark vom Leben im Gefängnis und der Sehnsucht nach Freiheit geprägt; er beeindruckte mit "Angols Prisoner's Blues" als einer der wichtigsten →Country-Blues-Musiker Louisianas.

Williams, Tony Eigenwilliger Schlagzeuger des →Jazz (u.a. bei →Miles Davis), vor allem der →Fusion, mit seltenen Ausflügen in den →Free Jazz.

Williams, Vanessa Schwarze amerikanische →Soul-Sängerin, 1991 internationaler Hit "Save the Best for Last", sonst eher in den USA erfolgreich.

Williams, Wendy O. →Plasmatics.

Williamson, Chris Seit den 70ern die →Joan Baez der Lesbenbewegung in Amerika.

Williamson, Sonny Boy (I) war in den 30ern und 40ern der meistgefragte Mundharmonikaspieler und wurde durch viele Plattenaufnahmen berühmt: "Early in the Morning", "Blue Bird Blues". Er und →Big Bill Broonzy wurden zu Vaterfiguren des →Chicago-Blues.

Williamson, Sonny Boy (II) Durch das →Blues-Revival der 60er populär gewordener Mundharmonika-Virtuose der Extraklasse, der mit großartiger Technik Harmonie zwischen seinem Instrument und seiner Stimme herstellte und wie kaum ein anderer die junge Blues-Generation beeinflußte. Seine Hits wie "Help me", "Nine Below Zero", "Bring it on Home", "Born Blind", "Don't start me to talking" oder "Checkin on my Baby" wurden nicht nur gecovert, sondern machten andere berühmt, z.B. →Eric Burdon oder die →Yardbirds.

Wilson, Brian Der Kopf der →Beach Boys versucht nach erheblichen persönlichen Problemen Mitte der 90er wieder einmal zu beweisen (zusammen mit →Van Dyke Parks), daß in ihm der geniale Pop-Künstler steckt, ohne daß sich das (außer für Fachleute) besonders aufregend anhört.

Wilson, Cassandra →Jazz-Sängerin, die ab Ende der 80er verstärkt versucht, ihr Können zurückzuhalten, um endlich auch im Pop Anklang zu finden.

Wilson, Delroy Begabter Sänger der späten →Ska-Ära und des →Rock Steady. Kreierte unter wechselnden Produzenten zu jener Zeit eine Vielzahl exzellenter jamaikanischer Hits. In den 70ern mit →Roots- und →Lovers-Reggae vermindert erfolgreich.

Wilson, Jackie Amerikanischer farbiger Sänger zwischen →Rhythm & Blues und →Soul in den späten 50ern und 60ern mit hoher leicht quäkender Stimme; zahlreiche Hits wie "Reet Petite". Erlitt auf der Bühne einen Schlaganfall und starb nach langer Krankheit 1984.

Winger Die amerikanische Band um den Ex→Alice Cooper-Gitarristen Kip Winger bot eingängige auf hartem Rock basierende Songs und hatte damit Anfang der 90er Erfolge in Amerika. Die Gruppe wurde Opfer des anrollenden →Alternative-Rocks.

Wings Die Band um →Paul McCartney und seine Frau Linda in den 70ern.

Winter, Edgar (v, s, k) konnte im Schatten seines Bruders →Jonny Winter mit →Jazz- und →Soul-angehauchtem Stilmix in den 70ern einen bescheidenen Erfolg erlangen.

Winter, Johnny →Blues-besessener amerikanischer Albino, der exzessiv, schnell und flüssig auf der Gitarre und mit knarrigem Gesang ebenso stilsicher abstürzen konnte, wie er zuerst Anfang der 70er mit starkem →Rock`n'Roll-Einschlag und ab den 80ern mit virtuosem Blues-Rock auch Puristen ansteckte.

Winwood, Steve (v, k, g, b, h) kam von der →Spencer Davis Group und →Traffic, gastierte bei →Blind Faith, →Ginger Baker und reformierte erneut Traffic, bevor ihn nach langer Krankheit ab 1977 gefälliger, sorgfältig produzierter Pop-Rock in die (vor allem amerikanischen) Hitlisten eintrug; dominiert von seiner hellen Stimme.

Wipers 1977 in Amerika gegründete →Independent-Gitarrenband um den Sänger Greg Sage; wichtiger Einfluß auf die spätere →Alternative-Szene (→Nirvana) und 1996 (LP "The Herd") noch aktiv.

Wire 1976 -`79 minimalistisch düstere →Punker aus Großbritannien; auch mit psychedelischen Synthesizer-Einlagen und Hang zur experimentellen Anarchie.

Wishbone Ash Eigentlich boten die Engländer ab 1969 einfachen Gitarren-Rock - wären da nicht die zwei trickreich ineinander verschränkten Gitarren (Andy Powell, Ted Turner - ab 1974 Laurie Wisefield) und die harmonischen hellen Gesänge, der →live und mit komplexem Gruppensound Mitte der 70er überzeugte und erfolgreich war. Aus reiner Spielfreude gibt es die Gruppe mit ständigen Umbesetzungen und Stilwechseln (bis ins →Heavy-Metal-Genre) in den 90ern immer noch.

Wishful Thinking Melodiöse britische Band Anfang der 70er mit abwechslungsreichen Pop-Songs ("Hiroshima" wurde lange nach Auflösung der Band ein Hit; später auch für →Sandra).

Withers, Bill Schwarzamerikanischer Sänger mit sanfter Stimme und Gitarrist zwischen entspanntem →Folk und →Soul, hatte 1971 den Durchbruch mit "Ain't no Sunshine"; kurzes Comeback Anfang der 90er.

Witherspoon, Jimmy Amerikanischer Pianist ab Mitte der 60er. Übernahm den →Blues-Stil von →Jay McShawn und →Jimmy Rushing.

Witt, Joachim Bizarres Auftreten, monotone Songs - mal düster, mal heiter - machten ihn Anfang der 80er zu einem wichtigen Vertreter der →Neuen Deutschen Welle ("Goldener Reiter", "Herbergsvater").

Wobble, Jah Der britische Ex→Public Image-Bassist und Multiinstrumentalist mischt seit Anfang 1990 mit Anleihen aus →World Music, →Reggae und →Avantgarde einen eigentümlichen →Dancefloor-Sound; (d und b gerne von →Can-Musikern).

Wolf, Peter Sänger der →J. Geils Band ab 1984, vielseitig und dennoch farblos solo.

Womack & Womack Cecil Womack begann 1983 unter Einbeziehung seiner Familie mit entspanntem Pop→Soul ("Teardrops").

Womack, Bobby Der farbige Amerikaner startete 1971 nach den "Womack Brothers" mit →Rhythm & Blues und →Gospel-geschulter Stimme und ist bis heute mit z.T. →funkigem →Soul unterwegs ("That`s the Way I feel About `cha", "Womans got to have it").

Wonder, Steve Der blinde, schwarze amerikanische Pianist und Sänger (hohe, nasale, oft weinerliche, stets äußerst modulationsfähige Stimme) verstand es, schon als Jungstar (Mitte der 60er bei →Motown) Klassiker des →Soul abzuliefern. Sein bis heute großer und größter Erfolg liegt in der Fähigkeit, trotz manchmal überdrehter Song- und Sound-Basteleien selbst banales Material genial in umwerfenden Pop zu verwandeln. Das hatte vor allem in den 70ern frappante, aber glaubwürdige Breitenwirkung.

Wonderstuff, The Ab Ende der 80er bis 1993 simple, eingängige Pop-Melodien auf Gitarren-Rock-Basis aus England mit einiger Bekanntheit in →Underground-Kreisen.

Wood, Mark →Mainstream→Heavy-Metal, in dem die sonst üblichen Gitarrenfieseleien durch ähnlich klingende Elektro-Geigen-Töne ersetzt werden (Anfang der 90er).

Wood, Ron Rhythmusgitarrist der →Jeff Beck Group, →Small Faces und schließlich (1975) →Rolling Stones.

Woodstock Erstaunlich friedliches Konzertereignis 1969 in Amerika angesichts der chaotischen Tatsache, daß ca. 350.000 Besucher zuviel anreisten. Ein immens erfolgreicher Film dokumentiert das →Hippie-Lebensgefühl mit Musik von →Jimi Hendrix, →Santana, →Joe Cocker, →Who, →Ten Years After, →Jefferson Airplane, →Canned Heat, →Richie Havens u.v.a. z.B. →Grateful Dead (nicht auf den zugehörigen LPs).

Working Week Die Ende der 80er um Larry Stabbins (s, f, k, electronics) und Simon Booth (g) in England formierte Band lieferte einige Jahre →Dancefloor bester Prägung: z.B. "Black & Gold" 1991 - perfekt produzierte Nummern von →Soul bis etwas →Jazz und mit ausdrucksstarkem weiblichen Gesang.

World Music Wegen der Fülle des Materials genauso wenig erhellend wie →Ethno-Musik. Ein Begriff, der die Verwendung von traditionellen, länderspezifischen Elementen meint, die nicht der anglo-amerikanischen Pop- und Rock-Kultur zuzuordnen sind (Afrikanische Rhythmik oder →Rai z.B.).

World Party Flotter britischer Pop mit vielfältiger Instrumentierung und teils sozialkritischen Texten seit Ende der 80er ("Ship of Fools").

Wray, Link Indianischer Gitarrist, der ab 1958 Instrumentalplatten veröffentlichte. Er gilt als Pionier des modernen Gitarrensounds mit Rückkopplungen und verzerrten Gitarren.

Wright, Gary Der Amerikaner war von 1967-`70 Sänger der →Spooky Tooth. Als seine Solokarriere scheiterte, stieg er von 1973 -`75 noch einmal bei der Band ein; 1975 hatte er dann seinen Solo-Hit mit dem Soft-Pop-Stück "Dream Weaver".

Wu-Tang-Clan →Hip Hop der amerikanischen Ostküste. Seit Anfang der 90er mit korrektem Clan→Image in der Szene sehr gefragt.

Wyatt, Robert (v, k, d) Von 1966 -`71 Mitglied der britischen →Soft Machine; danach →jazzige Solo-LPs, Mitte der 70er Hits mit Coverversionen von "I`m a Believer" und "Yesterday Man".

Wylde, Zakk Ehemaliger Gitarrist von →Ozzy Osbourne; nuschelte 1994 (damals noch unter dem Namen "Pride & Glory") zu einigermaßen melodiösen →Heavy-Metal-Klängen und 1996 zu konventionellem Rock.

Wyman, Bill Bis 1995 Bassist der →Rolling Stones.

Wynette, Tammy hatte mit typischem →Country-Geheule zahlreiche Hits in Amerika ("Stand by your Man" 1969) und war vor einigen Jahren auf einer →Dancefloor-Single zusammen mit →KLF zu hören.

XIT Indianische Rockgruppe, die in den 70ern mit simplem Rock oder anklagenden Balladen vergeblich auf die Unterdrückung der nordamerikanischen Ureinwohner aufmerksam machen wollte.

XTC Trickreiche, freche →New Wave-Engländer, die ihren genialen, eckigen Gitarren-Pop ab Ende der 70er in immer verschachteltere und weniger griffige Produktionen hineinexperimentierten.

Y & T (Yesterday & Today) Ende der 70er mit brachialem →Heavy-Metal gestartet, Anfang der 80er bereits zu →Hardrock abgeschliffen.

Yamashta, Stomu Vor allem in den 70ern konnte der Keyboarder und Percussionist aufgeschlossene Rockmusiker (→Winwood, →Manzanera) um sich scharen, für die klanglich sphärische Experimente oder kruder →Jazz noch →avantgardistisch neu waren.

Yankovic, "Weird Al" Ab den Mitte der 80er Parodien auf jeweils aktuelle Musik der Amerikaner von →Madonna, →Michael Jackson bis →Nirvana.

Yardbirds Typischer, früher englischer →Blues (vornehmlich mit →Cover-Versionen amerikanischer Klassiker) Anfang der 60er zuerst mit dem Gitarristen →Eric Clapton, dann →Jeff Beck, der wiederum von Jimmy Page (vormals am Baß; →Led Zeppelin) abgelöst wurde. Nachdem die Gruppe nicht zuletzt mit den →Rolling Stones nicht mithalten konnte, startete der Sänger Keith Relf 1968 →Renaissance. Mitte der 80er starteten "Box of Frogs" eine sehr gekonnte, allerdings nicht besonders zeitgemäße Neuauflage der →Yardbirds mit →Jeff Beck als Gast und ohne den inzwischen verstorbenen Sänger Keith Relf.

Yazoo Die leicht →soulige Stimme von Alison Moyet und der abgefahrene Synthesizer-Sound von →Vince Clark (Ex→Depeche Mode; später →Erasure) ergaben von 1981-1983 ein erfolgreiches englisches Pop-Gemisch ("Don't go"). Moyet machte nicht ohne Niveau, doch etwas konventioneller solo weiter.

Yello Schweizer Projekt (Boris Blank, Dieter Meier und Carlos Peron, 1982 ausgeschieden), das ab 1980 in Collagen-Technik tanzbare Elektronik-Musik mit Sprechgesang kombinierte. Einfallsreich und mit Versatzstücken aus allen möglichen Klangbereichen →Discotheken-Knaller der 80er sowie Vorreiter für →House oder →Techno ("Oh Yeah", "The Race").

Yellow Magic Orchestra 1978 in Japan gegründetes Elektronik-Trio mit bizarrer Collage aus Synthesizer-Klängen, →Disco und Fernost-Folklore. Nach Erfolgen vor allem in Japan und England, 1983 aufgelöst. Ryuichi Sakamoto wurde daraufhin durch symphonisch-fernöstliche Filmkompositionen ("Der letzte Kaiser" 1987) bekannt und versucht bis heute einzelne Aspekte der oben genannten Klangwelten weiterzuspinnen.

Yellowman Der Albino verdient in der Sparte Deejay→Toasting besondere Beachtung aufgrund seiner in Jamaica ungeschlagenen Plattenumsätze (mit →Slackness-Lyrics vor allem in den 80ern); danach durch Kokainmißbrauch erheblich verminderte Kondition.

Yes 1968 in London entstandenes Quintett um den Bassisten Chris Squire und den Sänger in extrem hoher Lage Jon Anderson. Die Schlagzeuger →Bill Bruford, Alan White, die Gitarristen Peter Banks, Steve Howe, →Trevor Rabin, der Produzent →Trevor Horn, die Keyboarder Tony Kaye, →Patrick Moraz und vor allem der auffallend progressive, von den →Strawbs abgewanderte →Rick Wakeman sorgten für immensen Erfolg im →Art Rock der 70er für den sie stilbstimmend sind. Bis zum Septett erweitert, konnten Yes mit verschachteltem Rock, komplexen Groß-Kompositionen und virtuosem Können jederzeit bis in den Pop der 80er ihre Fans überzeugen. Abspaltungen wie "Anderson Bruford Wakeman Howe" klingen allerdings stark nach Altherren-Club.

York, Pete Virtuoser, allerdings phantasieloser Schlagzeuger, der seit den 60ern bei verschiedenen Projekten trommelt.

Yothu Yindy In den 90ern weltweit mäßig bekannte einfache →Folk-Pop-Truppe mit geringen heimatlichen (australischen) →Ethno-Einflüssen.

Youlden, Chris Starker →Bluesrock-Sänger bei den frühen →Savoy Brown und mit Solo-LPs Anfang der 70er.

Young, John Paul Australischer Sänger und Songwriter mit zwei →Disco-Hits in den 70ern: "Love is in the Air" und "Standing in the Rain".

Young, Lester Stilbildender Saxophonist des →Jazz (30er Jahre) mit sowohl unerhört trockenem wie empfindsamem und höchst einfallsreichem Spiel.

Young, Neil 1945 in Toronto geborener Sänger, Gitarrist und Songwriter. Vom →Folk-Rock kommend (→Buffallo Springfield oder →Crosby, Stills...) versuchte sich Young ab 1969 solo (mit oder ohne Begleitband "Crazy Horse") in verschiedensten Stilen wie z.B. →Rockabilly ("Everybody`s rockhin'") oder elektronischem Rock ("Trans"). Sein Hauptschaffen lag aber immer im Folk: →Country mit eingängigem, starkem Songwriting (z.B. "Like a Hurricane" oder "Heart of Gold") mit nasal weinerlicher Stimme gesungen. Da er seine Musik gerne mit schrägem Gitarren-Lärm garnierte ("Freedom"), wurde er auch zu einer Art geistigen Vaters der 90er→Grunge-Szene (1995 zusammen mit →Pearl Jam "Mirrorball").

Young, Paul Im →New Wave der späten 70er debutierte der kraftvolle Sänger mit melodiöser, etwas trockener Stimme bei "Sad Cafe" und bei den "Q-Tips", um sich ab 1983 solistisch in der ganz großen Pop-Gesangskunst zu üben ("Love of the Common People"). Den Sprung in die Extraklasse verhinderte aber eine Stimmband-Erkrankung, die ihn bis in die 90er zwingt, schlapper zu intonieren.

Young Rascals, The →The Rascals.

Youngblood, Sidney Der farbige →Soul/→Dance-Sänger mit der Froschstimme wartet nach seinem Erfolg "If Only I Could" Ende der 80er bisher vergeblich auf einen weiteren.

Youngbloods, The In den 60ern hatte die Bostoner Band einige Hits zwischen →Country und →Beat in Sachen Hippie-Romantik ("Grizzly Bear", "Get Together"); 1973 war ihre Zeit vorbei.

Zappa Frank (g,v, 1940 -1994) reihte mit seinen Mothers of Invention (1964 -`70) in oft schrillster Collagen-Technik Rock- und →Jazz-Versatzstücke in atemberaubendem Tempo und wildesten Brüchen aneinander. Parodistische Harmoniegesänge zogen mit wilder Schock-Gebärde und aberwitzigen Solo-Einlagen gegen den American Way of Life zu Felde. Mit wechselnden, jedoch stets virtuosen Musikern näherte er sich in den 70ern konventionelleren Rock-Gefilden, ohne seine abrupten Wechsel und parodistischen Einlagen wesentlich zu vernachlässigen (drei Hits auf "Sheik Yerbouti", 1979). Nach seinen karrierelangen Streitigkeiten mit Managern und Plattenfirmen schüttete Zappa in den 80ern eine derart ungeheuerliche Menge seiner früheren Konzerte und neueren Versuche mit dem elektronischen Synclavier ("Jazz from Hell", 1986) auf den Markt, daß zwischen endlosen Wiederholungen, verschrobenen Belanglosigkeiten und raffinierten Meisterwerken in höchst komplexer Spielweise eine Frage nicht mehr zu beantworten war: Genie oder Scharlatan? Genie! fand 1993 das Frankfurter "Ensemble Modern" und setzte zusammen mit Zappa einen symphonischen "Yellow Shark" um, bevor der Meister 1994 an Krebs verstarb.

Zawinul, Joe Österreichischer →Jazz→Keyboarder; besonders erfolgreich mit der →Fusion-Gruppe Weather Report in den 70ern.

Zed Yago Deutscher →Heavy-Metal um Jutta Weinhold Ende der 80er.

Zeltinger Kölschsprachiger teils heftiger Rock seit Mitte der 70er ("Asi mit Niwoh").

Zephaniah, Benjamin Einer der jüngeren Vertreter in der Gilde der →Dub-Poeten und Gastmusiker bei →Bomb The Bass Anfang der 90er.

Zephyr Band um den Gitarristen →Tommy Bolin (`70 -`72).

Zevon, Warren aus Chicago; hatte mit →Folk- und →Blues-beeinflußtem Rock in den 70ern einige Hits (z.B. "Werewolfes of London") und war auch als Musiker für die →Everly Brothers und als Songautor für →Linda Ronstadt tätig.

Zion Train Eigentümliche Mischung aus schwergewichtigem →Dub und →Techno mit Marihuana-Texten seit Mitte der 90er.

Zombies, The Engländer mit sanftem, verzwicktem →Beat in den frühen 60ern um →Rod Argent (k).

Zorn, John (s u.v.a.) →Free Jazzer mit Hang zum extrem Schrägen und zum Krach (mit der Band "Painkiller" →Death-Metal-Jazz?).

Zydeco mit Elementen schwarzer Musik (→Blues, →Gospel) versehene →Cajun Musik.

ZZ Top, 1970 in Texas gegründet, verbinden →Blues und →Country-Einflüsse zusammen mit harten Rock-Gitarren und treibendem Schlagzeug zu einer publikumswirksamen Mischung. 1974 hatte das Trio mit "La Grage" seinen ersten großen Hit in Amerika, den größten Erfolg mit der LP "Eleminator" (1983). Die Band, deren optisches Erkennungszeichen die langen Bärte des Gitarristen und des Bassisten sind, setzte immer stärker Synthesizer, →Samples und Drumcomputer ein, bevor sie sich 1994 voerst wieder ihre Blues-Wurzeln erinnerte.

Wir danken den vielen Mitarbeitern, insbesonders: Frauke Bülow (Lektorat), Johann Glas (Reggae), Hans-Jörg Schmidt (und den Schülern des Gymnasiums Neubiberg), Gerd Schulte (Reggae), Thomas Storch, Klaus Trautner (Lektorat), Paul M. Vilser (Blues). Die Leser sind eingeladen, sich mit Informationen, Kritik und Anregungen zu beteiligen; unsere Adresse: Grafik & Typographie · Altstadt 31 · 84028 Landshut; wer eine Antwort erwartet, legt bitte einen adressierten und frankierten Rückumschlag bei.